500만 독자 여러분께 감사드립니다!

세상이 아무리 바쁘게 돌아가더라도
책까지 아무렇게나 빨리 만들 수는 없습니다.

길벗은 독자 여러분이
가장 쉽게, 가장 빨리 배울 수 있는 책을
한 권 한 권 정성을 다해 만들겠습니다.

독자의 1초를 아껴주는
정성을 만나보세요.

미리 책을 읽고 따라해 본 2만 베타테스터 여러분과
무따기 체험단, 길벗스쿨 엄마 2% 기획단,
시나공 평가단, 토익 배틀, 대학생 기자단까지!
믿을 수 있는 책을 함께 만들어주신 독자 여러분께 감사드립니다.

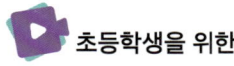 초등학생을 위한

영상 촬영+편집 무작정 따라하기 (최신개정판)
The Cakewalk Series - Making Videos for Elementary School Students

초판 발행 · 2023년 7월 3일
초판 2쇄 발행 · 2025년 1월 10일

지은이 · 이상권, 정일용
발행인 · 이종원
발행처 · ㈜도서출판 길벗
출판사 등록일 · 1990년 12월 24일
주소 · 서울시 마포구 월드컵로 10길 56(서교동)
대표 전화 · 02)332-0931 | **팩스** · 02)322-0586
홈페이지 · www.gilbut.co.kr | **이메일** · gilbut@gilbut.co.kr

기획 · 박슬기(sul3560@gilbut.co.kr) | **담당 편집** · 연정모(yeon333718@gilbut.co.kr)
표지·본문 디자인 · 박상희 | **제작** · 이준호, 손일순, 이진혁
영업마케팅 · 전선하, 차명환, 박민영 | **영업관리** · 김명자 | **유통혁신** · 한준희 | **독자지원** · 윤정아

전산편집 · 김정미 | **CTP 출력 및 인쇄** · 대원문화사 | **제본** · 신정문화사

- 잘못된 책은 구입한 서점에서 바꿔 드립니다.
- 이 책은 저작권법에 따라 보호받는 저작물이므로 무단전재와 무단복제를 금합니다.
  이 책의 전부 또는 일부를 이용하려면 반드시 사전에 저작권자와 (주)도서출판 길벗의 서면 동의를 받아야 합니다.

ⓒ 이상권, 정일용, 2023

ISBN 979-11-407-0503-0   73000
(길벗 도서번호 007177)

정가 18,000원

> 사용하는 컴퓨터의 사양과 인터넷 브라우저, 유튜브나 앱의 업데이트 상황에 따라 화면의 모양이 다를 수 있으나 학습에는 무리가 없습니다.

독자의 1초를 아껴주는 정성 길벗출판사

길벗 · IT교육서, IT단행본, 경제경영서, 어학&실용서, 인문교양서, 자녀교육서 www.gilbut.co.kr
길벗스쿨 · 어학습, 수학학습, 어린이교양, 주니어어학학습, 학습단행본 www.gilbutschool.co.kr

페이스북 ▶ www.facebook.com/gilbutzigy
네이버 포스트 ▶ post.naver.com/gilbutzigy

머리말

지금 우리는 영상의 시대를 살아가고 있습니다. 유튜브에 가입만 하면 누구나 쉽게 개인 채널을 만들 수 있고, 유명한 크리에이터들의 경우 연예인 못지않은 인기를 누리기도 합니다. 많은 구독자를 보유한 채널을 운영한다면 어마어마한 수익을 얻는다는 이야기도 들어 봤을 거예요. '유튜브 크리에이터'가 초등학생이 꿈꾸는 장래희망 1위로 등극한 지도 제법 오래되었습니다. 이 책을 펼쳐든 여러분 중에서도 크리에이터를 꿈꾸고 있는 학생이 있을지도 모르죠!

영상의 인기와 중요도가 높아지면서 학교 수업 시간의 모습도 많이 바뀌었습니다. 이제는 국어, 미술, 도덕을 비롯한 대부분의 교과 과정에 영상 제작 활동이 등장합니다. 광고나 뉴스 만들기, 책 소개하기, 영상 일기처럼 비교적 일상적인 영상부터 스톱모션이나 애니메이션 등 전문가 못지않은 활동까지 그 범위도 다양하답니다.

영상 제작 활동 시간이 되었을 때, 여러분의 모습은 어떤가요? 얼른 재미난 영상을 만들고 싶어 눈빛이 반짝이나요, 아니면 어디부터 시작해야 할지 몰라 소극적으로 행동하나요? 사실 교과서에서 배우는 내용만으로는 마음에 드는 영상을 완성하기가 쉽지 않습니다. 영상을 어떻게 기획하고 촬영·편집해야 하는지 자세히 설명해 주지 않기 때문입니다. 궁금한 것도, 시도해 보고 싶은 것도 많은데 말이죠!

평소에 아무리 유튜브를 익숙하게 봐 왔다 해도 영상을 직접 촬영하고 편집하는 것은 어색하게 느껴질 것입니다. 마치 3월 2일, 교실에서 처음 만난 친구와 바로 친해지기 어려운 것처럼 말이에요. 그렇지만 걱정하지 마세요! 선생님과 함께라면 차근차근 영상 제작과 가까워질 수 있어요. 근사한 유튜브 크리에이터가 되는 그날까지!

영상 촬영법이나 편집에 대해 잘 모르는 친구,
다양한 앱을 활용하여 영상을 편집하고 싶은 친구,
내가 만든 영상을 유튜브에 올려 공유하고 싶은 친구.

《초등학생을 위한 영상 촬영+편집 무작정 따라하기》와 선생님이 함께할게요.

학습 도움말

《초등학생을 위한 영상 촬영+편집 무작정 따라하기》는 영상을 만들기 전에 알아야 할 내용부터, 실수 없이 촬영하고 편집하는 방법, 그리고 완성한 영상을 유튜브에 업로드하고 채널을 관리하는 방법까지 쉽고 자세하게 안내하고 있습니다.

먼저 **영상을 만들기 전에 알아야 할 기초 지식을 안내합니다**. 건물을 만들 때 바닥을 다지는 기초 공사가 중요하듯, 기본기가 탄탄해야 좋은 영상을 만들 수 있기 때문입니다. 영상 기본 상식부터, 저작권의 중요성, 소재를 찾고 기획하는 방법까지 소개합니다.

다음으로 **실제 교과서에서 배우는 내용을 영상으로 만들어 봅니다.** 학생들에게 익숙한 주제이므로 영상 편집에 쉽게 접근할 수 있으며, 학교 숙제로 영상을 제작해야 하는 경우에도 도움을 받을 수 있습니다. 기획 노트→촬영→편집 단계로 구성했기 때문에 실제 영상 제작 과정을 탄탄히 익힐 수 있습니다. 조작 방식이 간단하고 다양한 기능을 무료로 사용할 수 있는 다양한 편집 앱을 활용해 영상 초보자라도 쉽고 재미있게 영상을 완성할 수 있습니다.

마지막으로 **유튜브 채널을 개설하고 꾸미는 방법, 영상을 업로드하는 방법을 소개합니다.** 개성 넘치는 나만의 유튜브 채널을 만들고 영상을 업로드하기 위해 섬네일을 만들고 편집한 영상을 유튜브에 올려 전 세계 사람들과 소통해 보세요.

시간이 갈수록 '디지털 리터러시'가 중요해지고 있습니다. 디지털 시대에 필수적으로 요구되는 정보 이해 및 표현 능력으로 영상을 정확히 이해하고 분석하고 비판하며 이를 통해 의사소통할 수 있는 능력을 의미하지요. 영상의 시대, 좀 더 똑똑하고 즐겁게 영상을 활용할 수 있는 능력을 길러 봅시다. 아직은 '영상 편집'이 낯설고 어렵게 느껴지겠지만 선생님을 따라 직접 영상을 기획하고, 촬영·편집하다 보면 어느새 어린이 영상 전문가가 되어 있을 거예요. 여러분의 신나는 영상 생활을 응원합니다!

이 책을 쓴 선생님

이상권 선생님

학생, 학부모, 선생님에게 긍정적인 영향을 전하려 노력하는 에듀 콘텐츠 크리에이터이자 초등교사입니다. 현재 인천광역시교육청 디지털교육지원단 및 Ai 교수학습 플랫폼 TF팀으로 활동하며 KERIS 교원 전용 수업자료 제작 플랫폼 '잇다'의 지원단과 공식 채널을 운영하고 있습니다. 학생들이 영상을 읽고 쓰고 판단하는 능력을 기를 수 있도록, 쉽고 재미있는 디지털 리터러시 교육 방법을 연구합니다.

정일용 선생님

15년 차 초등학교 교사로 사진과 영상을 즐겨 촬영하고 편집하는 '영상쟁이'입니다. 교육부 중앙교육연수원, 서울과 경기 지역의 초등학교에서 영상 강의를 진행하고 있고, 매년 우리 학급 학생 및 영상 동아리 학생들에게 영상을 지도합니다. 크고 작은 영상 공모전에 개인, 학급, 동아리의 이름으로 출전하여 수상하는 소소한 재미도 만끽하고 있습니다. 학생들이 올바른 영상 문화를 향유할 수 있도록 힘쓰고 있습니다.

독자 학습 후기

초등 영상 분야 1위!
학생, 학부모, 교사가 모두 만족하는 《초등학생을 위한 영상 촬영+편집 무작정 따라하기》

잘 기획하고 정말 잘 만든! 학생들을 진짜 위하는 책 ⭐ r**i 님
키네마스터 사용법뿐 아니라 유튜브 개설하기까지 실제로 학생들이 직접 해 보기 쉽게 구성되어 있어 저자 두 분이 얼마나 고민하고 애썼는지 알 수 있습니다. 엄마인 제가 가르쳐 줄 수도 있지만, 이 책으로 아이 혼자 차근차근 할 수 있는 시간만 기다려 준다면 혼자 하는 것이 더 유익한 것 같습니다. 혼자서 하기 쉽게 구성된 책들이 별로 없는데… 너무 잘 만든 책이라 같은 시리즈 책을 두 권 더 구매했습니다.

영상 제작? 야! 초딩도 할 수 있어! ⭐ y********3 님
경기도에서 근무 중인 초등교사입니다. 아이들도 저도 디지털 기기와 각종 프로그램을 다루며 지내고 있습니다. 4차 산업시대로 들어서면서 정보수집/처리 능력, 의사소통 능력 등이 너무나도 중요해진 상황에 학교 교육은 그만한 속도를 따라가지 못한다고 늘 느꼈습니다. 아이들은 세상을 들여다보는 창이 이미 유튜브가 되어 있는 상황이지만 학교는 여전히 예전의 방식과 내용 그대로 멈춤이었죠. 이제 주먹구구식으로 가르치는 것에서 벗어날 수 있을 것 같습니다. 영상 제작의 단계, 각 단계별 구체적인 설명과 팁, 실전. 그리고 영상 제작자로서 지켜야 할 기본 중의 기본! 저작권까지 다루고 있어 더할 나위 없습니다.

누구나 따라할 수 있는 영상촬영과 편집! ⭐ b*******g 님
현직 교사로서 정말 감사드립니다. 교과서를 활용하다 보면 학생들이 스스로 영상을 제작하는 활동들이 꽤 많이 나오는데, 정작 영상을 제작하는 능력을 키울 수 있는 수업 안내는 부족하여 곤란한 경우가 많았습니다. 제가 지도하려 해도 참 어디서부터 공부해야 하는지 막막하더군요. 그러는 와중에 알게 된 이 책은 정말 가뭄에 단비 같았습니다. 영상 편집을 잘 모르는 학생들이 차근차근히 따라올 수 있도록 안내가 되어 있어 지도하기에 정말 편리합니다. 변화하는 수업 흐름에도 찰떡인 것 같습니다. 추천합니다!

모든 아이들에게 추천해 주고 싶은 책 ⭐ j******9 님
책을 받기 전부터 너무나 기대했는데 받고 펼쳐 보니 역시나 기대를 저버리지 않습니다! 초등학교 선생님들이 직접 쓰셔서 아이들의 흥미와 이해도에 딱 맞는 친절한 설명은 물론, 영상 편집의 전문가분들답게 기술적으로도 완벽한 것 같아요! 게다가 요즘 교과서는 조사 학습만큼이나 직접 영상을 만들어 학습하는 수행평가도 많더라구요~ 그 점에서도 정말 확실한 대비가 될 것 같아요! 아이들이 이 책을 열심히 읽고 진정한 유튜브의 주인이 되는 법을 차근차근 익혔으면 좋겠습니다!

영상매체 발달의 가속화될 세상 속 자라나는 아이들에게 추천하는 책 ⭐ 거*박 님
상당히 짜임새가 좋고, 구성이 알찬 책입니다. 특히 파워포인트, 키네마스터 등 초등학생 아이들이 자주 접하는 툴로 설명을 한 것이 좋았고, 실제 초등학교 교사분들의 설명이 추가되어 있어 초등학생 아이들 맞춤형 영상 길라잡이 책이에요. 또한 관련 개념, 용어의 설명이 추가로 서술되어 폭넓은 이해에 도움이 됩니다. 영상에 관해 읽게 하면 좋을 책입니다!

한눈에 펼쳐보는 학습 구성

이번 주에 배울 내용

선생님과 학생의 대화를 살펴보며 이번 시간에 배울 내용을 미리 파악합니다.

개념 쏙! 이해 쏙!

영상을 제작할 때 알아둬야 할 필수 개념과 기능을 소개합니다.
초등학생의 눈높이에 딱 맞게 설명해 쉽게 이해할 수 있습니다.

무작정 따라하기

교과 과정에 적용할 수 있는 예제를 따라 하며 영상 촬영·편집 방법을 배웁니다.
기획 → 촬영 → 편집의 과정을 차례로 익힐 수 있습니다.

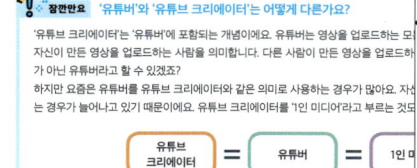

잠깐만요

본문에 나온 내용 외에 더 알아두면 좋은 기능과 정보를 보충해 알려줍니다.

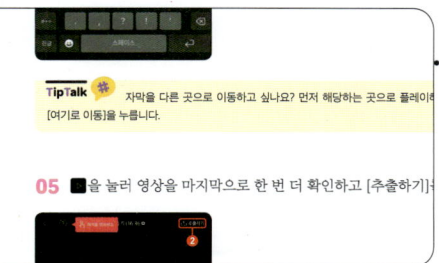

Tip Talk

영상을 제작하는 중간중간 헷갈릴 수 있는 내용만 쏙쏙 뽑아 설명합니다.
선생님이 옆에 있는 것처럼 짚어 주니 혼자서도 어렵지 않아요!

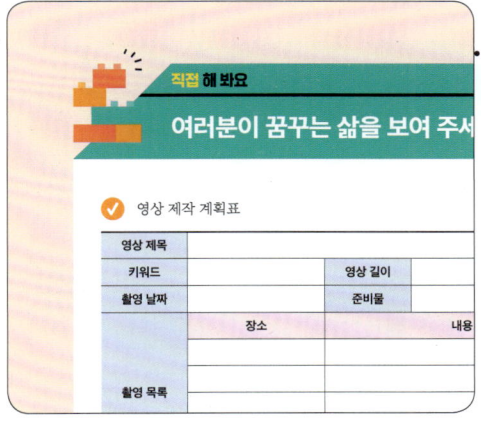

직접 해 봐요

이번 시간에 배운 내용을 바탕으로 나만의 영상을 만들어 보세요.
스스로 소재를 찾고 촬영·편집하다 보면 실력이 쑥쑥 자랄 거예요.

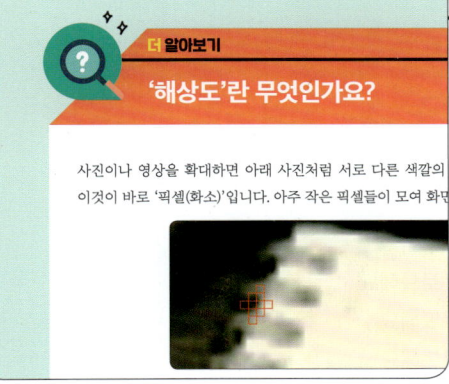

더 알아보기

영상 실력을 업그레이드하고 싶다면 주목하세요.
꼭 알아야 할 영상 상식과 함께 키네마스터의 추가 기능을 소개합니다.

목차

- 머리말 · 003
- 학습 도움말 · 003
- 이 책을 쓴 선생님 · 004
- 독자 후기 · 005
- 한눈에 펼쳐 보는 학습 구성 · · · · · · · · · · · · · · · · · · · 006
- 실습 파일 받기 · 012
- 기적의 공부방에서 함께 공부해요 · · · · · · · · · · · · · · 013
- 영상 편집, 무엇이든 물어보세요 · · · · · · · · · · · · · · · 013

첫째마당 시작! 무궁무진한 영상의 세계

WEEK 01 영상의 세상으로 떠나요

[개념 쑥↑ 이해 쏙!] 지금은 1인 미디어 전성시대! · 017
[개념 쑥↑ 이해 쏙!] 다양한 영상 콘텐츠의 종류를 알아봐요 · · · · · · · · · · · · · · · · 019
[개념 쑥↑ 이해 쏙!] 나에게 딱 맞는 영상 편집 앱을 찾아봐요 · · · · · · · · · · · · · · 021

WEEK 02 영상 제작의 첫 단추, 기획의 중요성

[개념 쑥↑ 이해 쏙!] 영상 제작, 기획부터 탄탄히 시작해요 · · · · · · · · · · · · · · · · · 025
[개념 쑥↑ 이해 쏙!] 스토리보드는 이렇게 만들어요 · 029

WEEK 03 저작권의 중요성, 잊지 말아요

[개념 쑥↑ 이해 쏙!] 저작권이란 무엇일까요? · 035
[개념 쑥↑ 이해 쏙!] 저작물을 이용할 때는 CCL을 확인해요 · · · · · · · · · · · · · · · 036
[개념 쑥↑ 이해 쏙!] 친구들의 초상권을 지켜 주세요 · 038
[개념 쑥↑ 이해 쏙!] 저작권 Q&A, 저작권을 더 알고 싶어요! · · · · · · · · · · · · · · 039
[무작정 따라하기 01] 저작권 침해 없이 이미지를 다운로드해요 · · · · · · · · · · · 040
[무작정 따라하기 02] 저작권 침해 없이 음악을 다운로드해요 · · · · · · · · · · · · 043
[무작정 따라하기 03] 저작권 침해 없이 영상을 다운로드해요 · · · · · · · · · · · · 046

둘째 마당 — 준비! 처음 만나는 영상 제작

WEEK 04 두근두근 영상 촬영을 시작해요

- [개념 쑥↑ 이해 쏙!] 촬영할 때 이런 실수는 피해요 · · · · · · · 051
- [개념 쑥↑ 이해 쏙!] 촬영할 때는 이것을 고려해요 · · · · · · · 056
- 더 알아보기 '해상도'란 무엇인가요? · · · · · · · 061

WEEK 05 스마트폰으로 영상 편집을 시작해요

- [무작정 따라하기 01] 영상 편집 앱을 설치해요 · · · · · · · 063
- [무작정 따라하기 02] 키네마스터를 시작해요 · · · · · · · 064
- [무작정 따라하기 03] 키네마스터 화면을 살펴봐요 · · · · · · · 068
- [무작정 따라하기 04] 블로를 시작해요 · · · · · · · 070
- [무작정 따라하기 05] 캡컷을 시작해요 · · · · · · · 072
- [무작정 따라하기 06] 비타를 시작해요 · · · · · · · 074

WEEK 06 영상 편집의 기초를 다져요

- [무작정 따라하기 01] 스마트폰으로 영상을 수집해요 · · · · · · · 077
- [무작정 따라하기 02] 컴퓨터에서 동영상을 다운로드해요 · · · · · · · 080

셋째 마당 — 실전! 수행 영상 만들기

WEEK 07 퀴즈를 만들어 재미있게 복습해요

- [무작정 따라하기 01 기획편] 친구들에게 수학 문제를 내고 싶어요 · · · · · · · 087
- [무작정 따라하기 02 촬영편] 종이에 문제를 쓰고 촬영해요 · · · · · · · 088

[무작정 따라하기 03 편집편]	사진을 불러와 화면에 꽉 채워요 · · · · · · · · · · 090
[무작정 따라하기 04 편집편]	자막을 예쁘게 꾸며요 · · · · · · · · · · · · · · · · · 092
[무작정 따라하기 05 편집편]	자막을 추가하고 영상을 저장해요 · · · · · · · 095
더 알아보기	자막을 더욱 멋지게 만들고 싶어요 · · · · · · · 099

WEEK 08 좋아하는 인물을 소개해요

[무작정 따라하기 01 기획편]	친구들에게 이 사람을 소개할래요 · · · · · · · · 103
[무작정 따라하기 02 촬영편]	인물과 관련된 사진을 다운로드해요 · · · · · · 104
[무작정 따라하기 03 편집편]	사진과 자막을 넣어요 · · · · · · · · · · · · · · · · · 106
[무작정 따라하기 04 편집편]	영상의 인트로와 아웃트로를 만들어요 · · · · 109
[무작정 따라하기 05 편집편]	배경 음악을 넣고 다듬어요 · · · · · · · · · · · · · 111
[무작정 따라하기 06 편집편]	적절한 효과음을 넣고 영상을 저장해요 · · · 113

WEEK 09 인상 깊게 읽은 책을 소개해요

[무작정 따라하기 01 기획편]	좋아하는 책을 추천하고 싶어요 · · · · · · · · · · 117
[무작정 따라하기 02 촬영편]	책 사진을 찍고 소개 영상을 촬영해요 · · · · · 119
[무작정 따라하기 03 편집편]	영상의 배경을 만들어요 · · · · · · · · · · · · · · · · 121
[무작정 따라하기 04 편집편]	사진 안에 영상을 작게 넣어요 · · · · · · · · · · · 123
[무작정 따라하기 05 편집편]	사진 속 영상을 보기 좋게 꾸며요 · · · · · · · · 126
[무작정 따라하기 06 편집편]	자막을 넣어 영상을 꾸며요 · · · · · · · · · · · · · 129

WEEK 10 내 보물을 소개해요

[무작정 따라하기 01 기획편]	소중한 물건을 보여 주고 싶어요 · · · · · · · · · 135
[무작정 따라하기 02 촬영편]	보물을 소개하는 내 모습을 촬영해요 · · · · · 137
[무작정 따라하기 03 편집편]	영상의 컷을 편집해요 · · · · · · · · · · · · · · · · · 138
[무작정 따라하기 04 편집편]	내레이션을 녹음해요 · · · · · · · · · · · · · · · · · · 141
[무작정 따라하기 05 편집편]	자막을 넣어 내용을 정확히 전달해요 · · · · · 143
[무작정 따라하기 06 편집편]	음악을 넣고 영상을 저장해요 · · · · · · · · · · · 146
더 알아보기	프레임레이트란 무엇인가요? · · · · · · · · · · · · 149
직접 해 봐요	여러분의 보물을 소개해 주세요 · · · · · · · · · · 150

WEEK 11 내가 꿈꾸는 삶을 소개해요

- [무작정 따라하기 01 기획편] 나는 이런 사람이 되고 싶어요 · · · · · · · · · · · 153
- [무작정 따라하기 02 촬영편] 나의 현재와 미래 모습을 촬영해요 · · · · · · · · 155
- [무작정 따라하기 03 편집편] 영상의 컷을 편집해요 · · · · · · · · · · · · · · · · · 156
- [무작정 따라하기 04 편집편] 내레이션과 자막을 넣어요 · · · · · · · · · · · · · · 158
- [무작정 따라하기 05 편집편] 필터 효과와 음악으로 영상을 꾸며요 · · · · · 163
- [무작정 따라하기 06 편집편] 영상을 다듬고 저장해요 · · · · · · · · · · · · · · · 166
- 더 알아보기 '조절' 메뉴로 색을 세밀하게 보정해요 · · · · · · · · · 168
- 직접 해 봐요 여러분이 꿈꾸는 삶을 보여 주세요 · · · · · · · · · · · 170

WEEK 12 브이로그로 일상을 기록해요

- [무작정 따라하기 01 기획편] 나의 하루를 소개하고 싶어요 · · · · · · · · · · · 173
- [무작정 따라하기 02 촬영편] 나의 일상을 촬영해요 · · · · · · · · · · · · · · · · · 174
- [무작정 따라하기 03 편집편] 템플릿으로 영상 인트로를 완성해요 · · · · · 175
- [무작정 따라하기 04 편집편] 인트로 뒤에 영상을 넣고 컷을 편집해요 · · 180
- [무작정 따라하기 05 편집편] 자막과 음악을 넣어요 · · · · · · · · · · · · · · · · · 182
- [무작정 따라하기 06 편집편] 필터와 스티커로 영상을 꾸며요 · · · · · · · · · 186
- [무작정 따라하기 07 편집편] 영상을 다듬고 저장해요 · · · · · · · · · · · · · · · 188
- 직접 해 봐요 여러분의 소중한 하루를 보여 주세요 · · · · · · · · · 190

WEEK 13 뉴스로 새로운 소식을 전달해요

- [무작정 따라하기 01 기획편] 알리고 싶은 소식이 생겼어요 · · · · · · · · · · · 193
- [무작정 따라하기 02 촬영편] 아나운서와 기자가 된 것처럼 촬영해요 · · 196
- [무작정 따라하기 03 편집편] 영상의 컷을 편집해요 · · · · · · · · · · · · · · · · · 198
- [무작정 따라하기 04 편집편] 크로마키 효과를 적용해요 · · · · · · · · · · · · · 202
- [무작정 따라하기 05 편집편] 시작 부분에 자막을 넣어요 · · · · · · · · · · · · · 207
- [무작정 따라하기 06 편집편] 배경 음악을 넣어요 · · · · · · · · · · · · · · · · · · · 210
- [무작정 따라하기 06 편집편] 영상을 내보내요 · 214
- 더 알아보기 비트레이트란 무엇인가요? · · · · · · · · · · · · · · · · · · 215
- 직접 해 봐요 주변의 소식을 뉴스로 만들어요 · · · · · · · · · · · · · 216

넷째마당

도전! 유튜브 크리에이터

WEEK 14 유튜브 크리에이터, 나도 할 수 있어요

[무작정 따라하기 01]   유튜브 채널을 개설해요 ········ 221
[개념 쏙↑ 이해 쏙!]   채널 관리 메뉴를 살펴봐요 ········ 226

WEEK 15 내 채널을 개성 있게 꾸며요

[개념 쏙↑ 이해 쏙!]   채널 아트와 채널 아이콘은 내 채널의 얼굴 ········ 233
[무작정 따라하기 01]   파워포인트로 채널 아트를 만들어요 ········ 235
[무작정 따라하기 02]   미리캔버스로 채널아트를 만들어요 ········ 245
[무작정 따라하기 03]   채널 아트를 등록해요 ········ 253
[무작정 따라하기 04]   채널 아이콘을 등록해요 ········ 256

WEEK 16 내가 만든 영상을 업로드해요

[개념 쏙↑ 이해 쏙!]   영상의 첫인상을 결정하는 섬네일 ········ 259
[무작정 따라하기 01]   눈에 띄는 섬네일을 만들어요 ········ 260
[무작정 따라하기 02]   미리캔버스로 섬네일을 만들어요 ········ 267
[무작정 따라하기 03]   내 채널에 영상을 업로드해요 ········ 275

실습 파일 받기

길벗 홈페이지(www.gilbut.co.kr)에서는 《초등학생을 위한 영상 촬영+편집 무작정 따라하기》 실습에 필요한 실습 파일을 다운로드할 수 있도록 제공하고 있어요.

1 길벗출판사 홈페이지(www.gilbut.co.kr)에 접속합니다.
  검색창에 책 제목을 입력하고 [검색]을 클릭합니다.

2 [자료실]에 들어가 해당 도서의 부록/학습자료를 원하는 폴더에 내려 받은 후
  파일 압축을 풀어 주세요.

3 실습이 필요할 때 활용하세요.

기적의 공부방에서 함께 공부해요!

길벗스쿨 공식 카페 〈기적의 공부방〉에 방문해 보세요. 책 기획 과정 참여부터 꾸준한 학습까지 관리까지 엄마표 학습을 위한 다양한 노하우와 학습 자료를 제공합니다.

기적의 공부방 가입 혜택

기적의 공부방 ▶ http://cafe.naver.com/gilbutschool

① 꾸준한 학습이 가능해요!
- 스케줄 관리를 통해 책 한 권을 끝낼 수 있는 학습단에 참여해 보세요!
- 도서 관련 학습 자료와 선배 엄마들의 노하우를 확인할 수 있어요!
- 궁금한 것이 있다면 Q&A 서비스를 통해 카페지기와 선배 엄마들의 답변을 들을 수 있어요!

② 책 기획 과정에 참여해요!
- 독자기획단을 통해 전문 편집자와 함께 아이템 선정부터 책의 목차, 책의 구성 등을 함께 만들어가요!
- 출간 전 도서를 체험해 보는 베타테스트를 통해 도서의 장/단점을 파악하여 더 나은 도서를 만드는 데 기여해요!

③ 재미와 선물이 팡팡 터져요!
- 매일 새로운 주제로 엄마들과 댓글 이야기를 나누고 간식도 받아요!
- 매주 카페 활동왕을 선정하여 푸짐한 상품을 드려요!
- 사진 콘테스트 등 매번 색다른 친목 이벤트로 재미와 선물을 동시에 잡아요!

영상 편집, 무엇이든 물어보세요!

《초등학생을 위한 영상 촬영+편집 무작정 따라하기》를 따라하다 헷갈리거나 모르는 부분이 나오면 길벗 홈페이지의 [고객센터] - [1:1문의]에 게시판에 질문을 등록해 보세요. 지은이와 길벗 독자지원센터에서 친절하게 답변해 드립니다.

[문의 방법]

길벗 홈페이지 (www.gilbut.co.kr) 회원가입 후 로그인하기 → [고객센터] - [1:1문의] 게시판에서 책 제목 검색하기 → 이미 등록된 질문 검색 또는 새로운 질문 등록하기

첫째 마당

시작! 무궁무진한 영상의 세계

여러분은 심심할 때 무엇을 하나요?
'Z세대'인 여러분 중 대부분은 '유튜브(YouTube)'를 가장 먼저 떠올릴 거예요. 1990년대 중반에서 2000년대 초반 태어난 Z세대는 디지털 환경에서 자라왔기 때문에 스마트폰을 편하고 능숙하게 다룰 수 있습니다.
여러분에게 유튜브는 단순한 영상 플랫폼 이상일 거예요. 영상을 보며 나의 관심사를 발견하고, 이를 친구들과 공유하는 등 가성을 표현하는 수단으로 영상 매체를 활용하고 있으니까요.
영상, 이제는 보지만 말고 만들어 봅시다. 본격적으로 영상을 만들기 전에 Z세대의 삶 속 깊숙이 들어와 있는 '영상'에 대해 자세히 알아볼까요?

영상의 세상으로 떠나요

궁금한 점이 생겼어! 우리나라 사람들이 가장 많은 시간 사용하는 스마트폰 앱은 무엇일까?

그러게. 카카오톡? 인스타그램? 아니면 틱톡?

정답은 바로 '유튜브(YouTube)'랍니다. 남녀노소 전 세대를 합쳐 실행 시간이 가장 길다고 해요. 한 달에 사용되는 시간이 무려 460억 분이라고 하네요.

460억 분이요? 실감조차 되지 않는 큰 숫자네요!

예전에는 영상을 시청하려면 TV를 이용하거나 영화관에 가야만 했어요. 그런데 지금은 언제 어디서든 스마트폰만 있으면 유튜브로 영상을 볼 수 있으니까요.

맞아요! 오늘도 친구들과 어제 본 유튜브 영상에 대해 이야기했어요.

영상을 직접 촬영해 자신의 유튜브 채널에 올리는 친구들도 있고요!

영상은 이제 우리 일상 속에 깊숙이 자리 잡았어요. 영상을 단순히 시청하는 것을 넘어서, 영상으로 나의 관심사를 공유하고 생각을 표현할 수도 있겠죠?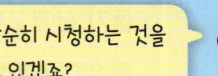

선생님, 저도 영상을 만들어 보고 싶어요!

오! 좋은 생각이에요. 그 전에 영상 플랫폼인 유튜브에 대해 먼저 알아볼까요?

# 지금은 1인 미디어 전성시대

> **초등학생 장래희망 1위는, 바로 '유튜브 크리에이터'**

여러분은 궁금한 것이 있을 때 어떻게 하나요? '네이버', '다음'과 같은 포털 사이트에서 검색하기도 하지만, '유튜브'에서 검색하는 경우도 많죠? 요즘에는 **정보를 글보다 영상으로 습득**하는 경우가 점점 늘고 있어요. 여러분과 같은 초등학생 친구들에게서 많이 찾아볼 수 있는 현상이지요. 같은 정보라도 글로 읽는 것보다 영상으로 보는 것이 이해하기 더 쉽기 때문이에요.

연예인보다 더 유명한 스타 유튜브 크리에이터가 늘어나면서 **초등학생의 장래희망 1위가 유튜브 크리에이터**로 바뀐 지도 오래되었어요. 그만큼 유튜브를 가깝고 친숙하게 여긴다는 뜻이겠죠? 소소한 취미 영상을 유튜브에 업로드해 여러 사람들과 소통하는 친구들도 많아졌고요.

이제 영상 제작은 더 이상 먼 세상의 이야기가 아니에요. 영상은 **생각과 느낌을 표현하고 사람들과 소통**하는 수단으로 일상 속에 자리 잡았답니다.

> **잠깐만요** '유튜버'와 '유튜브 크리에이터'는 어떻게 다른가요?
>
> '유튜브 크리에이터'는 '유튜버'에 포함되는 개념이에요. 유튜버는 영상을 업로드하는 모든 사람을, 유튜브 크리에이터는 자신이 만든 영상을 업로드하는 사람을 의미합니다. 다른 사람이 만든 영상을 업로드하는 경우라면 유튜브 크리에이터가 아닌 유튜버라고 할 수 있겠죠?
> 하지만 요즘은 유튜버를 유튜브 크리에이터와 같은 의미로 사용하는 경우가 많아요. 자신이 직접 만든 영상을 업로드 하는 경우가 늘어나고 있기 때문이에요. 유튜브 크리에이터를 '1인 미디어'라고 부르는 것도 이 때문입니다.
>
>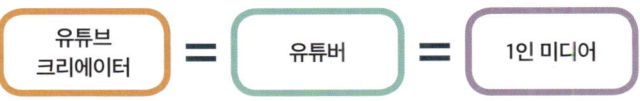

〉 내가 직접 만드는 내 영상! '1인 미디어'의 인기 〈

TV보다 유튜브, 아프리카TV 등 1인 미디어 채널을 시청하는 사람의 수가 엄청나게 늘어났어요. 영상을 소비하는 방식이 이렇게 급격하게 변화한 까닭은 무엇일까요?

몇 년 전까지만 해도 영상을 보려면 TV가 꼭 필요했어요. 장소를 이동할 때나 야외에서 활동할 때는 영상을 시청하기 어려웠죠. 하지만 지난 10여 년간 모바일 인터넷과 스마트폰이 보편화돼 이제는 누구나 손에 스마트폰을 들고 있어요. **시간과 장소에 구애받지 않고** 영상을 볼 수 있게 된 것이죠! 또한 과거에는 TV가 보여주는 영상을 그대로 봐야 했다면, 지금은 내가 원하는 영상만 검색해서 골라 볼 수 있어요.

영상을 직접 촬영하고 편집하는 1인 미디어 제작자도 늘어났어요. 예전에는 영상을 촬영하려면 비싼 카메라가 필요했고, 편집 프로그램을 사용하기도 어려웠어요. 그래서 전문가가 아니면 영상을 다루기 힘들었죠. 그런데 스마트폰의 성능이 눈에 띄게 좋아지면서 스마트폰 카메라만으로도 고화질의 영상을 촬영할 수 있게 되었어요. 스마트폰의 영상 편집 앱도 발전해 누구나 쉽게 영상을 다룰 수 있고요!

기술의 발달로 **누구나 자신만의 영상을 만들고 공유**할 수 있는 '1인 미디어의 시대'가 열렸어요. 어때요, 여러분도 1인 미디어 제작자에 도전해 보고 싶지 않나요?

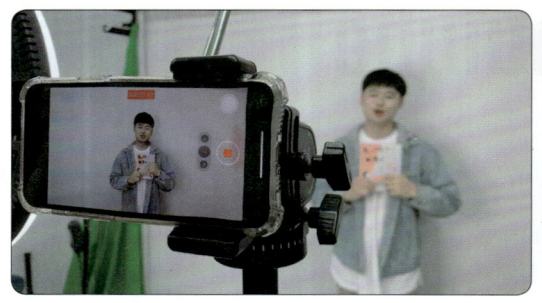
▲ 영상을 직접 촬영하고 편집하는 '1인 미디어'

▲ 스마트폰 영상 편집 앱의 발전

TipTalk 대표적인 '1인 미디어' 플랫폼으로는 유튜브, 아프리카TV, 카카오TV 등이 있어요. 그 중에서 여러분에게 가장 친숙한 플랫폼은 유튜브겠죠? 전 세계에서 매달 유튜브를 이용하는 이용자 수는 무려 190억 명! 1분이 지날 때마다 400시간이 넘는 영상이 새로 업로드되고, 하루에 120억 시간이 넘는 영상이 재생되고 있어요. 어마어마한 인기가 실감되나요?

다양한 영상 콘텐츠의 종류를 알아 봐요

글로 된 자료를 읽는 것보다 이미지나 영상을 보는 것이 이해하기 쉬울 때가 많아요. 그렇다 보니 알고 싶은 정보를 유튜브에 검색하는 사람들이 늘어나고 있죠. 이에 따라 1인 크리에이터가 되어 나만의 콘텐츠를 만들고 공유하려는 사람들도 증가했어요. 다양한 영상 콘텐츠의 종류를 살펴보고, 자신이 어떤 콘텐츠를 만들고 싶은지 생각해 보세요.

브이로그(V-Log) 영상

'브이로그'는 '비디오(Video)'와 '블로그(Blog)'의 합성어로 사람들의 일상을 동영상으로 촬영, 편집한 콘텐츠입니다. 일기를 쓰듯이 내 일상을 기록으로 남기고 사람들과 공유하는 것이죠. 콘텐츠를 만드는 나 자체가 콘텐츠가 될 수 있답니다. 누구에게나 있을 법한 하루이므로 공감을 불러 일으킬 수 있고, 동시에 평범한 일상이라도 영상으로 촬영해 편집한 결과를 보면 색다르게 느껴지기도 해요. 학교 생활 브이로그, 급식 브이로그, 학교 숙제 브이로그 등 다양한 모습을 담아내며 자신의 일상을 꾸밈없이 보여줄 수 있어요.

먹방 영상

먹음직스러운 음식을 맛있게 먹는 모습을 보면 나도 흐뭇해지곤 하죠. 그래서일까요? 세상에서 제일 맛있게 음식을 대신 먹어주는 영상인 '먹방 영상'의 인기는 식을 줄을 모릅니다.

평범한 음식을 맛있게 먹는 먹방도 있지만 일반적으로는 먹을 수 없는 많은 양의 음식을 먹거나, 외국에서만 먹을 수 있는 음식이나 신기한 음식을 먹는 영상도 인기가 많아요. 또는 ASMR 영상과 결합해, 맛있게 먹는 소리를 들려주며 침샘을 자극하는 영상도 있어요.

> **TipTalk** # ASMR은 'Autonomous Sensor Meridian Response'의 줄임말로 '자율 감각 쾌락 반응'이라는 뜻입니다. ASMR 영상은 뇌를 자극해 심리적인 안정을 유도하는 영상이에요. 연필로 글씨 쓰는 소리, 낙엽이 바스락거리는 소리, 바람 소리, 자동차 소리 등 자극적이지 않은 소리를 담고 있답니다.

〉 리뷰 영상 〈

'리뷰 영상'은 제품이나 특정 공간을 직접 경험해 보고 감상이나 평가를 소개하는 콘텐츠입니다. 요즘에는 제품의 장단점이나 사용법 등을 자세히 소개하는 영상을 보며 물건을 사는 경우가 많아졌습니다. 어떤 장소를 방문하기 전 리뷰 영상을 검색해 보기도 하고요. 이외에도 책이나 영화의 내용을 요약해서 설명해 주는 리뷰 영상도 많이 제작되고 있답니다.

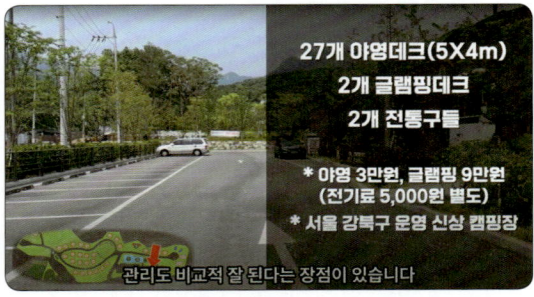

〉 숏폼 영상 〈

'숏폼 영상'은 '틱톡'이나 유튜브의 '쇼츠'와 같이 1분 이하의 짧은 영상 콘텐츠를 뜻해요. 우리가 일반적으로 보는 가로 형태의 영상이 아닌, 스마트폰에 최적화된 세로 영상이 대부분이에요. 이러한 숏폼 영상은 세로 형태의 영상이라 한 손으로 편하게 시청할 수 있고, 영상 길이가 짧기 때문에 시간을 많이 투자하지 않고도 영상을 시청할 수 있다는 장점이 있어요.

나에게 딱 맞는 영상 편집 앱을 찾아봐요

▲ 키네마스터   ▲ 캡컷

▲ 블로   ▲ 비타

아이폰과 안드로이드 폰에서 모두 사용할 수 있어요!

〉 키네마스터(Kinemaster) 〈

키네마스터는 고품질 동영상 편집 프로그램입니다. 키네마스터는 사용자 인터페이스가 간단하므로 익히기 쉽고, 무료로 사용할 수 있다는 장점이 있어요. 또 영상을 여러 개의 레이어로 구분해 원본 파일을 수정하지 않고도 동영상을 편집할 수 있고, 다양한 영상 템플릿을 적용하여 전문가처럼 영상을 제작할 수 있어요.

〉캡컷(Cap Cut) 〈

캡컷은 무료 영상 편집 프로그램으로 다양한 프리미엄 효과와 필터 기능, 여러 가지 애니메이션 스티커 등을 제공하기 때문에 초보자도 멋진 영상을 제작할 수 있습니다. 최근에는 컴퓨터를 통해 인터넷에서 사용 가능한 웹 버전과 컴퓨터에 설치 가능한 프로그램 버전도 출시되어 더 편리한 편집이 가능해졌어요.

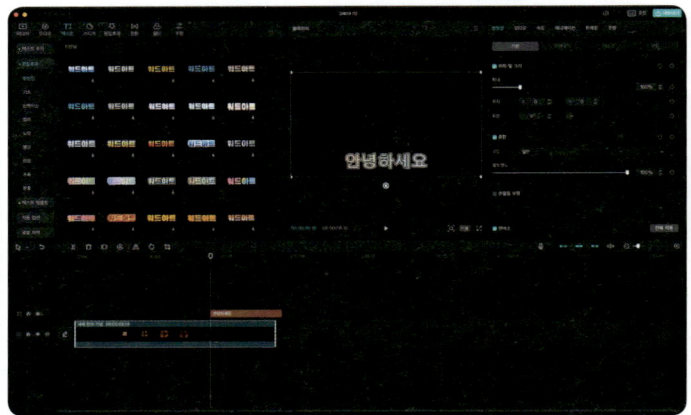

〉블로(VLLO) 〈

블로에서는 스마트폰 세로 화면에 맞춘 편집 화면이 제공되어 쉽고 빠르게 영상을 만들 수 있습니다. 영상 파일 순서 조절이나 길이 조절, 트랜지션(화면 전환) 기능, 영상 확대/축소 기능, 스피드 조절 기능 등 기본적으로 영상 편집에 필요한 기능들은 다 들어 있어요. 영상 위에 추가 소스를 올려주는 PIP 기능이나, 내 목소리를 입힐 수 있는 더빙 기능도 제공하고 있어서 내가 원하는 방향의 영상을 쉽게 제작할 수 있답니다.

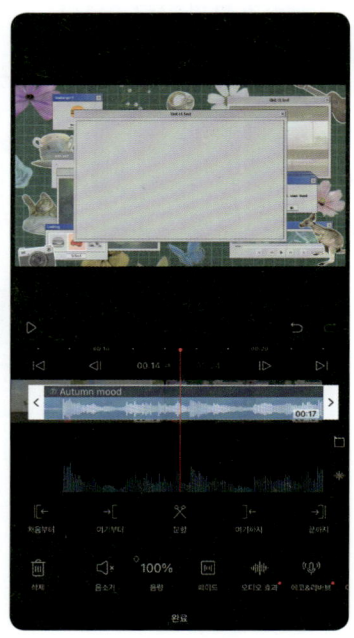

〉 비타(Vita) 〈

비타는 카메라 촬영 앱으로 유명한 'Snow'를 만든 회사에서 제작한 영상 제작 프로그램입니다. 다양한 동영상 효과 템플릿이 다양하게 제공되며, 여러 가지 텍스트 효과나 폰트를 사용할 수 있어요. 화면 전환 효과와 텍스트 애니메이션을 제공하기도 하고요. 특히 다른 프로그램과 달리 프리미엄 버전을 결제하지 않고도 설정에 들어가서 워터마크를 지울 수 있다는 장점이 있답니다. 브이로그(V-log) 전용 영상 편집 프로그램이라고 불릴 정도로 브이로그에 특화된 기능이 많이 제공됩니다.

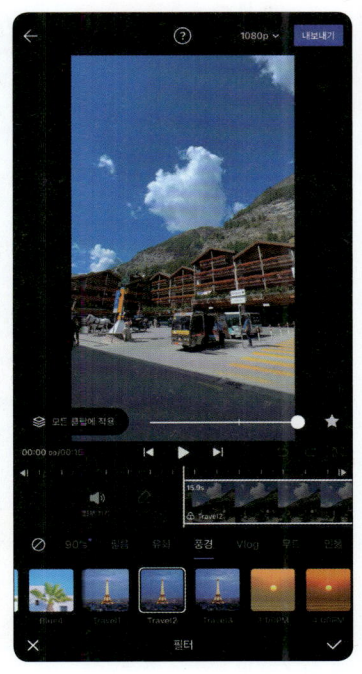

영상 제작의 첫 단추, 기획의 중요성

 선생님: 영상을 잘 만들기 위해 가장 중요한 것은 무엇일까요?

 학생1: 좋은 카메라로 잘 찍으면 멋진 영상을 만들 수 있어요.

 학생2: 편집을 잘 하면 돼요!

 선생님: 촬영과 편집 모두 중요하긴 하지만 '기획' 단계를 탄탄히 하지 않으면 좋은 영상을 만들 수 없어요. 그림을 그리는 상황을 떠올려 보세요. 밑그림을 그리기 전에 색칠부터 하면 어떻게 될까요?

 학생1: 그림을 원래 계획했던 대로 완성할 수 없을 거예요!

 선생님: 맞아요. '기획'은 영상으로 어떤 내용을 어떻게 전달할지 밑그림을 그리는 단계라고 할 수 있어요. 촬영과 편집 기술이 아무리 뛰어나다 해도 내용이 탄탄하지 않으면 좋은 영상을 완성할 수 없답니다.

 학생2: 그렇다면 기획 단계에서는 무엇을 해야 하나요?

 선생님: 영상으로 어떤 메시지를 전달하고자 하는지 생각하고, 그 내용을 어떤 방식으로 담으면 좋을지 정리해 보세요. 기획 과정이 탄탄하지 않으면 영상의 완성도가 떨어지는 것은 물론, 영상을 끝까지 완성하지 못하고 촬영·편집 단계에서 중단될 수도 있어요.

 학생1: 촬영부터 바로 시작하면 되는 줄 알았는데! 기획 단계부터 꼼꼼히 준비해야겠어요.

 선생님: 좋은 영상을 만들기 위해 기획 단계에서 무엇을 하면 좋을까요? 지금부터 함께 알아봅시다.

영상 제작, 기획부터 탄탄히 시작해요

> **한눈에 살펴보는 영상 제작 과정** <

멋진 영상을 만들려면 가장 먼저 해야 할 일이 있어요. 영상에 어떤 주제를 녹여 낼 것인지, 어떤 방식으로 메시지를 전달할 것인지 탄탄히 기획해야 한답니다. '==기획'은 '어떤 대상을 만들어 내기 위해 계획하는 것=='을 의미합니다.

아무 계획 없이 무턱대고 촬영을 시작하면 좋은 영상을 만들 수 없어요. 어떤 영상을 찍고 싶은지 주제를 정하고, 영상에 필요한 준비물과 촬영 장소를 미리 생각한 후 촬영을 시작해야 합니다. 영상을 만드는 과정을 정리하면 아래와 같답니다.

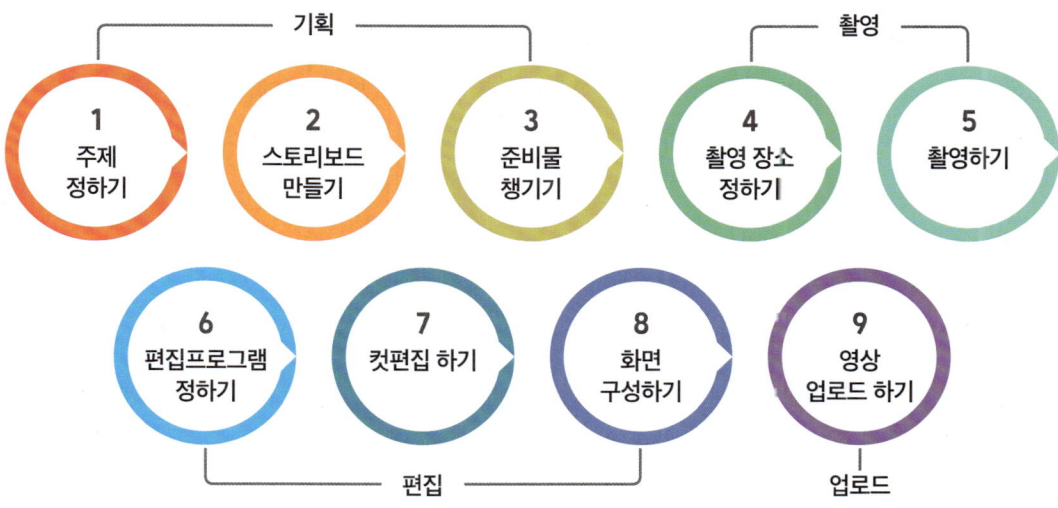

1,2는 제작 준비 과정인 '기획' 단계, **3,4,5**는 '촬영' 단계, **6,7,8**은 '편집' 단계, 마지막으로 **9**는 '업로드' 단계예요. 첫 단추를 잘 꿰어야 다음 단계도 순조롭게 진행되겠죠? 기획 단계부터 탄탄히 다져 봅시다.

〉 탄탄한 기초 공사의 중요성, 주제 정하기! 〈

첫 번째로, '주제 정하기' 단계에서는 '내가 영상에서 보여 주려고 하는 내용이 무엇인지', '이 내용을 어떻게 보여줄 것인지' 결정해야 합니다. 영상의 키워드와 기획 의도, 제작 방향을 고려하며 주제를 정해 봅시다.

❶ 영상의 키워드 정하기(WHAT)

영상으로 '무엇'을 전달하고 싶은가요? 우선 내 영상을 한 단어로 표현해 보세요. 핵심 단어인 키워드를 정해 두면 영상을 통해 전달하려는 주제를 명확히 할 수 있어요. 예를 들어, 학교에서 일어나는 폭력, 욕설이나 따돌림에 대한 영상을 제작하려고 한다면 영상의 키워드를 '학교 폭력 예방'이라고 정해 두면 되겠죠?

❷ 영상의 기획 의도 생각하기(WHY)

영상을 '왜' 만들고자 하는지 생각해 보세요. 영상을 통해 어떤 이야기를 전하고 싶은가요? 예를 들어, '학교 폭력 예방' 영상을 왜 만들고 싶은지 생각해 보는 거예요. "사이버 상에서 친구를 따돌려서는 안 돼요.", "장난으로 친구에게 욕설을 하는 것도 폭력이에요."와 같이 구체적으로 영상의 의도를 정하는 것이 좋습니다.

❸ 영상의 제작 방향 정하기(HOW)

영상을 어떤 형식으로 만들지 결정해 봅시다. 음식을 만드는 과정을 떠올려 보세요. 영상의 '키워드'와 '의도'가 음식의 종류나 맛이라면 영상의 '형식'은 음식을 담는 그릇과 같아요. 아무리 맛있는 음식이라도 그릇에 담지 않으면 먹기 힘들겠죠? 이처럼 영상을 어떤 형식으로 제작할지 정하는 것도 중요해요. '학교 폭력 예방' 영상을 뉴스 형식으로 만들지, 뮤직비디오 형식으로 만들지 생각해 보세요.

〉 촬영 부담을 줄여 주는 스토리보드 〈

주제를 정했다면 주제에 맞게 촬영하기 위해 '스토리보드'를 만들어야 해요. **스토리보드란 '영상의 내용을 쉽게 이해 할 수 있도록 나타낸 글과 그림'**입니다. 쉽게 말해 촬영을 어떻게 진행할지 미리 그려 놓은 그림을 의미해요. 스토리보드 작성은 기획 단계에서 가장 중요한 과정이므로 꼼꼼히 준비하도록 해요! 그렇다면 스토리보드가 중요한 이유가 무엇인지 알아볼까요?

첫째로, 촬영해야 할 장면을 글과 그림으로 표현하면 글로만 쓰는 것보다 내용을 더 자세하게 파악할 수 있어요.

예를 들어 주인공이 울고 있는 모습을 그림으로 그리면 '주인공이 바닥에 앉아서 손으로 얼굴을 가려 엉엉 소리를 내며 운다'고 글로 쓴 것보다 장면을 더 구체적으로 보여 줄 수 있어요. 그림과 함께 글로 정리된 스토리보드를 이용하면 배우와 촬영자 모두 촬영할 장면을 쉽게 이해할 수 있을 거예요.

둘째로, 영상 제작에는 여러 명의 사람이 참여하므로 스토리보드에 내용을 미리 정리해 두지 않으면 촬영할 때 헷갈릴 수 있어요.

학교 숙제로 모둠 친구들과 함께 뉴스를 만든다고 생각해 보세요. 각자 바쁜 일이 있어서 동시에 만나기 어려울 수도 있어요. 이런 경우, 스토리보드를 미리 만들어 두었다면 기획 단계에서 모두가 동의한 내용으로 각자 촬영을 진행할 수 있을 거예요. 또, 어렵게 모였는데 어떻게 촬영할지 매번 새로 정해야 한다면 시간이 낭비됩니다. 따라서 스토리보드만 잘 만들어도 한정된 시간 안에 촬영을 신속하게 진행할 수 있어요.

어때요?
영상을 촬영하기 전 스토리보드를 만들어 두면 촬영하기도 편하고, 전체 영상의 완성도도 올라가겠죠?

장면 순서	담고자 하는 장면 (그림이나 사진)	대사, 장면 설명	준비물 효과음, 배경음
1		여주인공이 스포일러를 하지 말라고 소리치는 장면 여주인공: 으아, 말하지 마! 나 아직 안 봤단 말이야.	접시 깨지는 소리, 긴장되고 빠른 배경 음악
2		남주인공이 왜 그렇게 유난이냐고 묻는 장면 남주인공: 너무 유난 아냐? 좀 알고 보면 어때서? 여주인공: 무슨 말씀이세요. 저는 요즘 스포 당할까 봐 웹서핑도 자제해요.	까마귀 소리, 긴장되고 빠른 배경 음악
3	회사에서	남주인공이 어이없어 하는 장면 남주인공: 왜들 그렇게 예민해?	펑 터지는 소리, 긴장되고 빠른 배경 음악
4		'해영'의 동료들이 대화하는 장면 동료1: 자기도 박과장님과의 관계를 진지하게 고민해 봤대.	사람들이 두런두런 얘기하는 소리, 잔잔하고 단순한 배경 음악
5		지나가던 남주인공이 우연히 대화를 듣게 되는 장면 동료1: 해영씨가 고민이 많더라고.	사람들이 두런두런 얘기하는 소리, 잔잔하고 단순한 배경 음악
6	쿵쿵~ / 연애 스포일러	동료1: 박과장님은 아무래도 아닌 것 같대. 동료2: 안 됐다, 박과장님. 자막: 연애 스포일러	운명교향곡

▲ 촬영 전 스토리보드 작성하기(작성자: 오다은 학생)

스토리보드는 이렇게 만들어요!

▶ 스토리보드는 무엇으로 이루어져 있나요? ◀

스토리보드를 작성하기 전에 스토리보드가 어떤 요소로 구성돼 있는지 살펴볼게요. 스토리보드에는 장면 그림, 대사 및 장면 설명, 준비물과 효과음 설명이 포함됩니다.

❶ 장면 그림

촬영을 담당하는 사람에게 해당 장면의 내용이 정확히 전달되도록 촬영할 장면을 간단히 그려 보세요. 등장하는 사람의 수, 그 사람들의 행동과 표정이 그림에 나타나 있어야 해요. 촬영 장면을 그린 것이므로 카메라의 위치나 이동 방향도 함께 전달할 수 있겠죠?

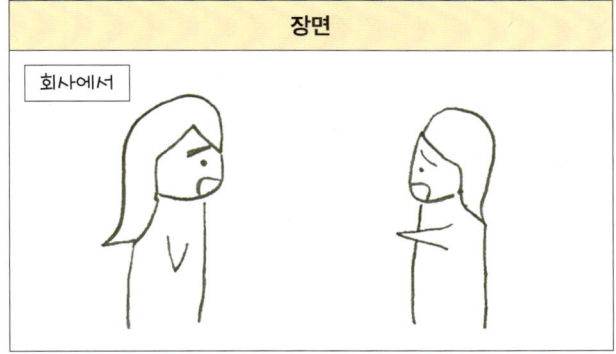

▲ 스토리보드에 촬영 장면 그리기

> **TipTalk** 스토리보드에 그림을 예쁘게 그려야 할까요? 그렇지 않아요. 스토리보드에 촬영 장면을 그리는 이유는 촬영 담당자에게 '어떤 장면을 어떻게 촬영해야 하는지' 전달하기 위해서예요. 그림을 완벽하게 그리는 것보다 꼭 필요한 정보를 이해하기 쉽게 표현하는 것이 중요해요.

❷ 대사 및 장면 설명

촬영 담당자가 장면 그림을 좀 더 정확히 이해할 수 있도록 글로 설명해 줍니다. 어떤 상황인지 설명하고 등장하는 사람들의 대사도 써 보세요. 연극 대본처럼 지문을 이용해서 사람들의 표정이나 행동을 적어도 좋아요.

대사 및 장면 설명
'해영'의 동료들이 대화하는 장면
동료1: 자기도 박과장님과의 관계를 진지하게 고민해 봤대.

▲ 장면 소개와 등장 인물 대사 적기

> **TipTalk** '지문'이란 대본의 3 요소 중 하나로, 등장하는 사람에게 표정이나 행동을 지시하는 글이에요. 주로 괄호 안에 적는답니다.
> 예) 학생: (고개를 숙이며) 선생님, 안녕하세요?
>   선생님 : (활짝 웃으며) 안녕! 좋은 아침이야.

❸ 준비물, 효과음, 배경 음악

촬영할 때 필요한 준비물을 기록해요. 사람들이 어떤 옷을 입고 출연하면 좋을지, 이 상황에서 필요한 물건은 무엇인지 알려 주는 거예요. 그리고 필요한 효과음이나 배경음을 생각하고 적어 두는 것이 좋아요. 효과음과 배경음은 영상의 분위기를 결정하는 중요한 역할을 합니다.

대사 및 장면 설명
사람들이 두런두런 얘기하는 소리,
잔잔하고 단순한 배경 음악

▲ 장면에 필요한 효과음 기록하기

> **TipTalk** 배경음과 효과음은 영상을 편집하는 단계에서 삽입합니다. 그렇지만 스토리보드 제작 단계에서부터 미리 생각해 두는 것이 좋아요. 해당 장면에 어떤 배경음과 효과음을 적용할지 미리 파악해야 어떤 분위기로 촬영할지 정할 수 있기 때문이에요.

〉 스토리보드, 이렇게 연습해요 〈

❶ 웹툰 보고 스토리보드 만들기

모두들 한 번쯤 웹툰을 본 경험이 있을 거예요. 여러분에게 친숙한 웹툰을 이용하면 스토리보드 제작 방식을 쉽게 이해할 수 있어요. 웹툰의 한 컷 한 컷을 영상의 캡처 화면이라고 생각해 보세요. 여러분이 좋아하는 웹툰을 보고 스토리보드 작성 연습을 해 봅시다.

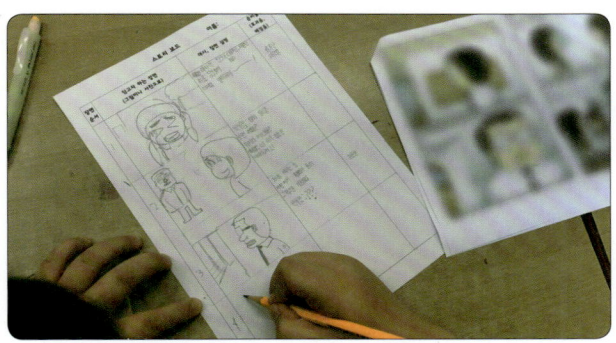

▲ 웹툰을 이용해 스토리보드 작성 연습하기

웹툰을 자세히 살펴보면 스토리보드에 넣어야 하는 내용이 전부 포함돼 있어요. 등장하는 사람의 행동과 표정이 그림으로 잘 표현돼 있고 대사와 효과음도 자세히 써 있죠. 따라서 여기에 '카메라를 어떤 각도로 찍을지', '장면과 장면을 어떻게 전환할지', '어떤 효과음과 배경음을 넣을지' 추가하면 훌륭한 스토리보드를 완성할 수 있어요. 좋아하는 웹툰의 한 장면을 보고 스토리보드를 만드는 연습을 해 봅시다.

장면 1

장면 1

장면 순서	담고자 하는 장면 (그림이나 사진)	대사, 장면 설명	준비물 효과음, 배경음
1			
2			
3			
4			

 내가 좋아하는 웹툰을 보고 스토리보드를 직접 짜 봅시다!

❷ 영상을 보고 스토리보드 만들기

이미 완성된 영상을 보면서 스토리보드를 만들 수도 있어요. 스토리보드에 필요한 내용들이 각각의 촬영 장면에 전부 들어가 있기 때문에 영상을 보며 거꾸로 스토리보드를 만드는 연습을 하다 보면 노하우가 생길 거예요.

▲ 연습용 영상

장면 순서	담고자 하는 장면 (그림이나 사진)	대사, 장면 설명	준비물 효과음, 배경음
1			
2			

잠깐만요 '투닝(Tooning)'으로 스토리보드 쉽게 만들기

'투닝'은 AI를 활용한 웹툰 제작 사이트입니다. 특별한 기술 없이도 캐릭터, 배경, 효과 등을 클릭하기만 하면 누구나 멋진 스토리보드를 만들 수 있어요. 우선, 촬영하고 싶은 내용을 종이에 대략 그리면서 정리해 보세요. 그런 다음 투닝에서 제공하는 '텍스트 투 툰 인공지능'에 상황 텍스트를 입력하면, 인공지능이 상황에 맞게 해당 내용이 담긴 그림을 그려 줍니다. 인공지능이 분석한 감정에 따라 캐릭터에 표정도 적용되고요. 이렇게 만든 스토리보드를 다른 사람들에게 내용을 공유할 수 있답니다.

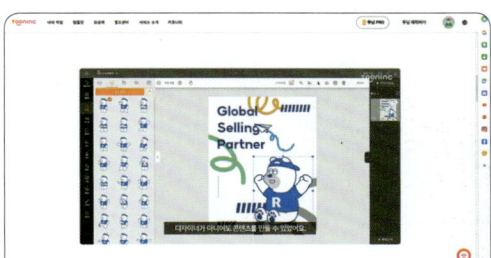

저작권의 중요성, 잊지 말아요

학생1: 공부를 하다가 친구들과 함께 풀어보면 좋을 문제를 발견했어. 학급 SNS에 올려 공유해 보고 싶어.

학생2: 앗! 문제집 사진을 찍어 올리려는 거야?

학생1: 응. 같이 보고 공부하면 좋지 않을까?

학생2: 그렇지만 우리 학급 전체가 돈을 내고 구매한 책이 아닌데……. 우리 마음대로 학급 SNS에 공유해서는 안될 것 같아!

선생님: 맞아요. 아무리 좋은 목적이라고 해도 타인의 자료를 함부로 올려선 안 돼요. 문제집을 만든 사람의 '저작권'을 침해하는 행동이기 때문이에요.

학생1: 저작권? 많이 들어 보기는 했는데 정확히 어떤 의미인지 모르겠어요. 저작권은 왜 지켜야 하나요?

선생님: 저작권은 글이나 그림, 영상 등 다양한 저작물에 대해 그 저작물을 만든 사람이 가지는 권리를 말해요. 저작권의 의미를 좀 더 자세히 알아보고 저작권을 보호해야 하는 이유를 알려줄게요.

학생2: 인터넷에서 사진이나 영상을 다운로드할 때마다 걱정이 많았는데 이번 시간에 확실히 배워야겠어요.

# 저작권이란 무엇일까요?

> 저작권이란 무엇일까요? <

다른 사람에게 자신의 생각이나 느낌을 표현할 때 어떤 방법을 이용하나요? 말로 직접 전달하거나 글이나 그림, 음악으로 나타낼 수 있어요. 이렇게 사람의 생각이나 느낌을 표현한 글, 사진이나 음악 등을 '**저작물**'이라고 하며, 이 **저작물에 대한 권리를 '저작권**'이라고 해요.

쇼핑을 하는 상황을 상상해 볼까요? 여러분이 옷을 구입했다면 물건에 대한 권리는 여러분에게 있기 때문에 다른 사람은 그 옷을 함부로 사용할 수 없어요. 저작권도 마찬가지예요. 저작물을 만드는 순간, 저작자는 그 저작물에 대한 권리를 가집니다. 즉, 저작권은 나의 저작물을 다른 사람이 함부로 사용할 수 없도록 지켜 주는 권리라고 할 수 있습니다. 베끼지 않고 직접 만든 것이라면 숙제나 그림, 일기는 모두 보호받을 수 있는 것이죠.

저작권은 반드시 보호받아야 하는 소중한 권리입니다. 그렇다면 저작권을 지켜야 하는 이유는 무엇일까요?

마트에서 돈을 지불하지 않고 물건을 가져간다면 그 사람은 처벌을 받습니다. 남의 물건을 훔치는 행동이기 때문이죠. 만약 물건을 가져가도 벌을 받지 않는다면 어떻게 될까요? 그 누구도 돈을 내고 물건을 사지 않을 테고, 그러면 물건을 만들어 파는 사람이 줄어들 거예요.

저작권도 마찬가지입니다. 만약 여러분이 소설가라고 생각해 보세요. 1년 동안 열심히 쓴 글을 책으로 출간했는데, 책의 내용이 인터넷에 전부 공개되어 있다면 어떤 기분일까요? 여러분이 노력해서 쓴 책을 사람들이 아무런 대가 없이 읽을 수 있게 된다면 허무할 거예요. 소설을 쓰려는 의욕도 사라질 거고요. 이런 일이 많아진다면 문화 산업은 결코 성장할 수 없을 것입니다.

이처럼 저작권이 보호받는 사회가 되어야 **창작 활동이 활발해질 수** 있어요. 사람들의 생각과 감상을 표현한 다양한 저작물을 만나고 싶다면 저작권의 소중함을 잊지 말아야 합니다. 저작권 보호에 앞장서기로 약속해요!

저작물을 이용할 때는 CCL을 확인해요

다른 사람의 저작물을 허가 없이 사용하는 것은 저작권을 침해하는 행위입니다. "일부만 사용하면 괜찮지 않을까?", "돈을 벌기 위한 것이 아니라 좋은 의도로 공유한다면 괜찮지 않을까?"라고 생각하기 쉽지만 이에 대한 대답은 전부 "아니오."예요!

그렇지만 다른 사람이 만든 저작물을 전혀 이용할 수 없다면 너무 불편할 거예요. 학교 숙제로 뉴스를 만드는 상황을 예로 들어 볼게요. 뉴스에 배경 음악을 넣고 싶은데, 매번 음악을 직접 만들어서 넣어야 한다면 어떤 친구도 숙제를 완성하지 못할 것입니다.

이런 불편함을 해결하기 위해 'CCL(Creative Commons License; 저작물 이용 허락)'이라는 약속을 정했어요. CCL은 **저작권을 가진 사람이 그 저작물에 대해 설정한 사용 조건을 의미**합니다. 정해진 사용 조건만 잘 지키면 저작물을 자유롭게 사용할 수 있어요. '저작자 표시', '비영리 목적 사용', '2차 변경 금지' 같은 큰 분류 알아두면 쉽게 알아볼 수 있답니다.

❶ **저작자 표시** : 저작자의 이름을 공개하면 사용할 수 있는 저작물이라는 뜻입니다. 예를 들어, 영상을 제작할 때 다른 사람이 만든 영상을 앞부분에 조금 넣고 싶다면 '저작자 표시'가 있는 영상을 찾아 넣고 제작자 이름을 표시하면 된답니다.

❷ **비영리 목적** : 영리 목적이 아니면 사용해도 된다는 의미입니다. 쉽게 말해 이 저작물을 이용해 돈을 벌지만 않으면 얼마든지 활용해도 된다는 뜻이에요. 예를 들어, 학교 숙제로 보고서를 쓸 때는 '비영리 목적' 표시가 있는 인터넷 기사를 참고해도 돼요. 여러분이 학교 숙제를 이용해 돈을 벌지 않기 때문입니다.

❸ **2차 변경 금지** : 저작물을 사용해도 되지만 내용이나 형식을 마음대로 변경하지 말라는 뜻입니다. 영상을 제작할 때 '2차 변경 금지' 표시가 있는 저작물을 활용하고 싶나요? 영상을 자르거나 색을 바꾸지 않고 원본 그대로 넣는다면 사용해도 괜찮습니다.

 **잠깐만요** 유튜브 영상에 노래를 사용하면 무조건 저작권 침해인가요?

영상을 만들다 보면 다른 사람의 노래를 배경 음악으로 사용하게 되는 경우가 발생합니다. 물론 저작권 침해 우려가 없는 음악만 사용하면 좋겠지만, 실수로 원저작자의 허락을 받지 않고 노래를 사용해 저작권을 침해했다면 어떻게 될까요?

유튜브에는 'Content ID'라는 신기한 시스템이 있습니다. 다른 사람의 저작물을 이용해서 영상을 제작하는 것은 원칙적으로 저작권을 침해하는 행위입니다. 그렇지만 유튜브는 저작권 침해 없이 영상을 자유롭게 만들 수 있는 시스템을 개발했답니다. 유튜브에 업로드되는 영상 중 다른 사람의 음악이나 영상을 사용한 영상을 찾아낸 후 그 영상의 원래 저작자에게 다음과 같이 물어봅니다.

"이 영상을 삭제할래요?"
"이 영상에 광고를 첨부해 수익금을 받을래요?"
"이 영상을 그대로 둘래요?"

원저작권자가 이 중 한 가지를 선택하면 해당 조치를 취한 후 영상을 게시할 수 있어요. 'Content ID' 시스템을 통해 유튜브 사용자들에게 다양한 영상을 만들 수 있는 기회를 제공하면서 저작자의 권리도 지킬 수 있답니다.

▲ 촬영하고 편집하는 '1인 미디어'

다른 사람이 만든 저작물을 이용할 때는 CCL을 꼼꼼하게 확인해 저작권을 침해하지 않도록 주의해요!

 ## 친구들의 초상권을 지켜 주세요

혹시 친구의 얼굴을 몰래 찍어 사진을 공유한 적이 있나요? 지금 이 시간부터는 이런 장난을 치지 않기로 약속해요! 모든 사람은 자신의 모습에 대한 권리인 '초상권'을 가지고 있기 때문이에요.

'초상권'이란 자신의 모습이 허락 없이 촬영되지 않을 권리, 촬영된 사진이나 영상이 함부로 공유되지 않을 권리를 의미합니다. 얼굴이 직접 나오지 않더라도 그 모습을 보고 누군지 추측할 수 있다면 이 역시 초상권을 침해한 경우라고 할 수 있어요. 유튜브나 페이스북, 인스타그램 등 SNS 활동이 활발해지면서 초상권이 침해되는 일이 늘어나고 있어요. 여러분도 사진이나 영상을 업로드할 때 주의해야 합니다.

영상에 친구를 출연시키고 싶다면 어떻게 해야 할까요? 친구가 "나는 영상에 나와도 괜찮아."라고 한다면 초상권을 침해하지 않은 것일까요? 그렇지 않아요! 여러분의 친구는 만 19세 미만의 미성년자이므로 영상에 출연하려면 **부모님의 동의가 필요해요.** 영상을 촬영하기 전에 영상의 내용을 친구의 부모님께 설명하고 출연 동의를 받아야 합니다. 글로 작성해 기록으로 남기면 더 좋겠죠? 친구의 부모님께서 허락하지 않았다면 친구의 모습을 억지로 촬영해서는 안 돼요!

잠깐만요 인물의 얼굴 가려 초상권 침해 방지하기

야외에서 영상을 촬영했는데 지나가는 행인의 얼굴이 나왔다면 어떻게 해야 할까요? 영상을 편집할 때 그 사람의 얼굴을 가리면 된답니다. 영상 속 사람이 누구인지 알아보지 못하도록 얼굴에 스티커를 붙이거나 모자이크 효과를 준다면 초상권을 지킬 수 있습니다.

▲ 영상 속 인물에 모자이크 처리해 초상권 침해 방지하기

저작권 Q&A, 저작권을 더 알고 싶어요!

질문1 나의 스마트폰으로 찍은 영상에 친구의 얼굴이 잠시 나왔다면, 그 영상은 마음대로 쓸 수 없나요?

대답1 '저작권'이란 저작물에 대해서 저작자가 가지는 권리를 말해요. 즉, 내가 찍은 영상이나 사진 등에 대한 권리는 내가 가지고 있는 것이죠. 그래서 여러분의 스마트폰으로 찍은 영상의 저작권은 여러분에게 있어요. 하지만 영상에 나온 얼굴의 초상권은 친구가 가지고 있답니다. 그래서 여러분이 찍은 영상이지만, 영상에 나오는 인물에 대한 초상권을 잘 고려해서 사용해야 해요.

질문2 인기 가수의 춤을 따라한 내용의 영상을 찍어서 유튜브에 올려도 되나요?

대답2 저작권법의 보호를 받는 저작권은 '사람의 생각이나 감정을 표현한 창작물'에게 주어져요. 가수가 추는 춤은 '사람의 생각을 담은 동작을 표현한 모습'이기 때문에 저작권을 가지고 있지요. 따라서 이를 영상으로 촬영하여 전달하는 경우에도 문제가 될 수 있으니, 저작권을 가진 사람에게 허락을 받고 사용해야 해요.

질문3 저작권은 저작물을 만든 사람이 죽은 후에도 계속 보호되나요?

대답3 저작권은 저작물을 창작할 때부터 발생하는 권리입니다. 그런데 이러한 권리가 영원히 주어지는 건 아니고 유효기간이 있어요. 저작권법 제3관 제39조에 의하면 '지적재산권은 특별한 규정이 있는 경우를 제외하고는 저작자가 생존하는 동안에 사망한 후 70년간 존속한다.'라고 되어 있어요. 그래서 저작자가 사망한 후 70년 동안 저작권을 보호하다가, 그 이후에는 누구나 쓸 수 있도록 권리를 풀어준다고 해요.

질문4 인기 가수의 노래가 5초 정도 들어간 영상은 유튜브에 올려도 되나요?

대답4 저작권법에 따르면 공식적으로 '몇 초 이하라면 저작권에 문제 되지 않는다'고 나와 있는 것은 아니에요. 즉, 노래를 짧게 사용해도 원칙적으로 문제가 될 수 있어요. 다만, 유튜브는 자체적으로 저작권 여부를 판단하는 알고리즘을 가지고 있기 때문에 문제가 될 것 같은 부분이 있다면 영상을 올린 사람에게 해결 방법을 전달합니다.

01 저작권 침해 없이 이미지를 다운로드해요

01 저작권을 침해하지 않고 인터넷에서 필요한 사진이나 그림을 다운로드하는 방법을 알아봅시다. 웹 브라우저에 접속해 주소창에 'google.com'를 입력하고 Enter 를 누릅니다.

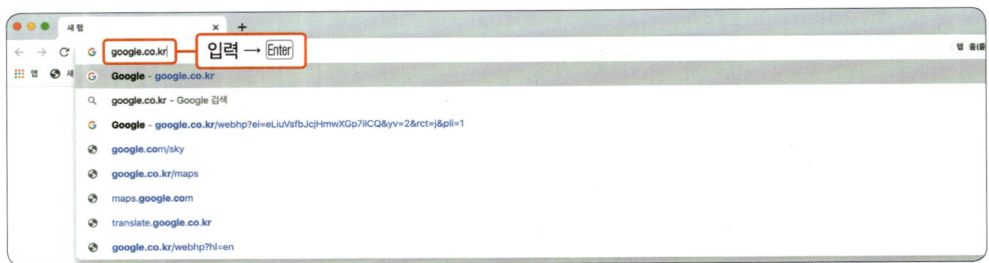

02 구글 검색창에 원하는 검색어를 입력하고 Enter 를 누릅니다.

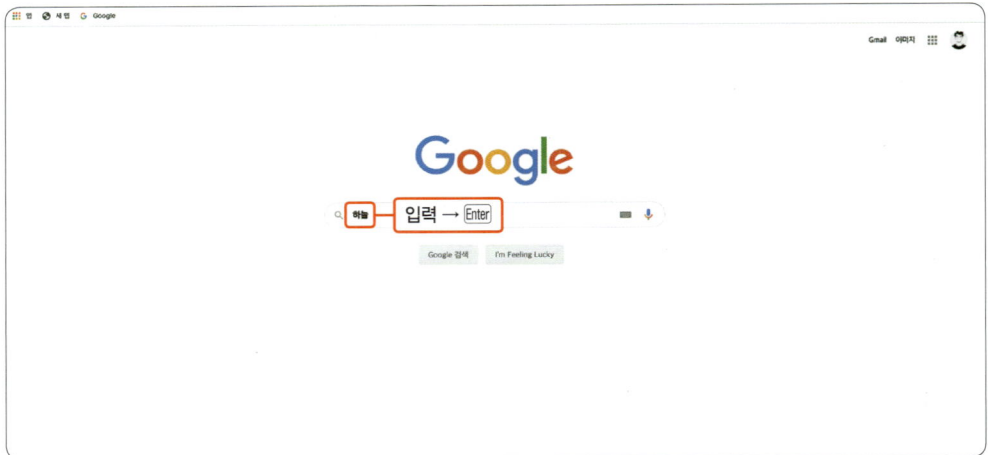

03 검색 결과 중 사진이나 그림만을 볼 수 있도록 [이미지] 탭을 클릭하세요.

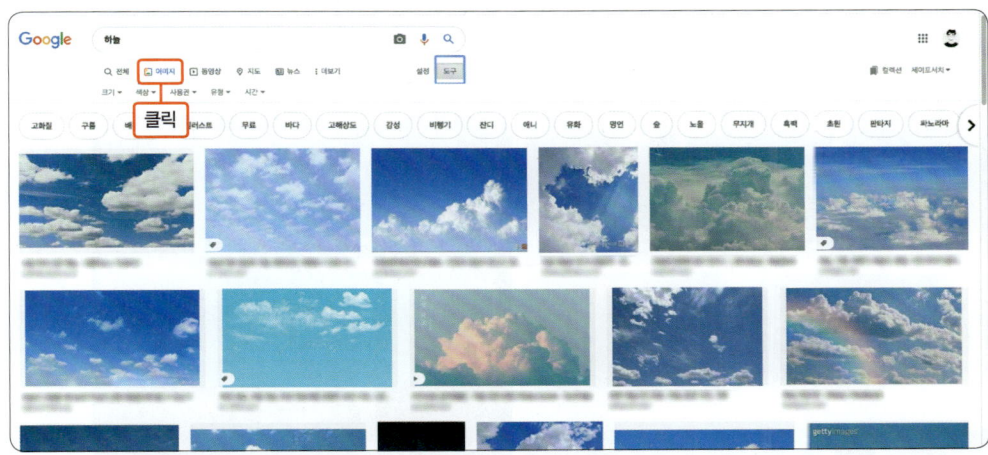

04 [도구]를 클릭하고 [사용권]을 선택합니다. 이 중 [크리에이티브 커먼즈 라이선스]를 고르면 저작권 걱정 없이 사용할 수 있는 이미지만 볼 수 있습니다. 이 이미지는 자유롭게 변형해서 사용해도 좋아요.

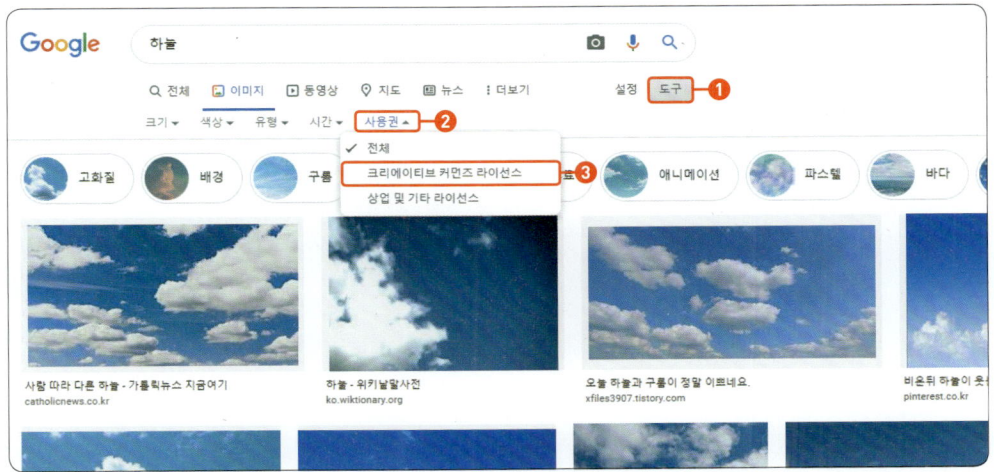

> **TipTalk** [크리에이티브 커먼즈 라이선스]로 선택했을 때 원하는 이미지가 나타나지 않는다면 [상업 및 기타 라이선스]로 선택해 보세요. 더 많은 이미지가 보일 거예요. 단, 이렇게 찾은 이미지는 돈을 지불해야 사용할 수 있으니 주의하세요.

05 다운로드하고 싶은 사진을 클릭합니다. 화면 오른쪽에 이미지가 나타나면 마우스 오른쪽 버튼으로 클릭하고 [이미지를 다른 이름으로 저장]을 선택하세요. 원하는 위치에 저장해 사용하면 됩니다.

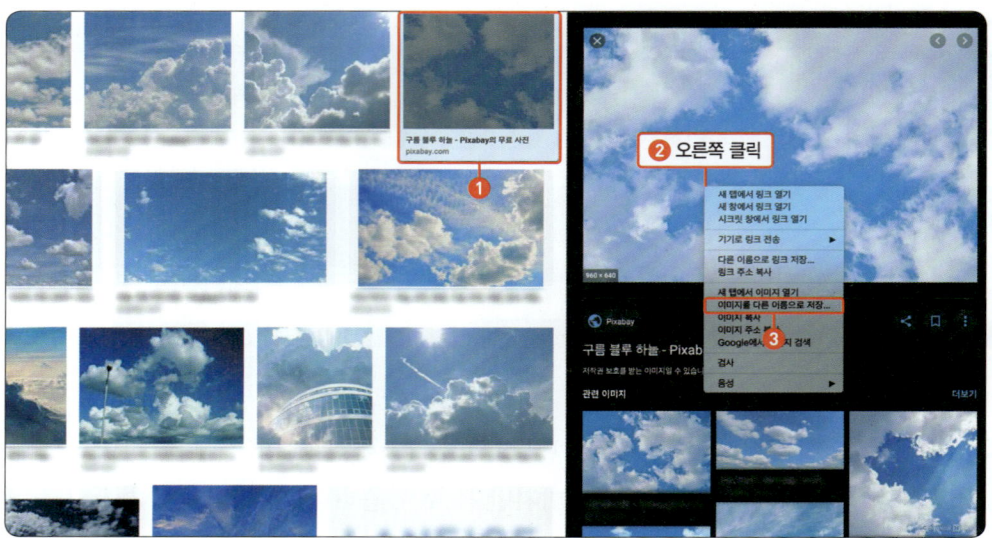

저작권 침해 없이 음악을 다운로드해요

01 유튜브에서 제공하는 음악을 다운로드해 활용해 봅시다. 웹 브라우저 주소창에 'youtube.com'을 입력하고 유튜브 사이트 오른쪽 위 [로그인]을 클릭하세요. 만약 유튜브 계정이 없다면 45쪽의 [잠깐만요]를 참고해 회원으로 가입하세요.

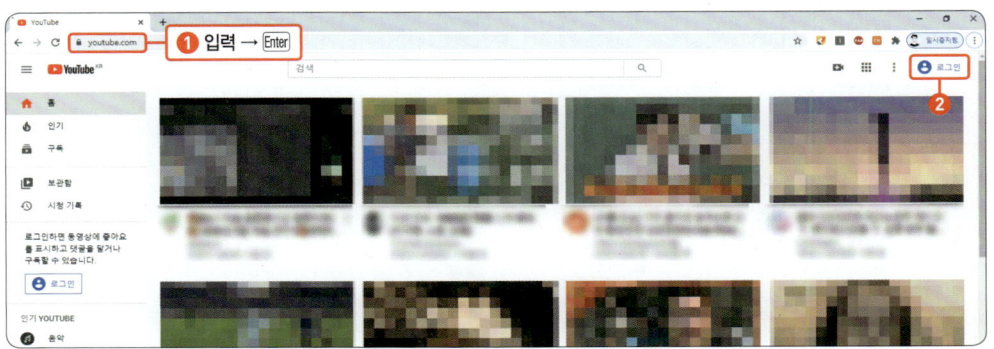

02 유튜브 사이트의 오른쪽 위 프로필을 클릭하면 메뉴가 나타납니다. 그중에서 [YouTube 스튜디오]를 클릭하세요.

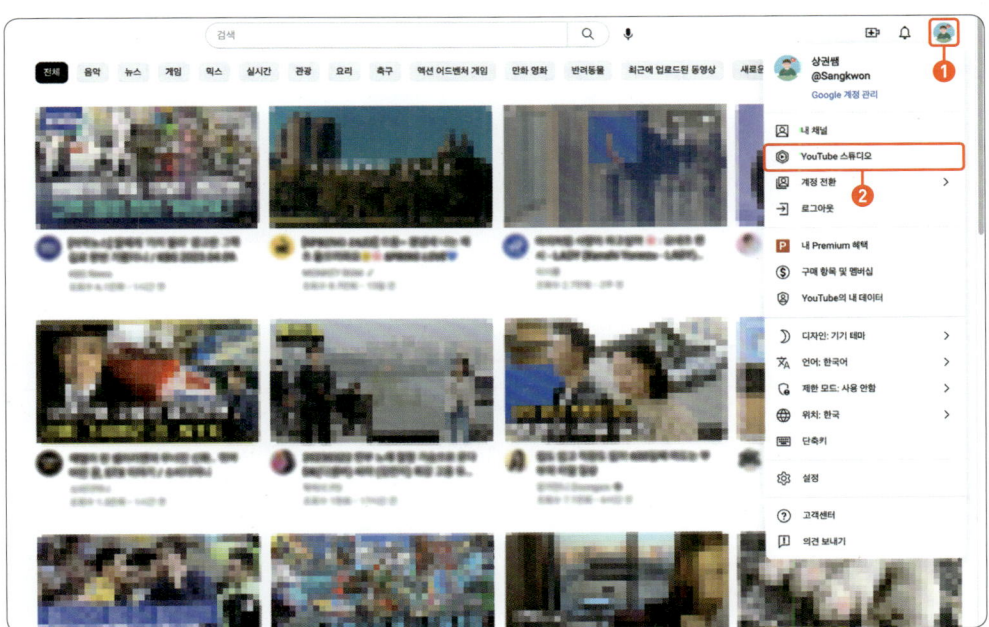

03 화면 왼쪽의 메뉴에서 [오디오 보관함]을 클릭합니다. 오디오 보관함에서는 저작권 걱정 없이 무료로 사용 가능한 음악을 찾을 수 있어요.

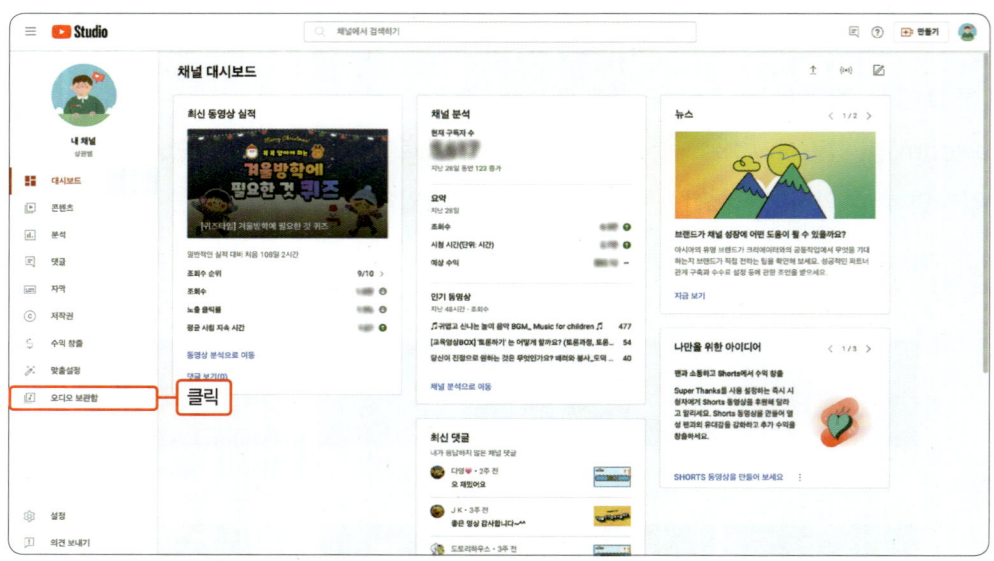

04 음악 리스트가 나타나면 ☰를 클릭해 [저작권 표시 필요 없음]을 선택하세요. 노래를 선택해 들어보고 마음에 든다면, [다운로드] ⬇를 클릭해 음악을 다운로드하세요.

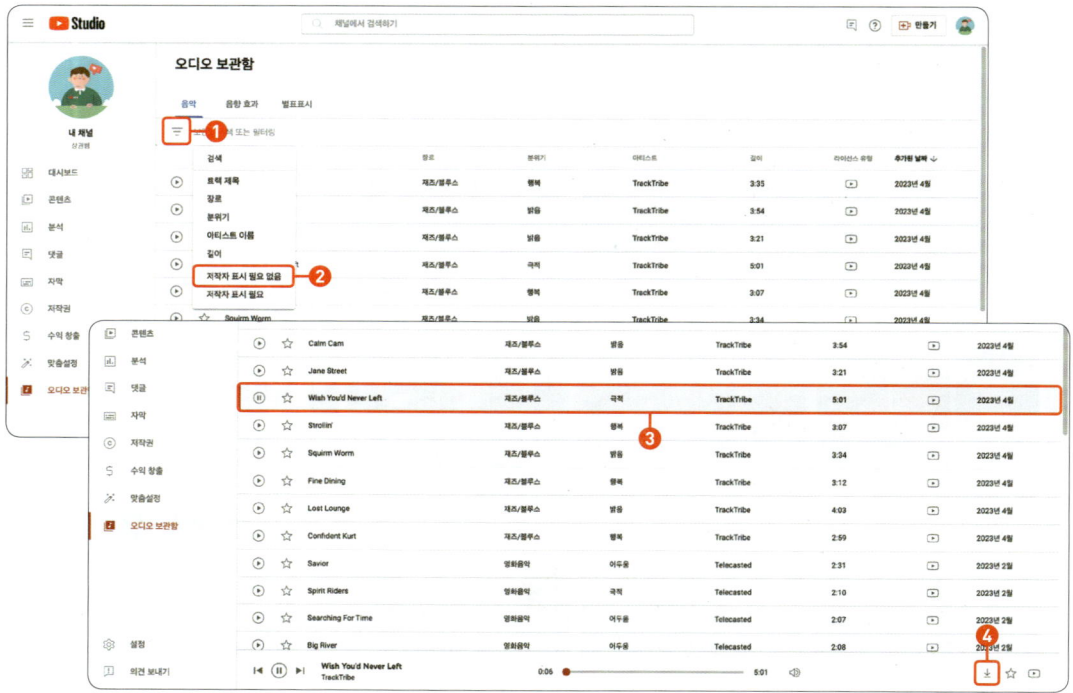

유튜브에 어떻게 가입할까요?

01 유튜브 사이트 오른쪽 위의 [로그인]을 클릭하세요.

02 유튜브에 가입하려면 구글 계정이 필요합니다. 구글 계정이 있다면 이메일을 입력해 가입하고, 없다면 [계정 만들기] - [내 비즈니스 관리하기]를 선택해요. 계정에 필요한 정보를 입력한 후 [다음]을 클릭하세요.

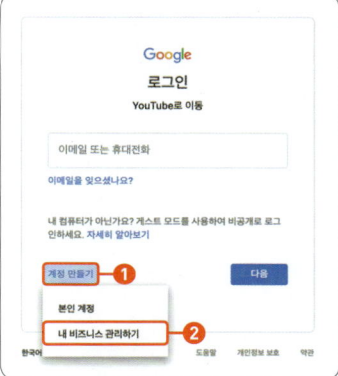

03 필요에 따라 추가 정보를 입력한 후 '개인정보 보호 및 약관'을 읽어보고 '동의'에 체크하세요. [계정 만들기]를 누르면 가입이 완료됩니다.

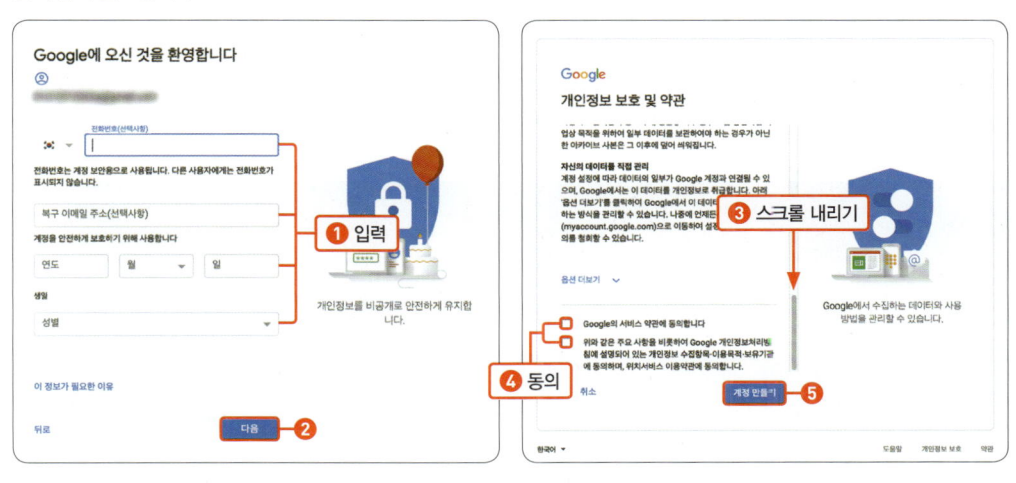

04 유튜브 메인 화면으로 돌아가면 로그인 된 것을 확인할 수 있어요.

저작권 침해 없이 영상을 다운로드해요

01 저작권을 침해하지 않고 인터넷에서 필요한 영상을 다운로드하는 방법을 알아봅시다. 웹 브라우저에 접속해 주소창에 'pixabay.com/ko'를 입력하고 Enter 를 누릅니다.

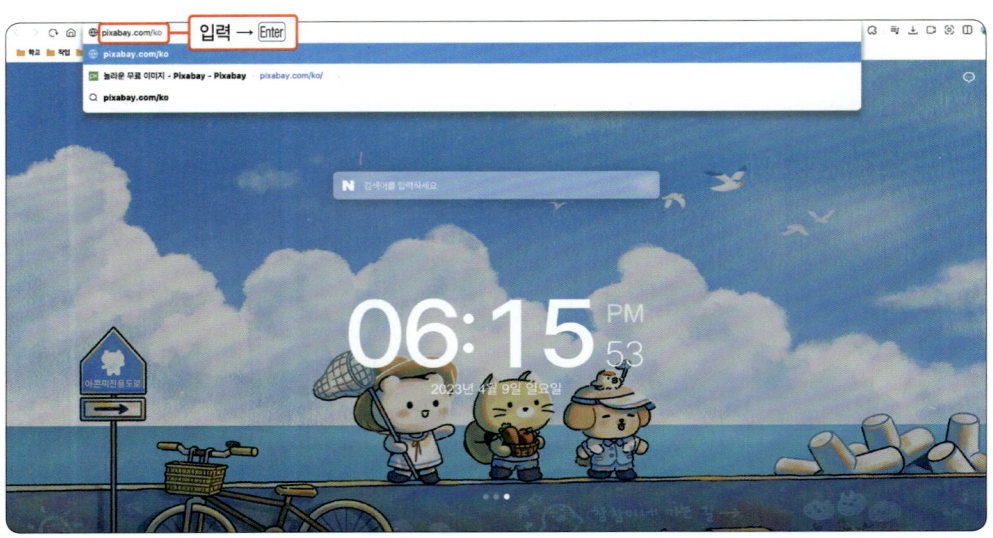

TipTalk 네이버 등 포털 사이트에 '픽사베이'를 검색해서 홈페이지에 접속해도 괜찮아요.

02 '픽사베이' 홈페이지가 나타나면 검색창의 오른쪽 메뉴에서 [비디오]를 선택해요.

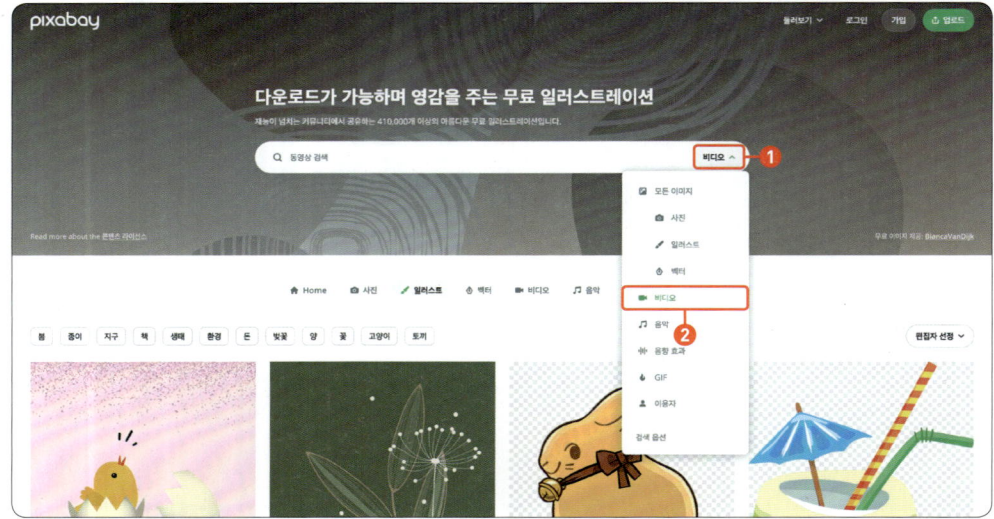

03 검색창에 원하는 검색어를 입력하고 Enter 를 누릅니다.

04 검색 결과 중 다운로드하고 싶은 영상을 클릭합니다. 영상의 재생 버튼을 눌러 내용을 살펴보고, 영상이 마음에 든다면 오른쪽 메뉴의 [무료 다운로드]를 눌러 원하는 영상을 다운로드해요.

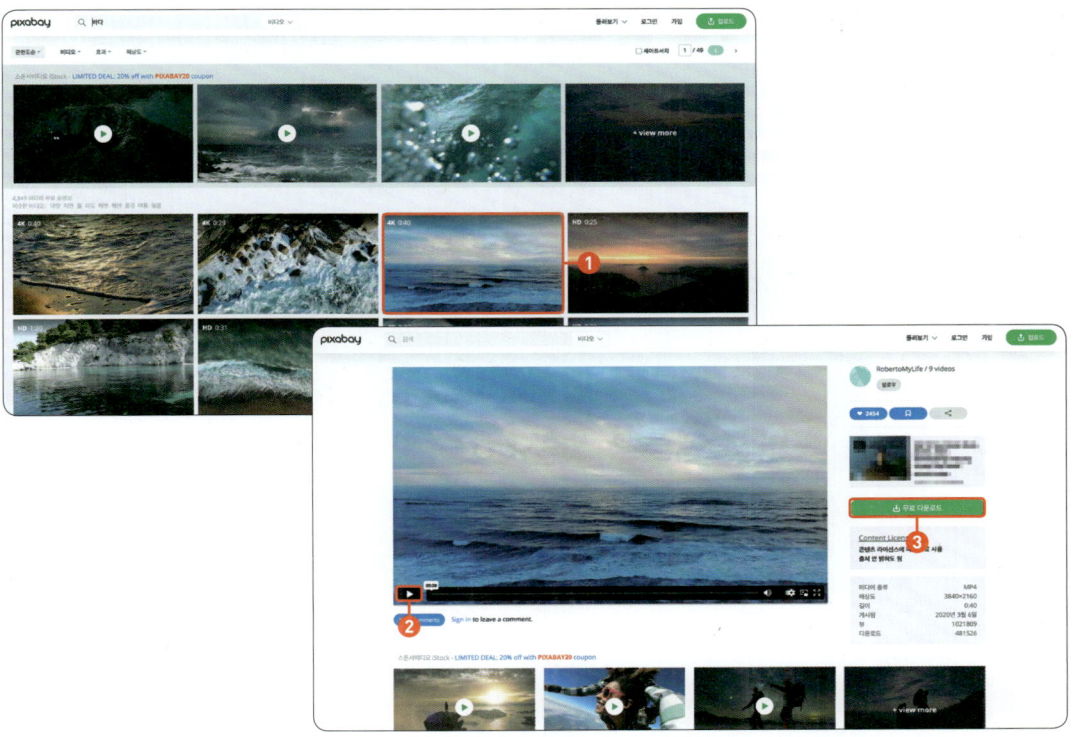

둘째 마당

준비! 처음 만나는 영상 제작

얼마 전까지만 해도 영상을 제작할 때 비싼 카메라와 고사양의 컴퓨터를 이용해야 했어요. 그뿐인가요? 복잡한 프로그램을 다룰 줄 아는 전문가들만 영상을 편집할 수 있었죠.
하지만 요즘에는 누구나 쉽고 간편하게 영상을 만들 수 있어요. 스마트폰 카메라 하나만으로도 충분히 멋진 영상을 찍을 수 있을 뿐만 아니라, 스마트폰 편집 앱들도 전문가용 프로그램 못지않게 발전했거든요!
스마트폰 하나로 멋진 영상을 촬영하는 팁부터, 언제 어디서나 영상을 쉽고 빠르게 편집할 수 있는 키네마스터의 조작 방법까지 함께 알아볼까요?

두근두근 영상 촬영을 시작해요

 국어 숙제로 영상을 촬영했는데 내 목소리가 잘 안 들려서 고민이야.

 영상을 찍을 때 작게 말한 거 아니야?

 아니야. 멀리서 찍어서 안 들릴까 봐 크게 말했어.

 그럼 스마트폰이 오래 돼서 그런가?

 올해 생일 선물로 부모님께 받은 건데……. 새 거라서 양 손으로 꽉 잡고 찍었어.

 실수를 한 것 같은데… 무엇이 문제일까?

선생님은 소리가 잘 안 들리는 원인을 알 것 같아요.

 왜 소리가 작게 들릴까요? 이미 영상을 다 촬영했는데 새로 찍어야 하나요?

영상을 촬영하고 난 후 소리가 잘 들리지 않거나 화면이 흔들린 경우에는 촬영을 처음부터 다시 해야 해요.

 다음부터 실수를 안 하려면 무엇이 문제인지 알아봐야겠어요.

이번 시간에는 영상을 촬영할 때 흔히 하는 실수를 알아보고, 좋은 영상을 촬영하는 방법에 대해 배워 봅시다. 잡음없이 깨끗하게 녹음하는 방법부터 영상을 흔들리지 않게 촬영하는 방법까지! 자, 시작해 볼까요?

 **촬영할 때 이런 실수는 피해요**

〉세로로 촬영하면 안 돼요! 〈

스마트폰 화면은 대부분 세로로 길기 때문에 평소에는 스마트폰을 세로로 들고 사용하는 것이 익숙하죠? 그렇기 때문에 사진이나 영상을 촬영할 때도 스마트폰을 세로로 드는 친구들이 많아요.

영상에는 등장인물뿐만 아니라 배경 등 다른 정보도 충분히 담아야 하기 때문에 가로로 촬영하는 것이 좋아요. 세로로 촬영하면 등장인물이 조금만 움직여도 화면에서 쉽게 벗어나기 때문이죠. 등장인물의 양 옆이 좁기 때문에 주변에 무엇이 있는지 알기 어려워 답답해 보이기도 하고요.

영화나 드라마 등 많은 영상 콘텐츠를 가로로 촬영하는 이유를 알겠죠?

▲ 세로로 촬영한 경우 등장인물 양 옆의 배경을 볼 수 없음

해결 방법 **스마트폰을 가로로 들고 촬영해 보세요!** 우리 주변의 물체들은 대부분 가로로 움직입니다. 자동차들이 움직이는 모습, 공이 굴러가는 모습을 떠올려 보세요. 또한 영상 안에 주변 배경까지 담으려면 가로로 촬영하는 것이 좋아요.

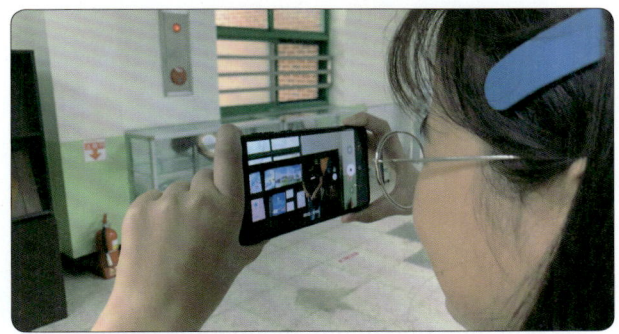

▲ 스마트폰을 가로로 들고 촬영하기

〉기울어진 채로 촬영하면 안 돼요! 〈

열심히 영상을 찍었는데 화면이 기울어진 것처럼 보여 실망한 적 있나요? 수평을 맞추지 않고 촬영했기 때문에 생기는 문제점이에요. 기울어진 영상은 불안한 느낌을 주기 때문에 사용하지 않는 것이 좋아요. 이런 경우 영상을 다시 촬영하거나 편집할 때 수평을 맞춰야 합니다. 처음부터 수평과 구도를 잘 맞춰 영상을 촬영하면 좋을 텐데, 작은 화면을 보며 손으로 들고 찍는 것이 쉽지 않죠?

▲ 수평이 맞지 않아 기울어진 영상

해결 방법 스마트폰 카메라의 '3분할 구도' 기능을 사용해 해결할 수 있어요. 아이폰인 경우 **'3×3 격자' 기능**을, 안드로이드 스마트폰인 경우 **'수직/수평 안내선' 기능**을 이용해 보세요. 스마트폰 화면에 가로, 세로를 각각 3등분하는 선이 나타납니다.

안내선을 이용하면 수평을 쉽게 맞출 수 있습니다. 선을 건물의 기둥이나 가로등 같은 고정된 물체에 맞추거나, 선과 선이 만나는 지점에 인물을 위치시키면 좋은 구도로 촬영할 수 있답니다.

▲ 3분할 안내선 이용해 안정적으로 촬영하기

▲ 아이폰과 안드로이드 스마트폰의 3분할 설정 방법

〉 스마트폰을 흔들며 촬영하면 안 돼요! 〈

인물이 달리는 장면을 촬영할 때 카메라맨이 함께 달린다면 어떤 결과물이 나올까요? 영상이 이리저리 흔들려 보기만 해도 어지럽겠죠? 가만히 서서 촬영한다 해도 결과 영상을 보면 화면이 흔들린 경우가 많은데, 이는 자신도 모르는 미세한 몸의 떨림이 카메라를 든 손에 전달되기 때문입니다. 특히 숨 쉴 때 우리 몸은 내가 생각하는 것보다 더 크게 움직여요.

`해결 방법` **삼각대를 사용**하면 흔들림을 최소화할 수 있습니다. 삼각대는 세 개의 다리로 촬영 기기를 지탱하는 도구입니다. 삼각대를 이용하면 손으로 들고 촬영할 때보다 안정감 있는 결과물을 얻을 수 있답니다.

▲ 삼각대를 이용해 촬영하기

잠깐만요 우리 주변의 물건을 이용해 삼각대를 만들어요!

주변의 물건을 이용해 삼각대를 만들 수 있어요. 처음부터 삼각대를 구매하는 것이 부담스럽다면 삼각대를 직접 만들어 보세요. 주위에서 흔히 볼 수 있는 종이컵, 옷걸이, 커피잔 홀더를 이용해 삼각대를 만들수 있어요. QR코드를 카메라로 찍어 삼각대 만드는 방법을 영상으로 확인해 볼까요?

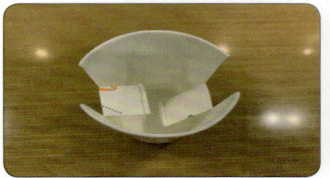

▲ 종이컵을 이용해 만든 삼각대

▲ 삼각대 제작 영상

▲ 옷걸이를 이용해 만든 삼각대

〉너무 가까이 촬영하면 안 돼요! 〈

등장인물의 눈을 크게 보여주기 위해 눈만 확대해 촬영했는데, 편집하다 보니 등장인물의 얼굴 전체나 주변 배경의 모습이 필요할 수 있어요. 이런 경우 번거롭지만 촬영을 다시 해야 합니다. 또한 등장인물이 화면을 가득 채우면 배경이 잘 보이지 않아 답답하게 느껴질 수도 있기 때문에 너무 가까이서 촬영하지 않도록 해요.

▲ 클로즈업 했을 때

▲ 전체적으로 찍었을 때

해결 방법 촬영할 때 **등장인물 머리 위로 일정한 공간을 남겨 두세요**. 이 공간을 '헤드룸'이라고 합니다. 등장인물이나 물체의 윗부분에 여백을 두면 화면의 답답한 느낌이 줄어듭니다. 구도가 안정적이므로 영상의 완성도도 높아지고요. 등장인물을 크게 보여 줘야 하는 경우에는 해당 부분만 확대해 편집하면 됩니다.

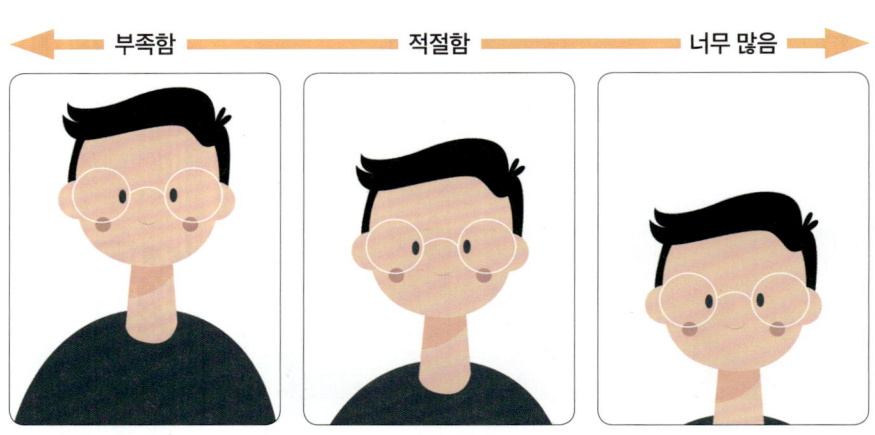
▲ 적당한 헤드룸 찾기

〉마이크를 손으로 막으면 안 돼요! 〈

촬영한 영상을 재생했을 때 소리가 잘 안 들렸던 경험이 있나요? 영상을 촬영할 때 스마트폰의 마이크를 손으로 가리면 이런 문제가 발생한답니다. 마이크는 스마트폰의 위나 아래에 작은 구멍 모양으로 내장돼 있어요. 따라서 두 손으로 스마트폰을 단단히 잡고 촬영하면 자기도 모르게 마이크를 막게 되는 거죠.

또한 등장인물과 멀리 떨어져 있거나, 주변에 소음이 발생하는 경우 등장인물의 목소리가 잘 들리지 않습니다. 아무리 좋은 스마트폰이라도 이런 상황에서는 목소리를 또렷하게 녹음하기 어렵습니다.

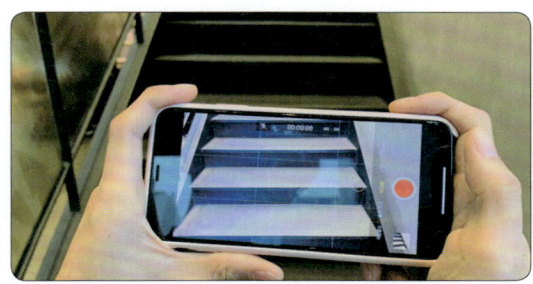

▲ 스마트폰의 마이크를 막고 촬영한 경우

▲ 너무 먼 거리에서 촬영한 경우

해결 방법 **스마트폰의 녹음 기능을 이용**하면 해결할 수 있어요. 두 개의 스마트폰을 준비해 하나의 스마트폰으로는 등장인물의 모습을 촬영하고, 나머지 하나로는 등장인물의 음성을 녹음합니다. 이때 녹음 기능을 켠 스마트폰을 잘 감춰서 영상에 보이지 않도록 해 주세요. 스마트폰이 아니라도 녹음 기능이 있는 전자기기라면 어떤 것이든 사용해도 좋아요.

또한 내레이션과 같이 화면을 설명하는 음성이 필요한 경우에는 **목소리만 따로 녹음**하는 것을 추천합니다. 영상 촬영을 마친 후, 장면에 맞게 음성을 녹음해 보세요.

▲ 다른 기기를 이용해 녹음하기

▲ 영상 촬영 후 내레이션 따로 녹음하기

촬영할 때는 이것을 고려해요

충분한 빛을 확보해요

사진과 영상을 '빛의 예술'이라고 할 정도로, 빛은 영상 촬영에서 매우 중요한 요소입니다. **밝은 장소에서 영상을 촬영해야 깨끗하고 선명한 결과물을 얻을 수 있어요.**

여러분이 시청하는 유명 유튜브 크리에이터들의 영상은 매우 깨끗하고 선명할 거예요. 비싼 카메라를 사용했기 때문일까요? 물론 그럴 수도 있지만 카메라의 성능이 아무리 좋아도 밝은 곳에서 촬영하지 않는다면 멋진 결과물을 얻을 수 없어요. 대부분의 유튜브 크리에이터는 조명을 이용해 밝은 환경을 만든 후 촬영을 진행합니다. 충분한 빛을 확보하면 스마트폰으로도 높은 수준의 영상을 촬영할 수 있답니다.

조명 기기를 사기 부담스럽거나 갑자기 영상을 촬영하는 경우에는 어떻게 해야 할까요? 가장 좋은 방법은 태양의 빛을 이용하는 것입니다. **햇빛만큼 좋은 조명은 없어요.** 매우 밝을 뿐만 아니라 무료로 사용할 수 있죠! 햇빛의 밝기나 내리쬐는 각도를 고려하면 매력적인 영상을 촬영할 수 있습니다.

그럼 실내에서 영상을 촬영하는 경우에는 어떻게 해야 할까요? 실내에서 조명을 활용해도 맑은 날 야외에서만큼 밝게 촬영하기는 어렵습니다. 따라서 **추가적인 조명 기기나 반사판을 사용**하는 것이 좋습니다. 스탠드 조명으로 등장인물을 직접 비추거나, 벽에 반사시켜 촬영해도 좋아요. 영화나 드라마를 촬영할 때처럼 반사판을 이용해 형광등 빛을 모으면 등장인물의 모습을 밝게 촬영할 수 있습니다. 반사판이 없다면 흰색 하드보드지나 거울을 이용해도 좋아요.

상황에 맞는 구도를 선택해요

'**구도**'는 인물과 배경이 촬영 화면에 배치된 모습을 의미합니다. 같은 인물을 같은 장소에서 촬영한다고 해도 구도에 따라 영상의 느낌이 크게 달라져요. 따라서 구도만 잘 설정해도 영상의 의도를 표현할 수 있답니다. 정해진 구도를 꼭 따를 필요는 없지만 화면의 안정감을 위해 주로 사용되는 구도를 참고하면 좋아요.

❶ **풀샷** : 등장인물과 배경을 한 화면에 전부 담는 구도입니다. 등장인물의 움직임을 보여줘야 하거나, 인물 뒤의 배경을 보여줘야 할때 이용해요. 가장 많이 사용되는 구도로 편집 과정에서 영상을 확대해서 활용할 수 있기 때문에 초보자에게 추천합니다.

❷ **바스트샷** : 등장인물의 상체를 담는 구도로, 주변 배경과 함께 인물의 허리 위쪽을 보여줍니다. 풀샷보다 인물을 더 가까이에서 촬영하기 때문에 얼굴이나 행동을 더 자세히 나타낼 수 있어요.

❸ **클로즈업** : 특정 부분을 확대하여 찍는 구도입니다. 등장인물의 얼굴을 가까이서 촬영해 감정을 표현하거나, 물체의 일부분을 자세히 보여 줍니다. 주변 배경이 보이지 않는 대신 대상에 집중할 수 있어요.

❹ **투샷** : 두 명의 등장인물을 함께 담는 구도입니다. 주로 두 명의 인물이 대화하는 장면에서 사용됩니다.

❺ **오버숄더샷** : 두 명 이상의 인물이 등장하는 경우, 한 명의 어깨 너머로 다른 인물들을 보여 주는 구도입니다. 두 명 이상의 인물이 대화하는 상황이나 등장인물이 무언가를 바라보는 상황에서 이용됩니다.

〉 분위기에 맞는 앵글로 촬영해요 〈

'**앵글**'은 **촬영하는 카메라와 등장인물 사이의 각도**를 의미합니다. 카메라의 위치에 따라 영상의 분위기가 크게 달라지므로 장면에 알맞은 앵글을 선택해야 합니다.

❶ **정면앵글** : 등장인물의 눈높이에서 촬영하는 기본적인 앵글입니다. 인물을 사실 그대로 보여주고 싶거나, 일상적이고 평범한 화면을 촬영할 때 사용돼요.

❷ **하이앵글** : 높은 위치에서 등장인물을 내려다보는 앵글입니다. 드론으로 촬영할 때처럼 전체적인 모습을 관찰하거나, 촬영 대상을 분석하려고 할 때 사용돼요.

❸ **로우앵글** : 낮은 위치에서 등장인물을 올려다보는 앵글입니다. 역동적인 움직임을 나타내거나 등장인물의 두려움이나 압박감을 표현할 때 주로 사용됩니다.

〉해상도를 상황에 따라 다르게 설정해요 〈

영상에서 중요한 것 중 하나가 바로 '해상도'입니다. 다른 말로 '화질'이라고 부르기도 하는 해상도는 화면의 영상이 얼마나 정밀하게 표현되는지를 나타내요. 해상도가 높을수록 선명하고 또렷한 영상을 얻을 수 있답니다. 스마트폰에서는 목적에 따라 해상도를 다양하게 설정할 수 있어요.

해상도를 설정하는 방법을 알아볼까요? 안드로이드 스마트폰은 카메라 앱을 실행한 후 [설정] - [후면 동영상 크기]를 눌러서 화질을 설정해요. 아이폰은 [설정] - [카메라] - [비디오 녹화]를 눌러 화질을 설정할 수 있고요.

가장 높은 해상도인 UHD(4K)로 촬영하면 편집할 때 영상이 흐려지지 않고 선명하지만 해상도가 높은 영상은 촬영 시 배터리가 빨리 소모되고, 파일의 크기가 크기 때문에 스마트폰의 용량을 많이 차지한다는 단점이 있어요. 그래서 높은 해상도가 꼭 필요한 경우를 제외하고는 일반적 해상도인 FHD(1080p)로 촬영하는 것이 좋아요.

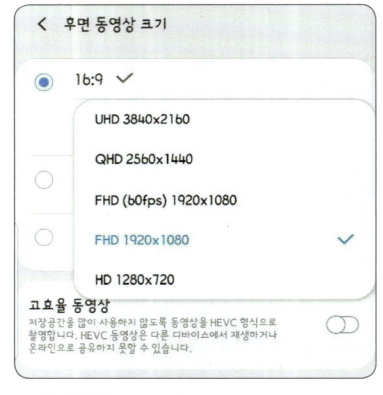
▲ 안드로이드

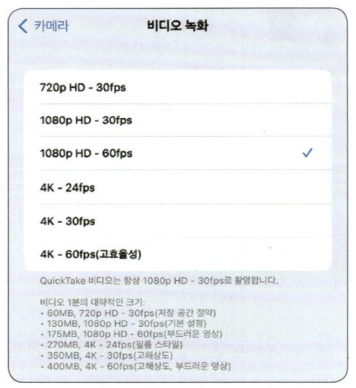
▲ 아이폰

더 알아보기

'해상도'란 무엇인가요?

사진이나 영상을 확대하면 아래 사진처럼 서로 다른 색깔의 네모 모양이 보여요. 이것이 바로 '픽셀(화소)'입니다. 아주 작은 픽셀들이 모여 화면을 구성하는 것이죠.

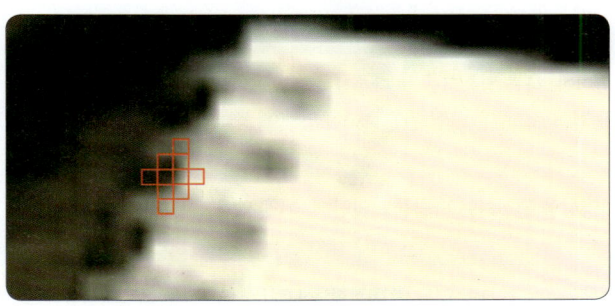

▲ 영상을 확대했을 때 보이는 '픽셀'의 모습

'해상도'란 화면 안의 픽셀 개수를 뜻합니다. 픽셀의 개수가 많을수록 화질이 좋아진답니다. 해상도의 종류로는 'SD, HD, FHD, QHD, 4K, UHD' 등이 있어요. 각각의 단어가 무엇을 의미하는지 한 번 알아봅시다.

해상도 이름	세로 픽셀 수	컴퓨터 모니터 해상도 (가로×세로 픽셀 수)
SD(Standard-Definition)	480p	640 × 480
HD(High-Definition)	720p	1280 × 720
FHD(Full High-Definition)	1080p	1920 × 1080
QHD(Quad High-Definition)*	1440p	2560 × 1440
4K UHD(Ultra High-Definition)**	2160p	3840 × 2160
		4096 × 2160

* HD의 4배
** 가로의 픽셀 수가 4,000개에 가까워서 '4K'라고 부름

아래로 갈수록 더 많은 픽셀이 사용되므로, 해상도가 더 높아집니다. 요즘 가장 많이 사용되는 해상도는 'FHD'입니다. 픽셀이 가로에 1,920개, 세로에 1,080개이므로 한 화면에 총 2,073,600개의 픽셀이 사용되는 것입니다. 그보다 높은 해상도인 '4K'라면… 어휴! 사용되는 픽셀 수가 어마어마하게 많겠죠?

스마트폰으로 영상 편집을 시작해요

영상을 만들고 싶은데 어떤 프로그램을 사용해야 할지 모르겠어.

나도 그게 고민이야. 나는 컴퓨터를 잘 다루지 못하거든.
그리고 영상 편집 프로그램은 비싼 돈을 내고 구입해야 하더라고.

스마트폰으로 영상을 편집하는 사람들도 있던데, 어떤 앱을 사용하면 좋을까?

예전에는 영상을 편집할 때 컴퓨터와 전문 프로그램을 이용해야 했어요.
그러다 보니 전문가가 아니면 영상을 만들기 어려웠죠.

그런데 요즘에는 저희 같은 초등학생들도 영상을 쉽게 제작하더라고요!

요즘은 스마트폰 영상 편집 앱으로도 얼마든지 영상을 편집할 수 있어요.
컴퓨터 영상 편집 프로그램 못지않게 좋은 기능이 많이 탑재되어 있답니다.

그렇다면 어떤 앱을 선택하는 것이 좋을까요?

다양한 앱이 많지만, 선생님은 그중에서도 블로, 캡컷, 비타, 키네마스터를 추천해요.
영상 편집을 처음 접하는 친구들도 쉽게 사용할 수 있고, 각각의 장점이 있어 친구들이
사용하는 목적에 따라 다양하게 활용할 수 있기 때문이에요.

우와! 저도 얼른 배워 보고 싶어요.

편집 앱 사용 방법을 잘 익히면 스마트폰 하나로 쉽고 빠르게 영상을 완성할
수 있어요. 선생님을 따라 앱을 설치하고 사용법을 익혀 봅시다.

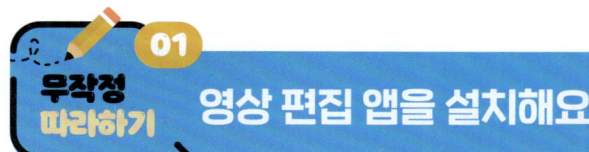

영상 편집 앱을 설치해요

01 영상 편집 앱을 설치해 봅시다. 안드로이드 스마트폰이라면 '구글 플레이 스토어(Play 스토어)'를, 아이폰이라면 '앱스토어(App Store)'를 실행해요.

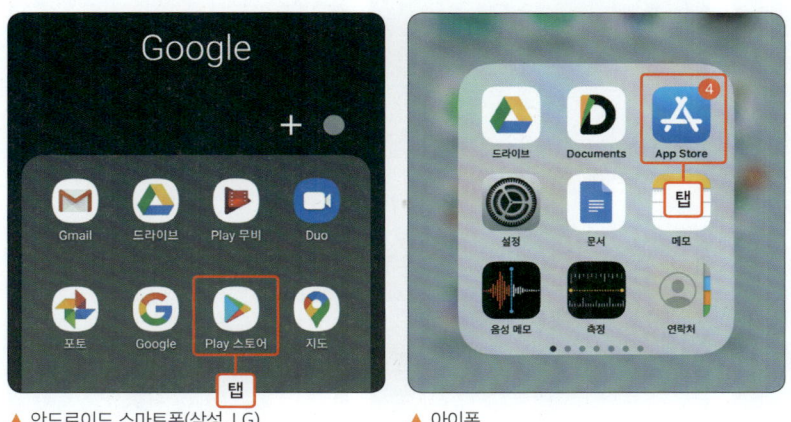

▲ 안드로이드 스마트폰(삼성, LG)　　　▲ 아이폰

02 검색창에 '키네마스터, 블로, 캡컷, 비타'를 각각 검색해요.

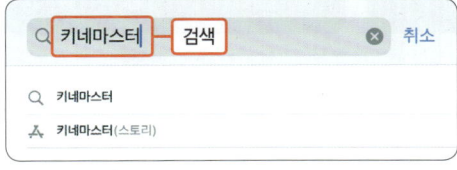

03 [받기] 또는 [설치]를 눌러 앱을 스마트폰에 설치해요.

 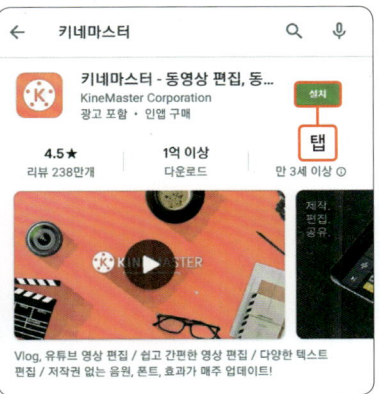

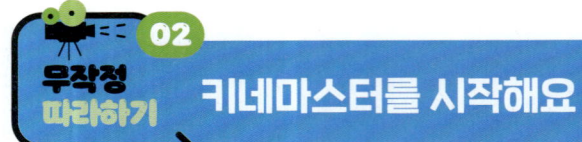

키네마스터를 시작해요

01 '키네마스터' 앱을 실행하면 다음과 같은 화면이 나타나요.

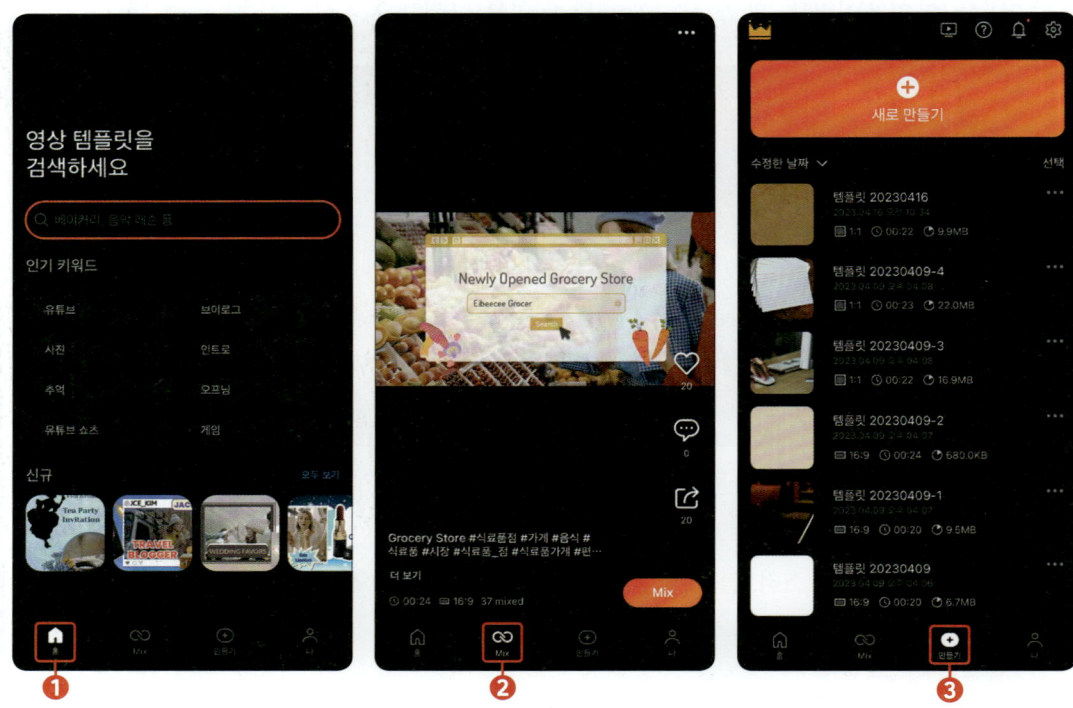

❶ **홈** : 영상 템플릿을 직접 입력하거나 인기 키워드로 검색할 수 있어요.

❷ **Mix** : 영상 템플릿의 실제 화면을 랜덤으로 추천해 줘요. 사용하고 싶은 템플릿을 선택하고 아래의 [MIX]를 누르면 편집할 수 있어요.

❸ **만들기** : 친구들이 편집했던 내용을 확인하거나 편집을 시작할 수 있어요. [새로 만들기]를 누르면 편집을 시작할 수 있어요.

02 '만들기' 메뉴에서 [새로 만들기]를 눌러 영상 편집을 시작해 볼까요? 본격적으로 영상을 제작하기 전, 화면 비율을 설정해야 합니다. 여러 가지 화면 비율 중 자신이 만들고자 하는 영상의 방향과 비율을 고려해서 결정해 보세요. 가장 일반적으로 사용되는 [16:9]를 누르고, 화면 아래에 있는 [만들기]를 눌러 봅시다.

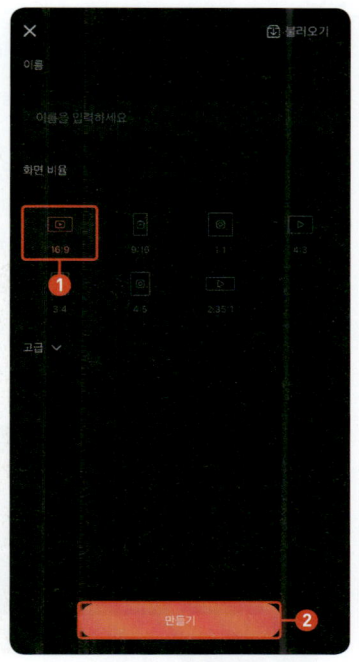

03 키네마스터의 편집 화면입니다. 각각의 메뉴와 기능을 하나씩 살펴볼까요?

▲ 키네마스터 시작 화면

❶ : '에셋 스토어'에서 다양한 글꼴, 스티커, 음악을 구매하거나 무료로 다운로드할 수 있어요.

❷ : 새로운 영상 프로젝트를 만들 수 있어요.

❸ : '키네마스터' 유튜브 채널에 접속할 수 있어요.

잠깐만요 에셋 스토어와 키네마스터 유튜브는 무엇인가요?

에셋 스토어는 키네마스터에서 제공하는 편집 도구가 모여 있는 상점이에요. 자막을 꾸밀 수 있는 폰트, 영상을 장식하는 스티커, 영상의 분위기를 결정하는 음악 등 다양한 '에셋'을 활용해 영상의 완성도를 높일 수 있죠. 단, 유료 버전에서만 사용할 수 있는 '프리미엄' 에셋도 있으니 주의해서 사용하세요!

키네마스터 유튜브 채널에서는 키네마스터에서 제공하는 영상을 시청할 수 있어요. 키네마스터로 완성한 멋진 영상을 확인할 수 있고 키네마스터의 다양한 편집 기능도 배울 수 있어요.

▲ 에셋 스토어 메인 화면

▲ '키네마스터' 유튜브 채널

04 를 눌러서 키네마스터 영상 편집을 시작해 보세요.

05 본격적으로 영상을 제작하기 전, 화면 비율을 설정해야 합니다. 여러 가지 화면 비율 중 자신이 만들고자 하는 영상의 방향과 비율을 고려해서 결정해 보세요. 가장 일반적으로 사용되는 [16:9]를 눌러 볼까요?

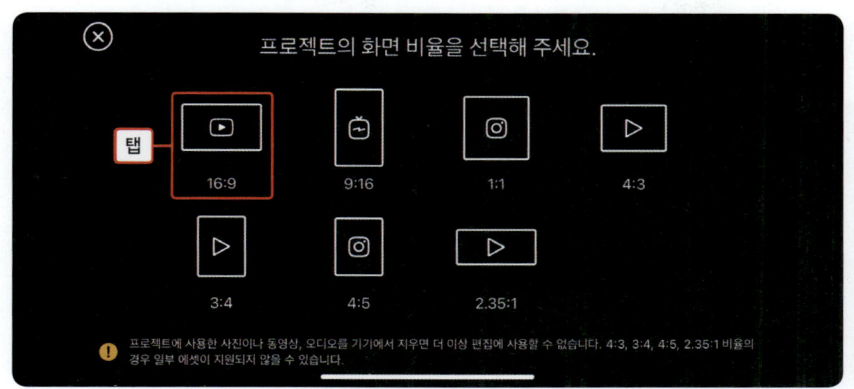

TipTalk 가로가 긴 '16:9' 비율이 가장 자주 사용되지만 셀카 영상과 같이 세로 화면으로 촬영한 경우 세로가 더 긴 '9:16' 비율을 선택해야 합니다.

01 키네마스터의 편집 화면입니다. 각각의 메뉴와 기능을 하나씩 살펴볼까요?

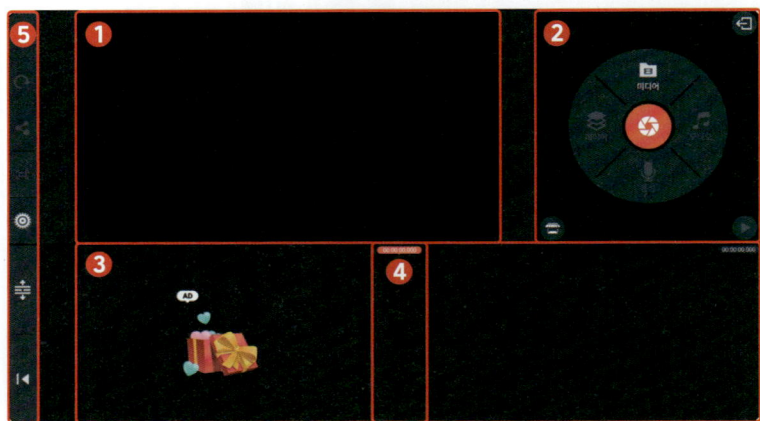

❶ 재생 모니터 : 편집 중인 영상을 확인할 수 있어요.

❷ 편집 메뉴 : 영상, 사진을 불러오고 다양한 편집 기능을 선택할 수 있어요. 미디어, 레이어, 오디오, 음성, 촬영 등 여러 가지 편집 기능에 대해서는 앞으로 차근차근 배워 볼게요.

❸ 타임라인 : 영상이나 사진을 불러오면 이곳에 놓인답니다. 편집하는 영상이나 음악, 자막 등을 이곳에서 선택할 수 있어요. 편집할 때 가장 많이 사용하는 곳이에요.

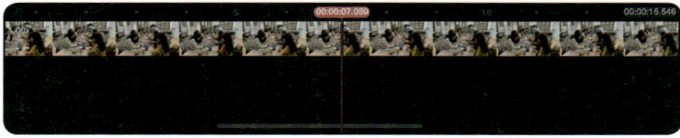

▲ 타임라인에 영상을 불러온 모습

❹ 플레이헤드 : 플레이헤드를 움직여 재생 모니터에 나타나는 영상의 재생 지점을 바꿀 수 있어요.

❺ 도구 모음 : 현재 진행 중인 프로젝트와 관련된 기능을 모아 놓은 곳으로 타임라인의 영상, 음악, 자막 등을 관리할 수 있어요.

02 편집 메뉴의 기능을 좀 더 알아봅시다. 화면 오른쪽 위에 있는 프로젝트 메뉴를 살펴볼까요?

❶ **미디어** : 편집에 사용할 사진, 영상을 불러옵니다.

❷ **오디오** : 영상에 배경 음악이나 효과음을 넣습니다.

❸ **녹음** : 음성을 녹음합니다. 영상을 촬영할 때 주변이 시끄러워 인물의 대사가 잘 들리지 않는다면 이 기능을 이용해 음성만 따로 녹음할 수 있어요.

❹ **레이어** : 영상이나 사진 위에 또 다른 영상이나 사진, 글씨 등을 겹쳐 넣을 수 있어요.

❺ **촬영** : 새로운 영상을 촬영해요.

❻ **내보내기 및 공유** : 지금까지 작업한 영상을 저장하고 프로젝트를 종료해요.

❼ **재생하기** : 지금까지 작업한 영상을 확인해요.

❽ **에셋 스토어** : 편집에 필요한 음악, 효과, 폰트 등을 다운로드해요.

03 화면 왼쪽에 있는 도구 메뉴에 대해 알아봅시다.

❶ **뒤로 가기** : 시작 화면으로 돌아갈 수 있어요.

❷ **되돌리기** : 방금 실행한 기능을 취소하고 한 단계 전으로 돌아갈 수 있어요.

❸ **다시 실행** : '되돌리기' 기능을 이용해 취소한 것을 다시 실행할 수 있어요.

❹ **화면 캡처** : 영상에 넣고 싶은 장면을 캡처할 수 있어요.

❺ **프로젝트 설정** : 키네마스터 앱의 기본 설정을 변경할 수 있어요.

❻ **타임라인 확장** : 타임라인을 화면 가득히 확대해 편하게 편집할 수 있어요.

❼ **건너뛰기** : 편집 중인 영상의 맨 처음과 끝으로 이동할 수 있어요.

▲ 도구 모음

블로를 시작해요

01 '블로' 앱을 실행하면 다음과 같은 화면이 나타나요.

❶ **설정** : 도움말, 듀토리얼 등의 앱과 관련된 내용을 확인할 수 있어요.

❷ **상점** : 프리미엄 버전을 구매하거나 프리미엄 구매 내용을 확인할 수 있어요.

❸ **내 프로젝트** : 편집했던 내용을 확인하거나 편집을 이어서 수정할 수 있어요.

02 [새 프로젝트]를 눌러 영상 편집을 시작해 볼까요? 본격적으로 영상을 제작하기 전, 내가 편집하고 싶은 영상을 선택해야 합니다. 영상을 선택한 후에 ▶을 누르고 제목, 화면 비율, 영상 배치를 설정합니다. 가장 일반적으로 사용되는 화면 비율 [16:9]와 영상 배치 [끼움]을 누르고, 화면 아래에 있는 [프로젝트 생성하기] 버튼을 눌러 봅시다.

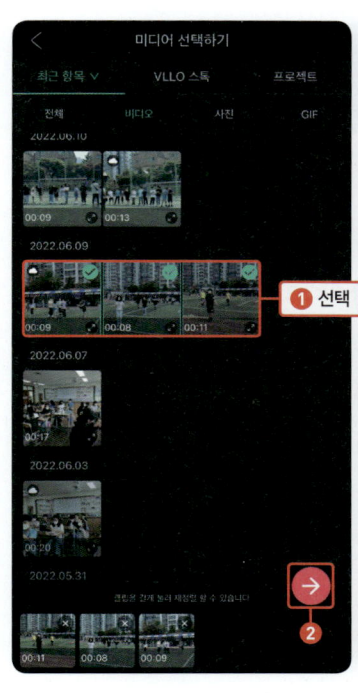
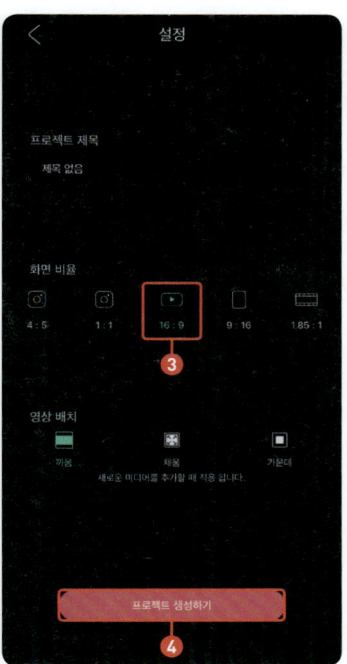

03 블로의 편집 화면입니다. 각각의 메뉴와 기능을 하나씩 살펴볼까요?

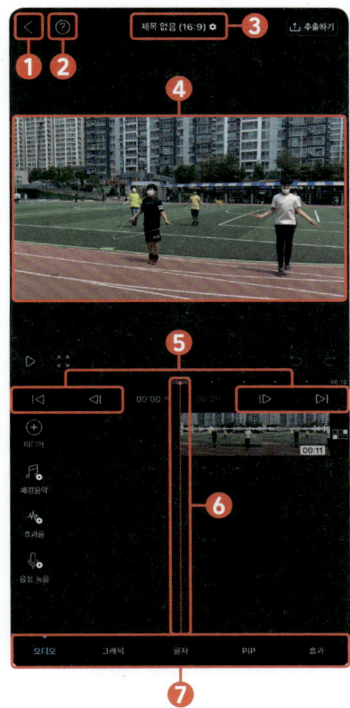

① **메인 화면으로 이동** : 블로의 메인 화면으로 이동하여 프로젝트 목록을 확인할 수 있어요.

② **튜토리얼** : 편집에 필요한 도움말, 저작권, 기본 단축키 등을 확인할 수 있어요.

③ **프로젝트 설정** : 프로젝트 제목, 화면 비율, 영상 배치 등을 변경할 수 있어요.

④ **편집창** : 불러온 영상이 나타나며 현재 편집 중인 내용을 확인할 수 있어요.

⑤ **이동키** : 세밀한 편집을 할 때 사용할 수 있어요.
- **클립 이동키** : 클립 단위로 앞/뒤로 이동할 수 있어요.
- **프레임 이동키** : 프레임(0.01초) 단위로 앞/뒤로 이동할 수 있어요.

⑥ **인디케이터 바** : 현 위치를 표시해 주므로 클립 분할, 데코 위치 설정 등을 편리하게 할 수 있어요.

⑦ **데코 메뉴바** : 오디오, 그래픽, 글자 PIP, 글자 등의 다양한 편집 메뉴를 확인할 수 있어요.

05 캡컷을 시작해요

01 '캡컷' 앱을 실행하면 다음과 같은 화면이 나타나요.

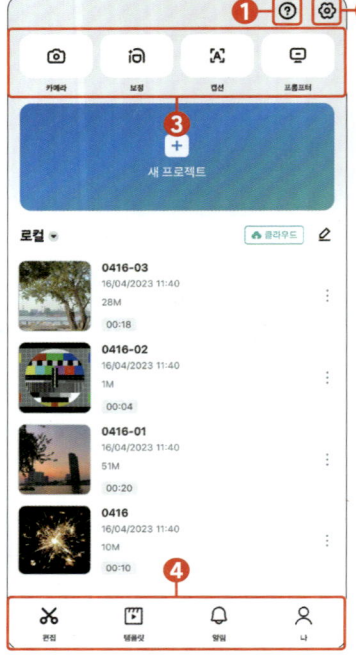

❶ **고객 지원 센터** : 편집에 필요한 비디오 튜토리얼이나 질문과 답변을 확인할 수 있어요.

❷ **설정** : 언어, 약관, 버전 등을 확인할 수 있어요.

❸ **기능** : 사용자의 용도에 맞게 영상을 편집할 수 있어요.

❹ **메뉴** : 편집하고 있는 내용이나, 템플릿 등을 확인 할 수 있어요.

02 [새 프로젝트]를 눌러 영상 편집을 시작해 볼까요? 본격적으로 영상을 제작하기 전, 내가 편집하고 싶은 영상을 선택해야 합니다. 영상을 선택한 후에 [추가]를 누르면 편집 화면이 나타납니다.

03 캡컷의 편집 화면입니다. 각각의 메뉴와 기능을 하나씩 살펴볼까요?

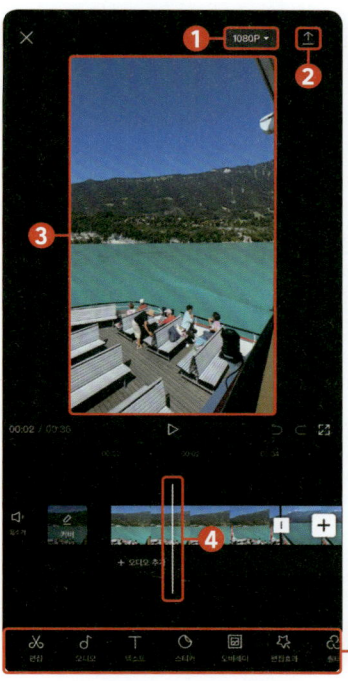

❶ 편집하고 있는 영상의 해상도, 프레임 속도 등을 설정할 수 있어요.

❷ 편집하고 있는 영상을 추출하여 저장할 수 있어요.

❸ 불러온 영상이 보이며, 편집하는 내용을 확인할 수 있어요.

❹ '인디케이터 바'를 움직여 편집하는 내용을 확인하는 창의 재생 지점을 바꿀 수 있어요.

❺ 영상을 편집하면서 오디오, 텍스트, 스티커, 필터 등의 효과를 넣을 수 있어요.

비타를 시작해요

01 '비타' 앱을 실행하면 다음과 같은 화면이 나타나요.

❶ **도움말** : 편집에 필요한 튜토리얼이나 질문과 답변을 확인할 수 있어요.

❷ **설정** : 알림 설정, 피드백, 버전, VITA 마크 등을 확인할 수 있어요.

❸ **기능** : 사용자의 용도에 맞게 영상을 편집할 수 있어요.

❹ **프로젝트** : 편집했던 내용을 확인하거나 편집을 이어서 수정할 수 있어요.

❺ **템플릿** : 비타에서 제공하는 다양한 종류의 템플릿을 확인하고 적용할 수 있어요.

❻ **무료 스토어** : 영상에 필요한 스티커, 텍스트, 필터 등을 확인하고 적용할 수 있어요.

02 [새 프로젝트]를 눌러 영상 편집을 시작해 볼까요? 본격적으로 영상을 제작하기 전, 내가 편집하고 싶은 영상을 선택해야 합니다. 영상을 선택한 후에 ➡ 버튼을 누르면 편집 화면이 나타납니다.

03 비타의 편집 화면입니다. 각각의 메뉴와 기능을 하나씩 살펴볼까요?

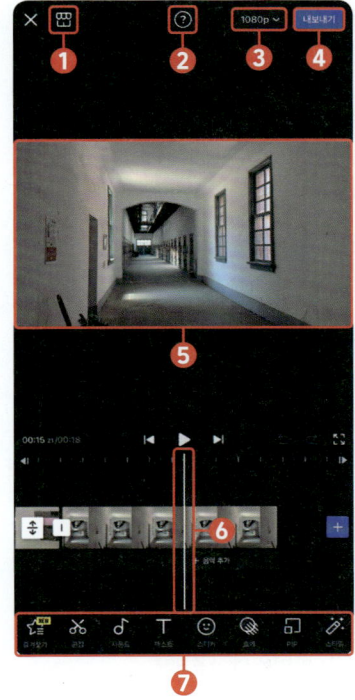

❶ **무료 스토어** : 영상에 필요한 스티커, 텍스트, 필터 등을 확인하고 적용할 수 있어요.

❷ **도움말** : 편집에 필요한 튜토리얼이나 질문과 답변을 확인할 수 있어요.

❸ **화질** : 편집하고 있는 영상의 해상도, 프레임 속도 등을 설정할 수 있어요.

❹ **내보내기** : 편집하고 있는 영상을 추출하여 저장할 수 있어요.

❺ **편집 화면** : 불러온 영상이 나타나며 편집하는 내용을 확인할 수 있어요.

❻ **인디케이터 바** : 막대를 움직여 편집하는 내용을 확인하는 창의 재생 지점을 바꿀 수 있어요.

❼ **편집 메뉴** : 영상을 편집하면서 사운드, 텍스트, 스티커 등의 효과를 넣을 수 있어요.

영상 편집의 기초를 다져요

 이제 본격적으로 영상을 만들어 보고 싶은데 어디서부터 시작해야 할지 모르겠어요.

무엇이든 기초가 가장 중요하답니다. 기초 공사가 탄탄해야 튼튼한 건물이 완성되듯, 영상을 만들 때도 기초를 잘 쌓아야 멋지게 편집할 수 있어요.

 가장 먼저 무엇을 준비해야 할까요?

영상을 편집하려면 우선 영상을 만들 재료가 필요해요. 칼과 도마, 냄비가 있어도 식재료가 없으면 요리를 시작할 수 없겠죠? 영상을 만들 때도 마찬가지예요. 편집에 이용할 사진이나 영상을 준비해 봅시다.

 영상을 직접 촬영해야 하나요? 아직은 자신이 없어요.

영상의 재료를 준비하는 방법에는 크게 두 가지가 있어요. 첫 번째는 내가 직접 촬영하는 거예요. 내 의도대로 영상을 촬영할 수 있으니 가장 좋은 방법이지만, 원하는 영상을 촬영할 수 없는 상황도 있겠죠?

 저는 제가 좋아하는 유니콘 영상을 만들고 싶은데, 직접 촬영할 수 없어서 고민이에요.

그럴 때는 다른 방법으로 영상 재료를 준비해야 해요. 두 번째 방법은 인터넷에서 영상을 찾아 이용하는 것이랍니다. 화면을 그대로 녹화할 수도 있고, 유튜브에서 영상을 다운로드할 수도 있어요.

 우와! 그러면 유니콘 영상을 얼마든지 완성할 수 있겠어요.

이번 시간에는 영상을 수집하는 방법을 알아볼게요.

스마트폰으로 영상을 수집해요

01 아이폰에서는 '제어 센터'의 '화면 기록' 기능을 이용해 화면을 녹화할 수 있어요. [설정] - [제어 센터]에 들어가서 아래쪽에 있는 '화면 기록' 기능을 '포함된 항목'으로 가져옵니다. 이미 포함되어 있는 경우도 있습니다.

02 홈 화면에서 제어 센터를 열어 봅시다. 홈 버튼이 없는 기종이라면 손가락을 오른쪽 위에서 아래로 쓸어 내리고, 홈 버튼이 있는 기종이라면 손가락을 아래에서 위로 쓸어 올립니다. 제어 센터에서 [화면 기록] ◉을 누르면 3초 후 녹화가 시작되며 화면 왼쪽 위에 '녹화 중' 표시가 나타납니다.

03 녹화를 종료하려면 '녹화 중' 표시를 누르거나, 다시 [화면 기록] ⬤을 누르면 됩니다. "화면 기록을 중단하겠습니까?"라는 메시지가 등장하면 [중단]을 눌러 주세요. 녹화된 동영상은 '사진' 앱에서 확인할 수 있어요.

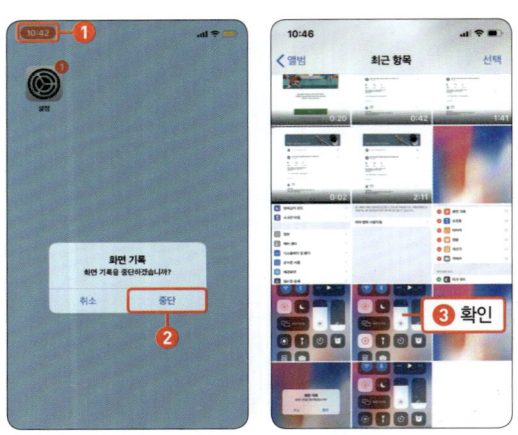

04 이번에는 삼성이나 LG처럼 안드로이드 운영체제를 사용하는 스마트폰의 경우를 살펴볼게요. 홈 화면에서 손가락을 위에서 아래로 쓸어내린 후 [화면 녹화] ⬤를 눌러요. 녹화 시작 창이 나타나면 [미디어]를 선택하고 [녹화 시작]을 눌러 주세요. 화면 오른쪽 위에 '녹화 중' 표시가 생겨요.

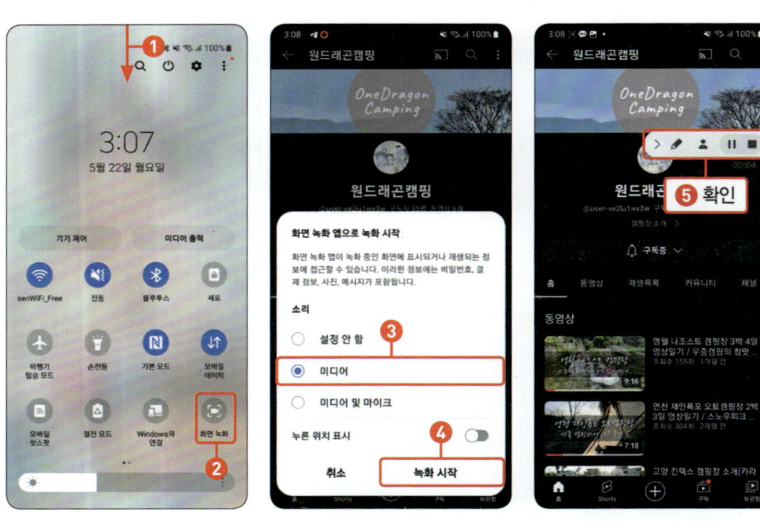

> **TipTalk** '소리 설정'의 항목을 확인해 봅시다.
> • **소리 없음** : 소리 없이 영상만 녹화합니다.
> • **미디어 소리** : 영상이 녹화되며 동시에 스마트폰에서 나는 소리도 함께 녹음됩니다.
> • **미디어 소리 및 마이크** : 영상이 녹화되며, 스마트폰에서 나는 소리와 함께 바깥의 소리도 녹음됩니다.

05 녹화를 마치려면 [정지] ■를 누르세요. 녹화된 영상은 '갤러리' 앱에서 확인할 수 있어요.

 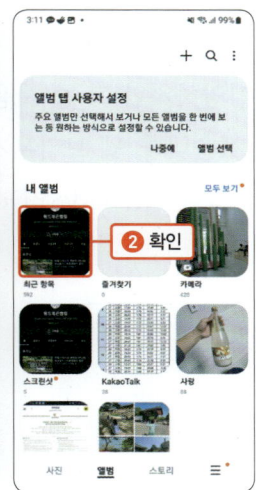

TipTalk # 화면 녹화, 이럴 때 활용하면 좋아요!
- 유튜브 등 영상 플랫폼에서 영상을 저장하고 싶은 경우
- 스마트폰의 화면을 그대로 녹화해 보여 주고 싶은 경우
  예 키네마스터 앱 사용법을 소개하는 '튜토리얼' 영상을 제작할 때
     스마트폰으로 그림 그리는 과정 영상을 제작할 때
- 좋아하는 노래를 저장해서 배경 음악으로 사용하고 싶은 경우

그렇지만 이렇게 영상을 수집하는 경우 저작권을 침해하지 않도록 주의해야 합니다. 원하는 검색어 뒤에 'copyright free'를 입력하면 저작권 걱정 없이 사용할 수 있는 영상을 찾을 수 있으니 참고하세요.

02 컴퓨터에서 동영상을 다운로드해요

01 동영상을 다운로드할 수 있는 프로그램은 다양하지만 그 중 사용 방법이 간단한 무료 프로그램 '4K Video Downloader'를 사용해 보겠습니다. 웹 브라우저에 접속하고 네이버, 구글 등 검색 포털에서 '4K 비디오 다운로더'를 검색해 '4K Video Downloader' 사이트에 접속하세요.

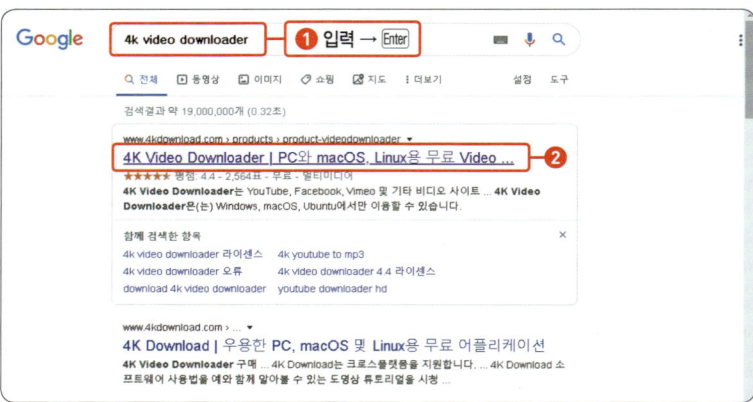

02 [4K Video Downloader 받기]를 클릭하고 안내 순서에 따라 [Next]를 눌러 설치를 완료하세요.

80

03 '4K Video Downloader'를 이용해 동영상을 다운로드하려면 원하는 동영상의 URL 주소를 알아야 해요. 유튜브에 접속해 다운로드할 영상을 선택하고, 영상 아래의 [공유]를 클릭합니다.

04 [공유] 창이 나타나면 URL 주소 오른쪽의 [복사]를 클릭합니다.

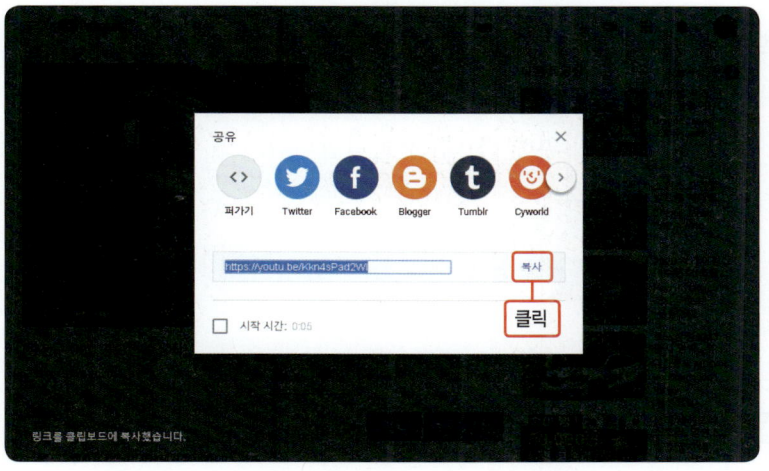

TipTalk 원하는 동영상 주소 창의 URL을 드래그해 마우스 오른쪽 버튼을 누르고 [복사하기]를 선택해도 됩니다.

05 동영상의 주소를 복사했으면 '4K Video Downloader' 프로그램을 실행하고 왼쪽 위의 [링크 복사] 버튼을 클릭하세요.

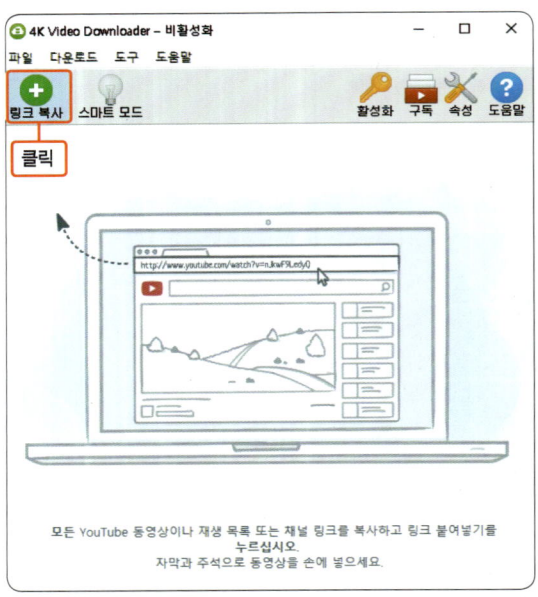

06 복사한 주소가 자동으로 입력됩니다. 잠시 기다리면 [다운로드 클립] 대화상자가 나타나는데, 여기서 동영상 또는 오디오를 선택해 다운로드하세요. 다양한 포맷과 크기, 용량으로 선택할 수 있어요. 저장 위치를 지정하기 위해 [선택]을 클릭합니다.

07 원하는 위치를 선택하고 [다운로드]를 클릭해 동영상 저장을 완료하세요.

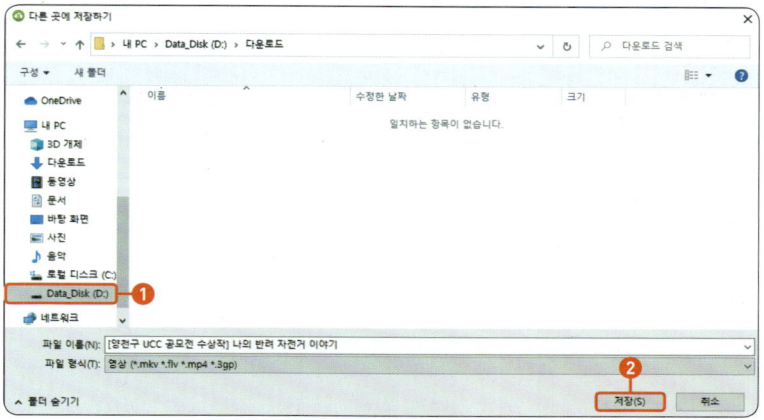

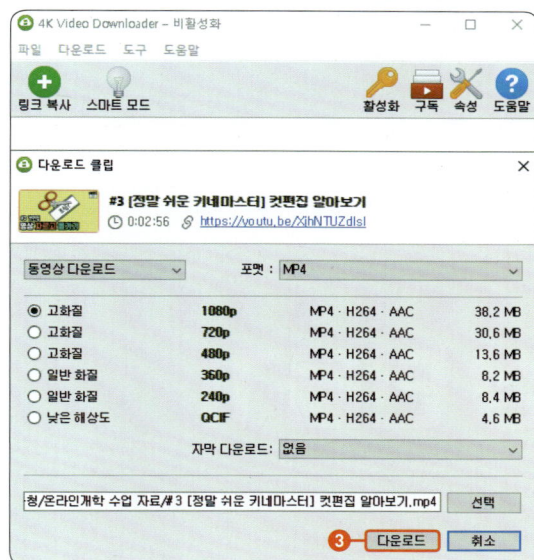

> **잠깐만요** **저작권을 침해하지 않도록 주의해요!**
>
> 영상을 만들거나 만든 영상을 업로드할 때는 책임이 뒤따릅니다. 내가 만들고 업로드한 영상이 다른 사람의 저작권을 침해하거나, 다른 사람에게 정신적, 신체적, 경제적 피해를 끼쳐서는 안돼요. 영상을 수집할 때도 마찬가지입니다. 앞에서 배운 저작권의 중요성, 잊지 않았죠? 다른 사람의 저작권을 침해하지 않았는지 반드시 확인하고 출처를 명확하게 밝혀야 해요.

셋째 마당

실전! 수행 영상 만들기

영상의 기초를 익혔다면 이제는
나만의 영상을 직접 만들어 볼 시간!
유튜브를 보며 영상을 만들어 보고 싶었지만, 어디서부터 시작해야 할지 몰라 망설이지는 않았나요? 소재를 찾고 기획하는 방법부터 촬영하고 편집하는 방법까지, 선생님의 친절하고 자세한 설명과 함께라면 근사한 영상을 완성할 수 있답니다.
처음이라고 걱정할 필요는 없어요. 교과서에서 만났던 익숙한 예제를 따라하다 보면 나도 어느새 전문가 못지않은 실력을 갖추게 될 거예요! 재밌게 익힌 후, 학교 수업 시간에 친구들에게 발표해 보아도 좋겠죠?

퀴즈를 만들어 재미있게 복습해요

―――――――――――――― with 블로

수학 5,6학년 <전 단원> 도전 수학 : 문제를 만들어 보세요.

 학생1: 수학 시간에 배운 내용이 잘 이해되지 않아서 속상해.

 학생2: 그럴 때 나는 이해되지 않는 부분을 다른 친구들에게 설명해주곤 해. 그러고 나면 배운 내용이 머릿속에서 정리되더라고.

 선생님: 아주 좋은 방법이에요. 교육 전문가들도 다른 사람에게 지식을 전달할 때 그 내용을 가장 효과적으로 흡수할 수 있다고 말해요. 정보를 전달하는 과정에서 지식이 체계를 갖추게 되기 때문이에요.

 학생1: 수학 교과서에 <문제를 만들어 보세요>라는 코너가 자주 나오는 이유가 있었네요.

 선생님: 그렇다면 이번 시간에는 <문제를 만들어 보세요> 코너에서 다뤘던 내용을 영상으로 만들어 볼까요? 공부했던 내용을 퀴즈 영상으로 만들어 봅시다.

 학생2: 영상을 만들면서 복습하고, 많은 사람들에게 내가 공부한 내용을 쉽게 전달하고, 보는 사람도 재미를 느끼고! 일석삼조네요.

 선생님: 이번 영상을 만들고 나면 영상에 자막을 넣는 방법도 익힐 수 있답니다.

 학생1: 우와! 얼른 내 영상을 만들어 보고 싶어요!

01 | 기획편 무작정 따라하기
친구들에게 수학 문제를 내고 싶어요

〉 기획 노트 〈

영상 제목	성냥개비 퀴즈!
전달하려는 내용	친구들에게 내고 싶은 수학 문제
고려 사항	내용을 명확하게 전달할 자막 넣기
준비물	스마트폰, 종이
영상 구성	제목 - 문제 - 정답 및 풀이
아이디어 노트	① 어떤 퀴즈를 만들까? 　- 수학 시간에 배운 내용 중 헷갈리거나 친구들에게 소개하고 싶은 문제 ② 어떻게 소개할까? 　- 종이 위에 퀴즈를 글과 그림으로 표현한 후 사진 촬영하기 　　(영상의 도입부, 퀴즈 소개, 정답 공개 등 최소 3장) 　- 자막으로 퀴즈 설명 보충하기
편집 방법	① 키네마스터로 사진 불러오기 ② 화면에 사진 가득 채우기 ③ 자막 넣고 꾸미기

선생님: 친구들에게 소개하고 싶은 퀴즈를 생각하며 아래 표를 채워 보세요!

영상 제목	
전달하려는 내용	
고려 사항	
준비물	
영상 구성	
아이디어 노트	
편집 방법	

02 | 촬영편
종이에 문제를 쓰고 촬영해요

01 종이 위에 문제와 답이 나타나는 영상을 만들려고 해요. 영상의 배경이 될 사진부터 찍어 볼 거예요. 마음에 드는 색의 색지를 고르고, 찰칵! 사진을 찍어 주세요. 이 사진 위에 자막을 넣어 영상의 제목을 보여 줄 예정입니다.

02 종이 위에 그림을 그려 볼게요. 선생님은 성냥개비 퀴즈를 내고 싶어서 성냥개비 그림을 그려 주었어요. 그림을 그리고 나서 다시 한 장 찰칵!

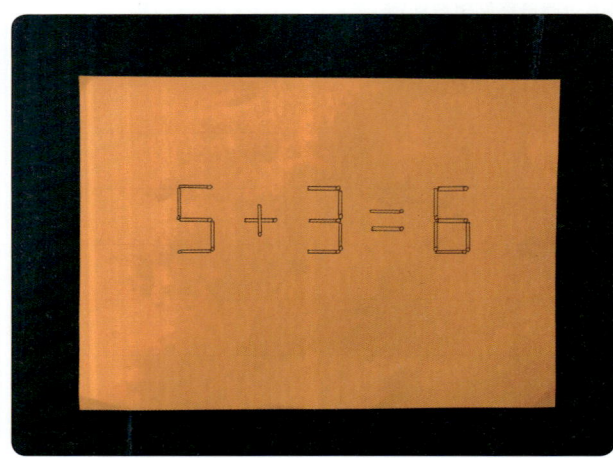

> **TipTalk** 글씨만 넣을 예정이라면 편집할 때 자막을 넣어도 되지만, 그림을 추가하는 것은 쉽지 않으므로 직접 그리는 게 좋아요!

03 이번에는 정답을 알려주는 사진이 필요해요. 종이 위에 정답을 표시하고 다시 한 장 찰칵! 이렇게 3장의 사진을 준비하세요. 물론 사진이 더 필요하다면 더 넣어도 좋아요.

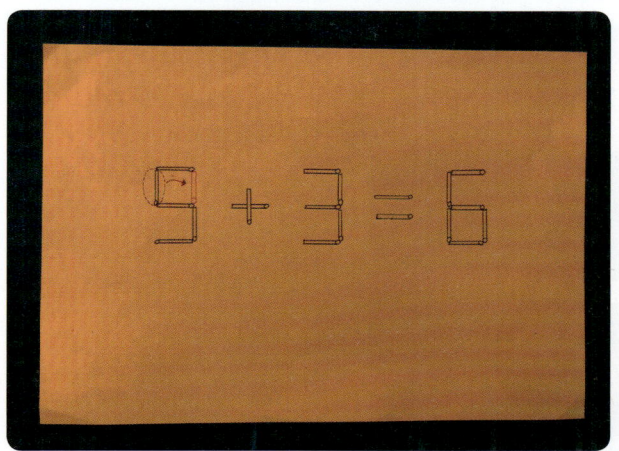

잠깐만요 그림자가 보이지 않도록 촬영하고 싶어요

종이를 책상 위나 바닥에 내려놓고 위에서 촬영하면 빛 때문에 사진에 그림자가 생길 수 있어요. 따라서 전문가들은 사진을 촬영할 때 여러 각도에서 조명을 비춰 그림자를 없앤답니다.

그렇지만 우리는 전문가가 아니기 때문에 촬영용 조명을 준비하기 어려워요. 각도를 맞춰 그림자를 없애기도 쉽지 않고요. 그렇다면 어떻게 해야 사진을 밝고 깨끗하게 찍을 수 있을까요? 간단해요. 종이를 벽에 붙여두고 촬영하면 돼요.

▲ 촬영하고 편집하는 '1인 미디어'

03 | 편집편
사진을 불러와 화면에 꽉 채워요

01 블로 앱을 실행하고 [새 프로젝트]를 누른 후 사진을 순서대로 선택하고 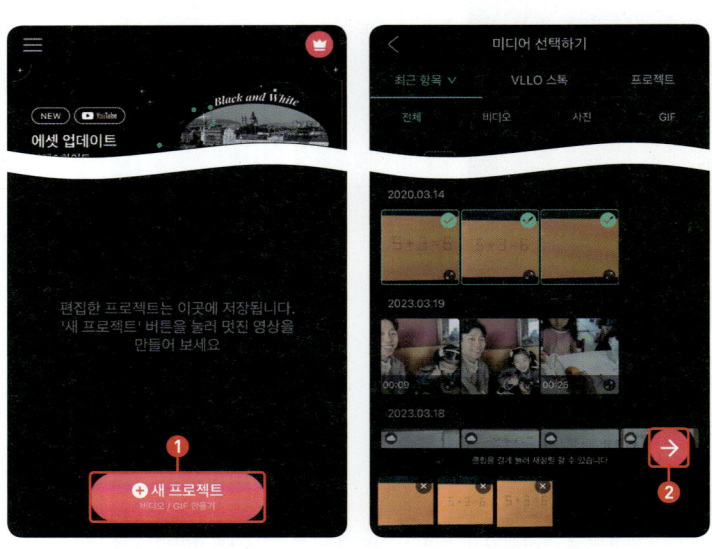를 누르세요.

02 프로젝트 제목을 입력하고 화면 비율을 [16:9], 영상 배치를 [채움]으로 선택한 후 [프로젝트 생성하기]를 누릅니다.

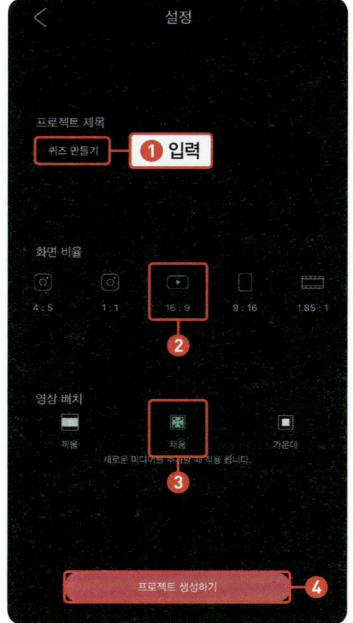

잠깐만요 어떤 화면 비로 영상을 제작할까요?

요즘 대부분의 영상 출력 기기는 '16:9'의 화면 비를 사용합니다. 집과 학교에서 사용하는 TV나 컴퓨터 모니터의 화면 비도 '16:9'입니다. 이 화면으로 '9:16' 또는 '1:1' 화면을 재생하면 아래 사진과 같이 양 옆으로 빈 공간이 생길 거예요. 따라서 대부분의 영상을 '16:9'의 화면 비로 촬영하고 편집하는 것이 좋습니다.

▲ '16:9'의 화면 비에서 세로 영상을 재생하는 경우

 잠깐만요 각각의 '영상 배치' 메뉴를 살펴봐요

- **끼움** : 영상(사진)의 가로 또는 세로 중 하나를 화면에 꽉 차게 배치합니다. 영상(사진)이 잘리지 않는 범위 내에서 가장 크게 보입니다.
- **채움** : 영상(사진)을 화면에 가득 차게 배치합니다. 영상(사진)의 가로 또는 세로의 일부가 잘릴 수 있습니다.
- **가운데** : 영상(사진)을 화면 가운데에 배치합니다. 영상(사진)의 가로와 세로 모두 여유를 두고 올라가며 영상(사진)이 상대적으로 작아 보입니다.

영상 배치는 편집 중에도 쉽게 할 수 있습니다. 영상(사진)을 선택하면 생기는 오른쪽 위 버튼을 누르면 각각 [가운데], [끼움], [채움]을 선택할 수 있습니다.

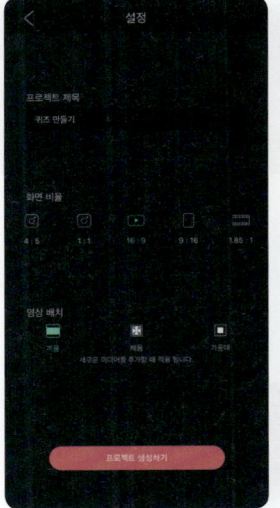
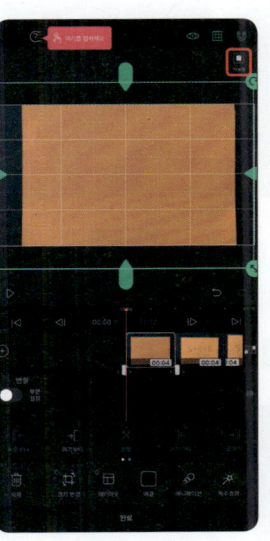

04 편집편
자막을 예쁘게 꾸며요

01 [글자] - [글자]를 선택하고 마음에 드는 자막을 선택합니다.

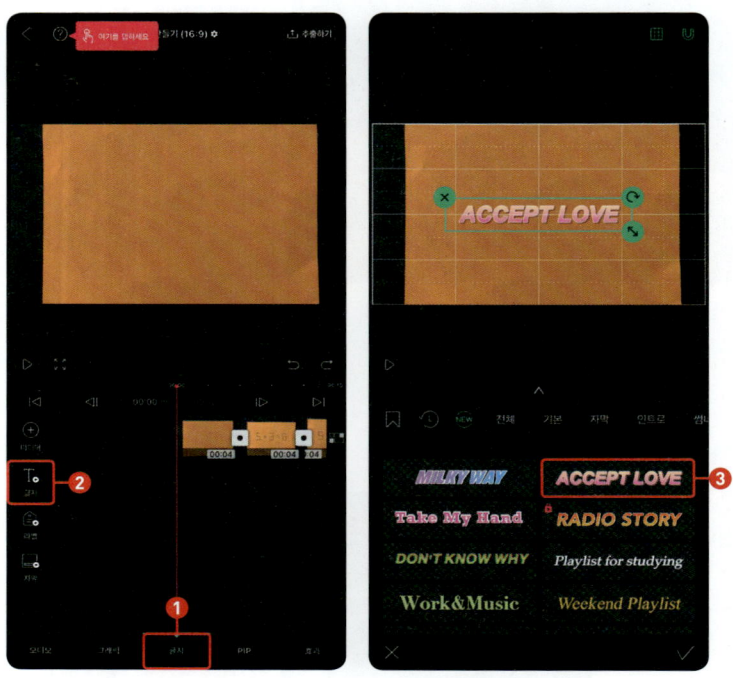

02 자막을 입력합니다. 여기서는 '성냥개비 퀴즈!'라고 입력했어요. 다 썼다면 오른쪽의 ✓를 누릅니다.

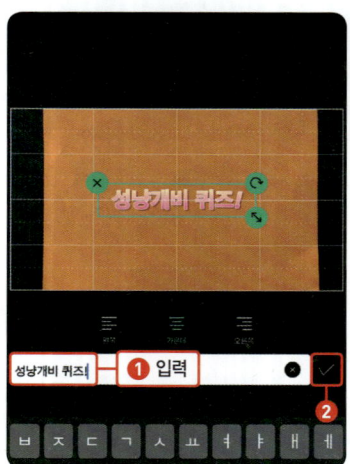

03 자막을 선택하고 위치와 크기를 조절해 볼게요. ⬈를 움직이면 자막의 크기를 조절할 수 있고, ↻를 움직이면 자막을 회전시킬 수 있어요.

TipTalk # 자막을 선택하고 [변형] - [크기], [회전]을 누르면 더 섬세하게 조절할 수 있어요.

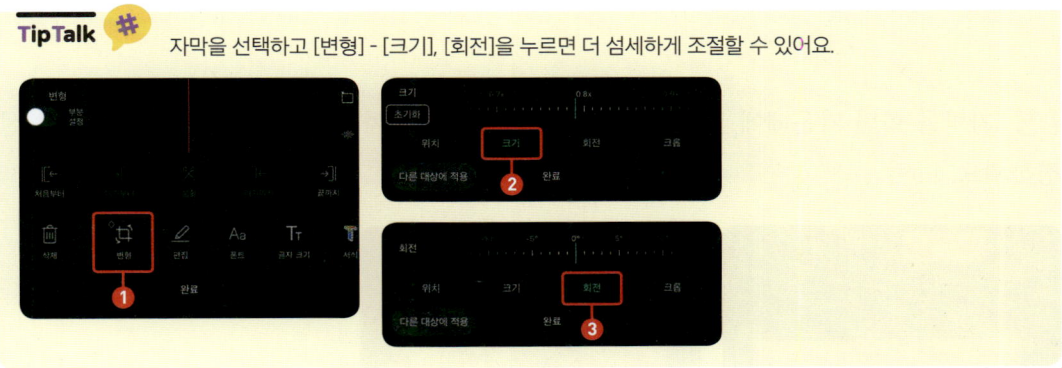

04 하얀 테두리의 양쪽 옆 두꺼운 부분을 누르고 옆으로 밀거나 당겨 자막의 길이를 조절합니다.

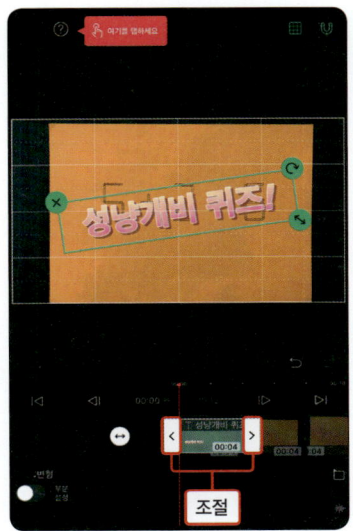

 **자막의 길이 섬세하게 조절하기**

자막의 길이를 장면에 딱 맞게 하거나 섬세하게 조절하고 싶나요? 먼저 플레이헤드를 장면과 장면 사이에 맞추고 자막을 선택한 후 [여기까지]를 누르세요. 자막이 플레이헤드가 있는 곳까지 딱 맞게 잘렸습니다.

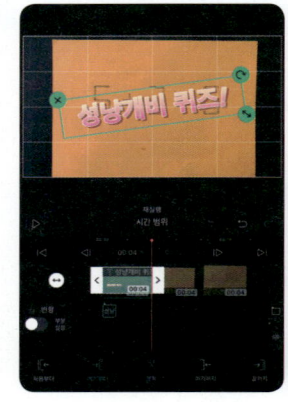 

05 자막을 화면 가운데에 두고 싶다면 [크기 변경] - [위치]에서 X와 Y를 각각 '0'으로 설정하세요.

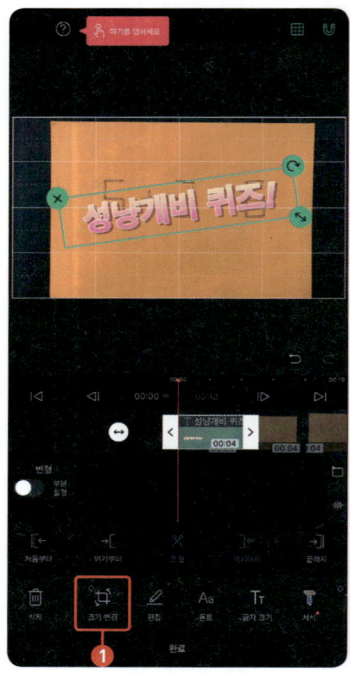 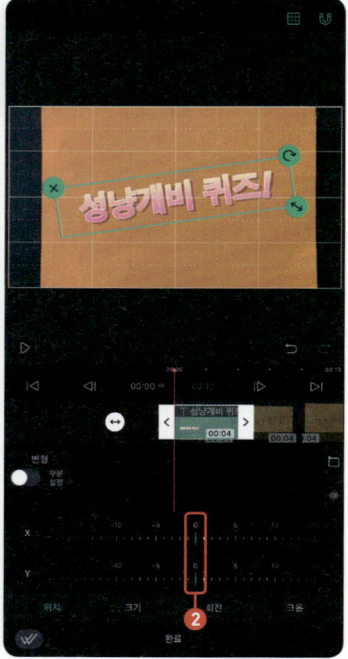

05 | 편집편
자막을 추가하고 영상을 저장해요

01 새로 자막을 넣고 싶은 곳으로 플레이헤드를 옮기고 [글자]를 누른 후 마음에 드는 자막을 선택합니다. 이번에는 설명을 할 차례이기 때문에 작고 귀여운 자막을 넣어 보겠습니다.

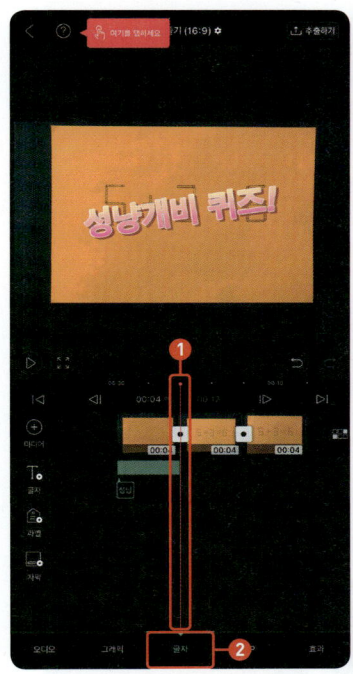

03 [편집]을 눌러 자막 내용을 입력합니다.

 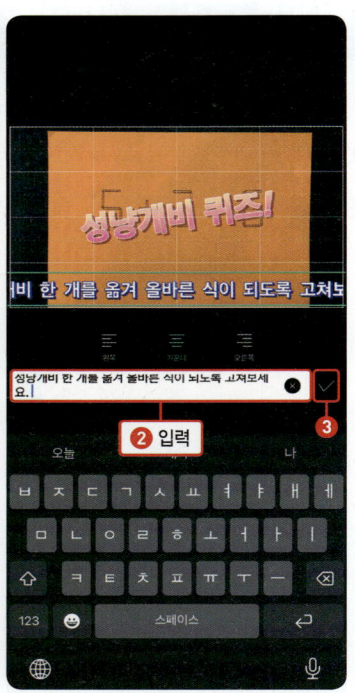

> **잠깐만요**   **자막 복제해 빠르게 편집하기**
>
> 자막을 복제해 사용하면 미리 만들어 둔 자막의 폰트, 크기, 색깔, 애니메이션 효과 등을 그대로 사용할 수 있습니다. 자막을 하나하나 꾸미지 않고 내용만 수정하면 되므로 시간이 절약되겠죠? 새로 자막을 넣고 싶은 곳으로 플레이헤드를 옮깁니다. 먼저 만들어 둔 자막을 선택하고 [복제]를 누르면, 플레이헤드 뒤로 복제된 자막이 나타납니다.
>
>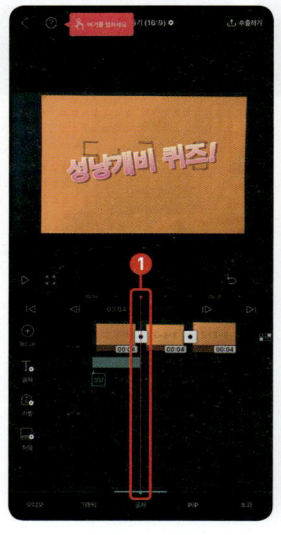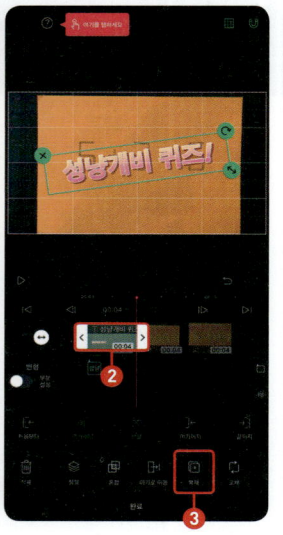

04 같은 방법으로 문제에 어울리는 자막을 추가합니다.

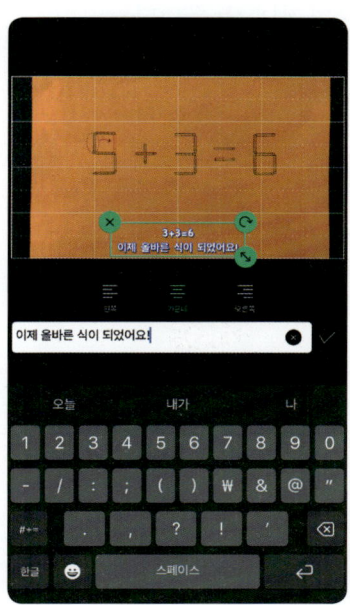

TipTalk 자막을 다른 곳으로 이동하고 싶나요? 먼저 해당하는 곳으로 플레이헤드를 옮기고, 자막을 선택한 후 [여기로 이동]을 누릅니다.

05 ▶을 눌러 영상을 마지막으로 한 번 더 확인하고 [추출하기]를 누르세요.

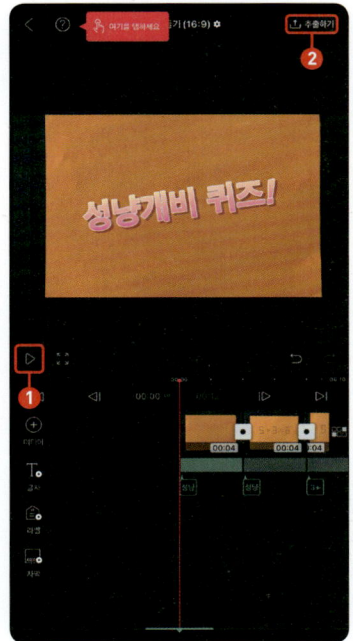

06 영상을 만들었으므로 [비디오]를 선택합니다. 해상도는 '고화질', 프레임레이트는 '30fps', Video Codec은 'H.264', 알람은 ■을 선택하고 [추출하기]를 누릅니다.

더 알아보기
자막을 더욱 멋지게 만들고 싶어요

블로 앱은 자막에 적용할 수 있는 여러 효과를 기본으로 제공합니다. 이를 잘 활용하면 자막 내용과 글꼴, 글자 크기나 서식, 불투명도, 애니메이션과 특수효과 등을 쉽게 설정할 수 있습니다. 내 마음에 쏙 드는 자막을 쉽게 만들 수 있는 셈이지요.

 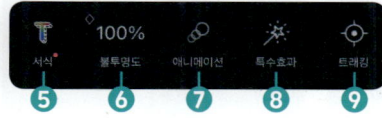 

❶ **변형** : 위치, 크기, 회전, 크롭을 섬세하게 할 수 있어요.

❷ **편집** : 자막의 내용을 바꿀 수 있어요.

❸ **폰트** : 글꼴을 바꿀 수 있어요.

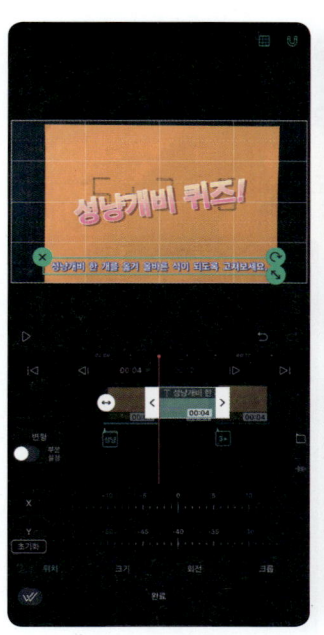 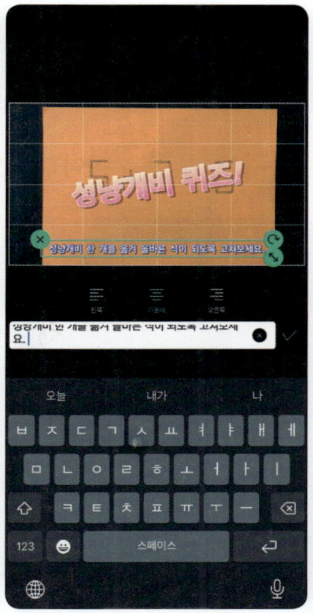 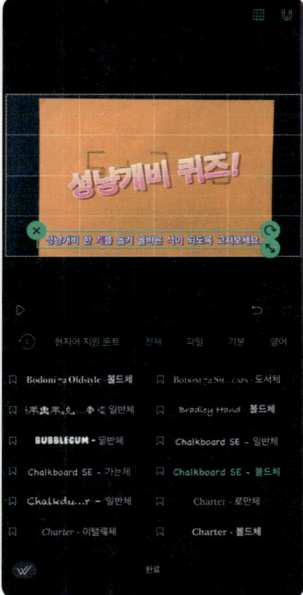

❹ **글자 크기** : 글자 크기를 섬세하게 조절할 수 있어요.

❺ **서식** : 글자 색상, 외곽선, 배경, 그림자, 강조(기울기, 두껍게), 간격, 정렬을 조절할 수 있어요.

❻ **불투명도** : 글자의 투명도를 조절할 수 있어요. 0%에 가까울수록 투명해져요.

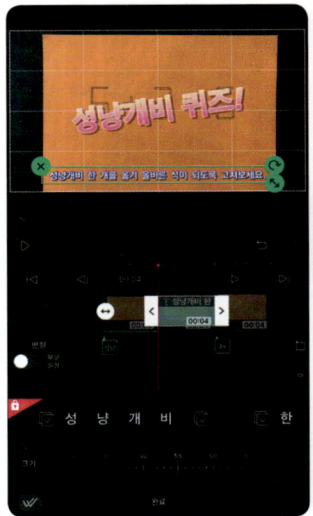 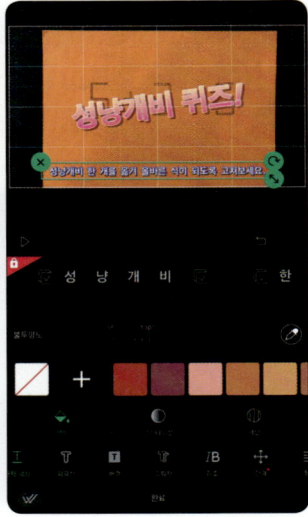 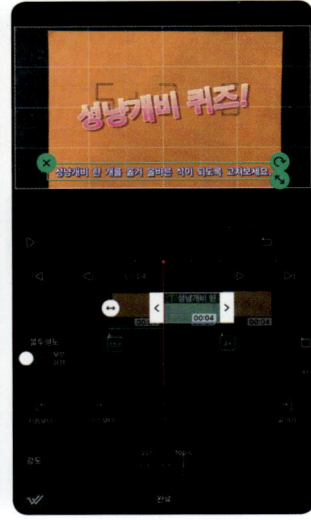

❼ **애니메이션** : 자막에 애니메이션 효과를 줄 수 있어요.

❽ **특수효과** : 자막에 다양한 특수효과를 넣을 수 있어요.

❾ **트래킹** : 자막이 움직이는 화면 속 대상을 쫓아다니도록 할 수 있어요.

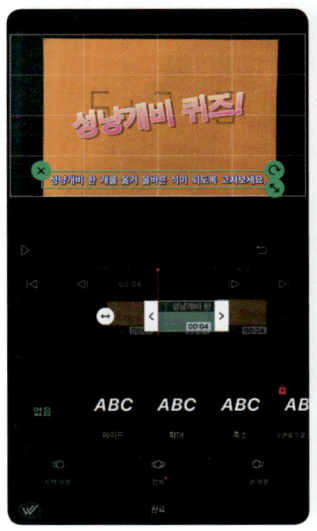 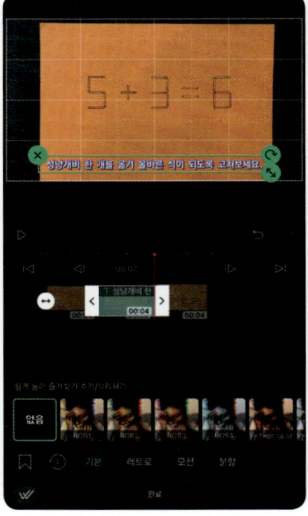 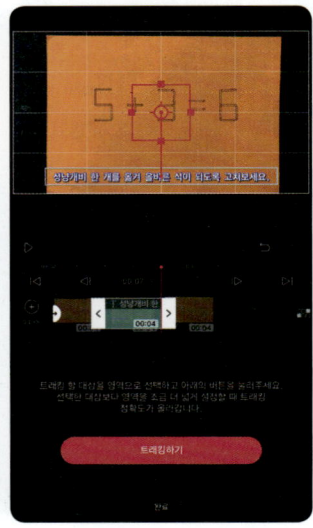

❿ **정렬** : 자막이 두 개 이상 겹칠 때, 자막의 '위-아래' 순서를 정합니다.

⓫ **혼합** : 자막의 불투명도를 설정하고 '어둡게 하기', '곱하기' 등의 효과를 적용합니다.

⓬ **교체** : 자막을 다른 형태로 교체합니다. 자막 내용은 그대로 유지됩니다.

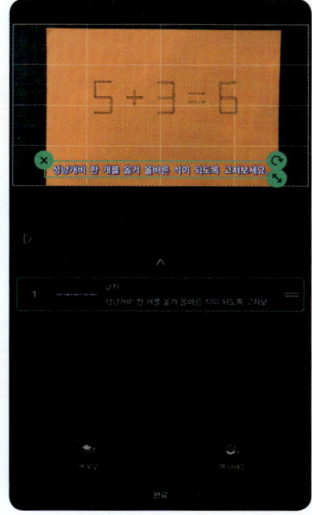 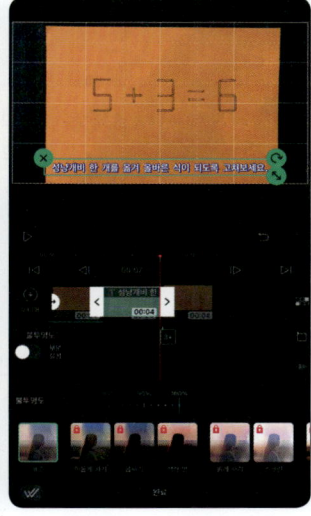 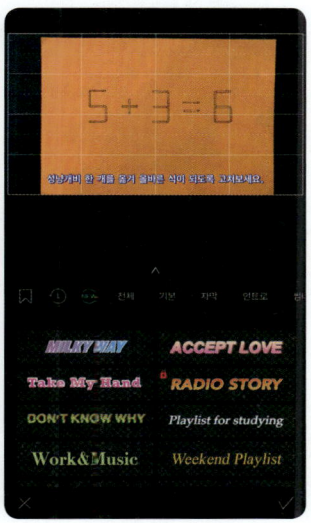

좋아하는 인물을 소개해요

with 블로

국어 5-2-나 <5. 여러 가지 매체 자료> 9-10/10차시 알리고 싶은 인물 소개하기

 선생님: 친구들에게 소개하고 싶은 인물이 있나요? 존경하는 위인도 좋고, 감명 깊게 읽은 책의 주인공도 좋아요.

 학생1: 이순신 장군님이요! 10여 척의 배로 적군을 격파한 '명량해전' 이야기를 듣고 감동 받았어요.

 선생님: 선생님도 존경하는 분이에요! 어떤 방법으로 소개하고 싶어요?

 학생1: 음… 고민이에요. 존경하는 분인 만큼 특별하게 소개하고 싶어요.

 학생2: 그러면 영상으로 소개하는 건 어때? 영상으로 만들어 발표하면 정말 멋지겠다.

 학생1: 발표 영상 만들기는 어렵지 않을까?

 선생님: 전혀 어렵지 않아요! 사진 몇 장만 있으면 자막과 음악을 적용해 멋진 영상을 완성할 수 있답니다.

 학생2: '명량해전'의 분위기를 살릴 수 있는 배경 음악을 넣으면 근사할 것 같아요.

 선생님: 좋은 생각이네요. 영상에 배경 음악과 효과음을 적용하는 방법을 알아볼까요? 선생님이 도와 줄게요!

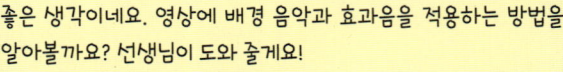

01 | 기획편
무작정 따라하기 — 친구들에게 이 사람을 소개할래요

> **기획 노트**

영상 제목	불멸의 영웅, 이순신 장군님
전달하려는 내용	알리고 싶은 인물 소개
고려 사항	장면에 어울리는 적절한 배경 음악, 효과음 활용하기
준비물	스마트폰, 인물의 그림이나 사진
영상 구성	인물 소개 – 어린 시절 소개 – 대표적인 업적 소개 – 끝인사
아이디어 노트	① 어떤 인물을 소개할까? 　– 만화 영화의 주인공, 역사 속 위인, 유명한 사람, 유명하진 않지만 내가 좋아하는 인물 ② 이 인물은 어떻게 살았을까? 　– 태어난 시대 상황, 어린 시절 이야기, 좋아하는 것 또는 싫어하는 것, 가까이 지낸 사람들, 업적 등 조사하기 　– TV나 책, 인터넷을 이용해 조사하거나 실제로 만나서 인터뷰하기 　– 조사 내용을 메모하고, 필요한 장면을 사진으로 촬영하기 ③ 어떤 배경음악을 고를까? 　– 분위기를 잘 살릴 수 있는 음악 고르기 　– 두 개 이상의 음악을 골라 분위기에 따라 음악 바꾸기 　– 상황에 따라 적절한 효과음 활용하기
촬영 방법	① 인물의 모습이 담긴 사진 촬영 (책, 신문 기사, 동상 등) ② 인터넷 검색으로 사진 다운로드
편집 방법	① 블로로 사진 불러오기 ② 자막 넣기 ③ 인트로/아웃트로 만들기 ④ 배경 음악과 효과음 넣기

선생님: 여러분은 어떤 인물을 소개하고 싶나요? 꼭 위인을 떠올릴 필요는 없어요. 학교 짝꿍을 선택해도 되고, 우리 집 강아지를 소개하는 영상을 만들어도 좋아요.

WEEK 08

인물과 관련된 사진을 다운로드해요

01 먼저 인물의 생김새를 보여주는 사진을 촬영해요. 사진을 직접 촬영하기 어렵다면 인터넷에서 저작권을 침해하지 않는 이미지를 찾아 다운로드해도 좋아요. 잘 기억하지 않는다면 40쪽을 참고하세요!

02 인물의 어린 시절 이야기를 소개하고 싶어요. 이순신 장군님은 어릴 때부터 전쟁 놀이를 즐기셨다고 해요. **02** 과정과 같은 이미지를 찾아서 넣어도 좋고, 직접 그린 그림을 이용해도 좋아요. 여기서는 직접 그린 활과 화살을 활용해 볼게요.

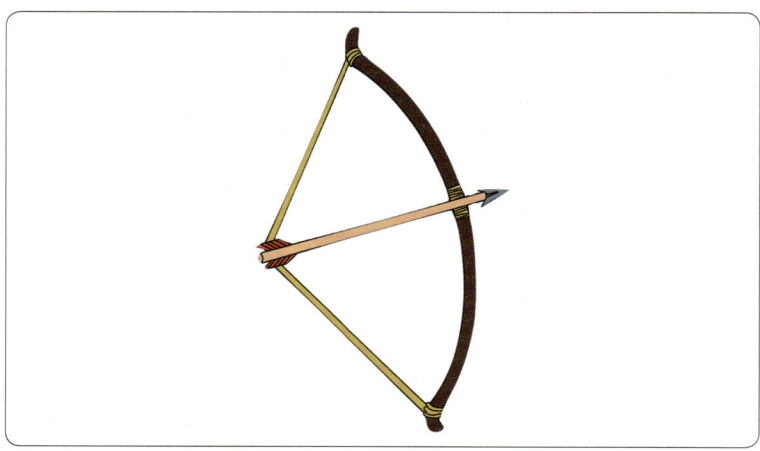

03 '이순신 장군님' 하면 거북선 이야기를 빼놓을 수 없겠죠? 같은 방법으로 '거북선' 이미지를 검색해 다운로드합니다.

04 12척의 배로 133척을 가진 적군과 싸워 이긴 명량해전을 소개하고 싶어요. '명량'으로 검색해 적당한 사진을 다운로드합니다. 이렇게 사진 4장 정도만 준비하면 인물 소개 영상을 만들 수 있답니다.

03 | 편집편
사진과 자막을 넣어요

01 블로 앱을 실행하고 [새 프로젝트]를 누릅니다. 사진을 순서대로 선택한 후 →를 누르세요.

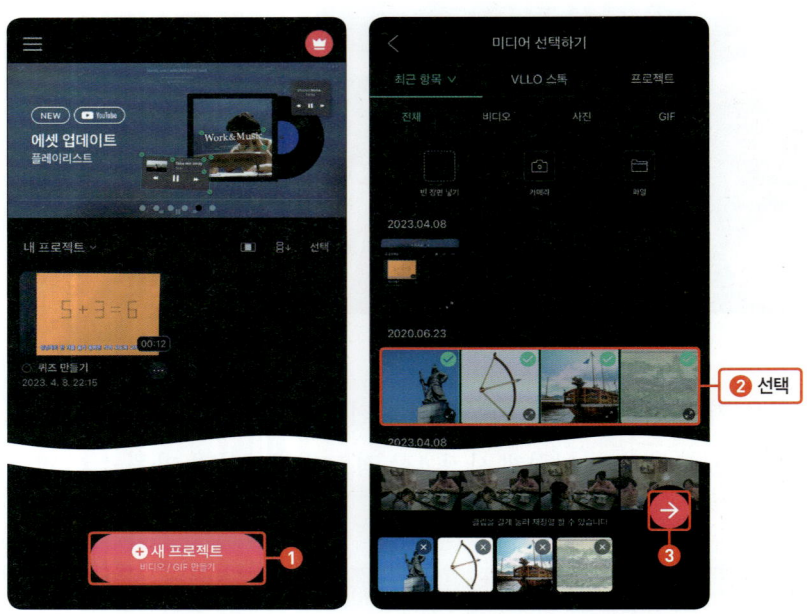

02 프로젝트 제목을 적당히 입력하고 화면 비율을 [16:9], 영상 배치를 [채움]으로 선택한 후 [프로젝트 생성하기]를 누릅니다.

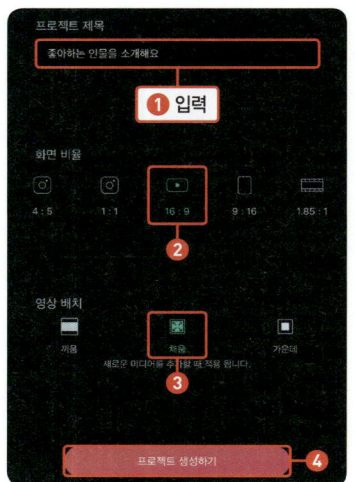

03 [글자] - [글자]를 선택하고 마음에 드는 자막을 선택합니다. 선생님은 'Vlog' 메뉴 중에서 마음에 드는 자막을 찾아 넣었어요. 자막을 고른 후에는 ✓를 누르는 것을 잊지 마세요.

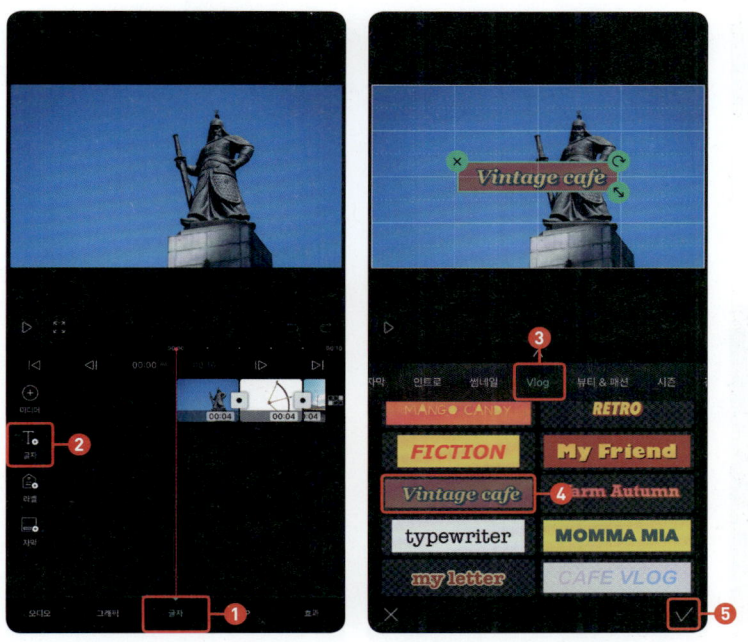

04 [편집]을 눌러 자막의 내용을 변경하고 크기, 위치, 폰트, 글자 크기, 서식 등을 분위기에 맞게 바꾸어 줍니다.

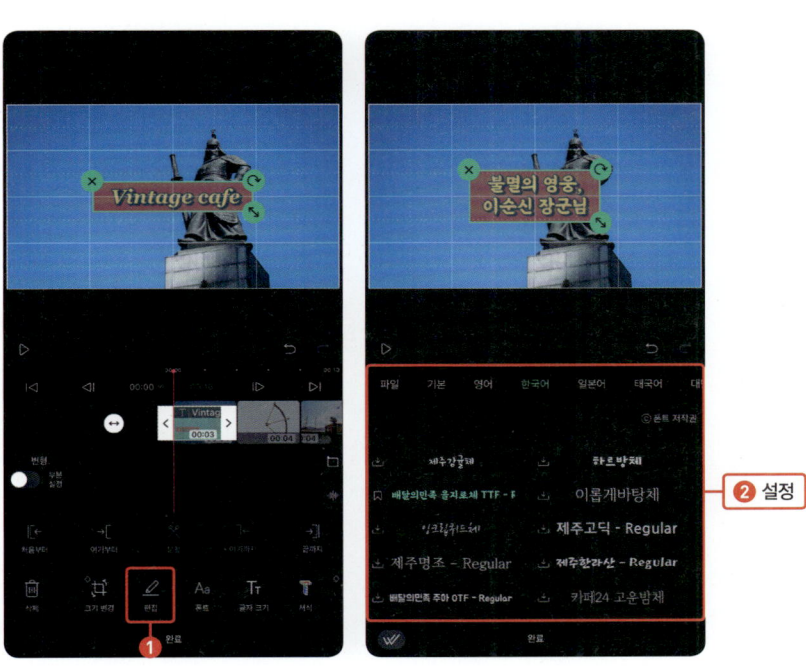

05 같은 방법으로 화면과 어울리는 자막을 넣어 줍니다. 지난 시간에 공부한 '복제' 기능을 활용하면 더 쉽게 자막을 넣을 수 있겠죠?

 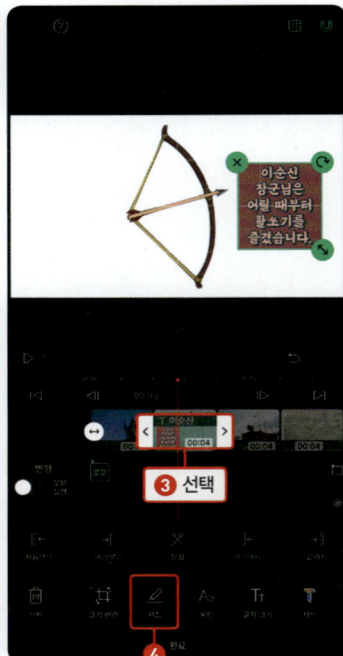 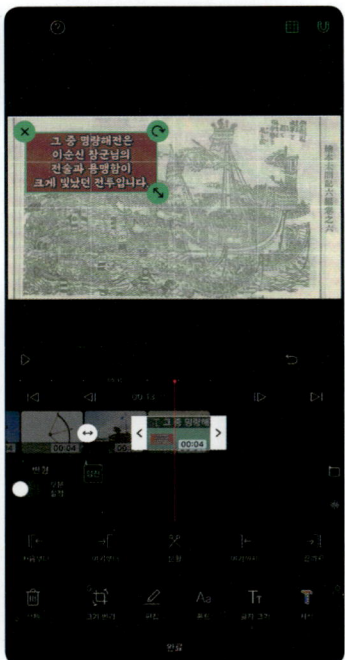

04 | 편집편
영상의 인트로와 아웃트로를 만들어요

01 영상의 앞에 인트로를, 뒤에는 아웃트로를 넣어서 영상을 더 멋지게 만들어 보겠습니다. 플레이헤드를 영상의 맨 앞으로 옮기고 [미디어]를 눌러주세요.

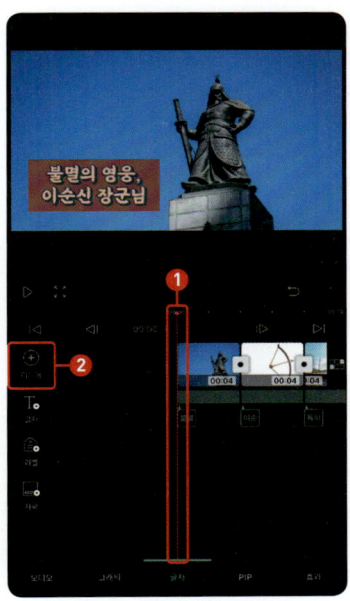

02 [VLLO 스톡] - [인트로]를 누르고 마음에 드는 인트로를 고른 다음 ➡를 누릅니다.

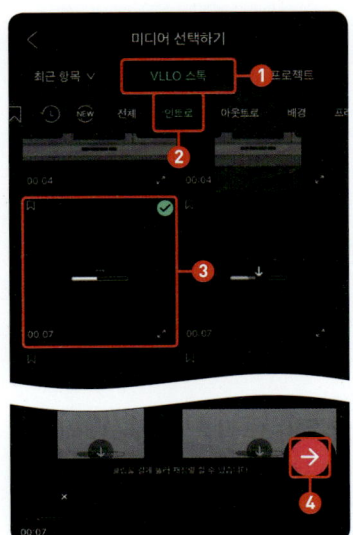

03 인트로 길이가 너무 긴 것 같네요. 플레이헤드를 옮기고 [여기까지]를 눌러 길이를 줄여 줍니다.

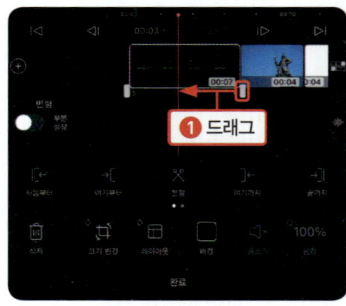 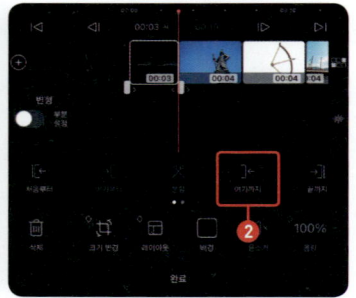

> **잠깐만요 컷 편집이란 무엇인가요?**
>
> '컷(cut)'은 한 번에 촬영된 화면을 뜻하며, '쇼트(shot)'라고 부르기도 합니다. 타임라인으로 불러온 영상 하나하나를 '컷'이라고 부르며, 이 '컷'들을 자르거나 이어 붙이는 과정을 '컷 편집'이라고 합니다. 컷 편집은 영상 편집의 가장 기본이 되는 중요한 작업이에요. 특별한 효과를 적용하지 않더라도 컷 편집을 잘하면 훌륭한 영상을 완성할 수 있습니다.

04 플레이헤드를 맨 뒤로 옮기고, 같은 방법으로 아웃트로를 넣습니다. 포인트로와 아웃트로를 넣으면 영상의 질이 확 높아져요!

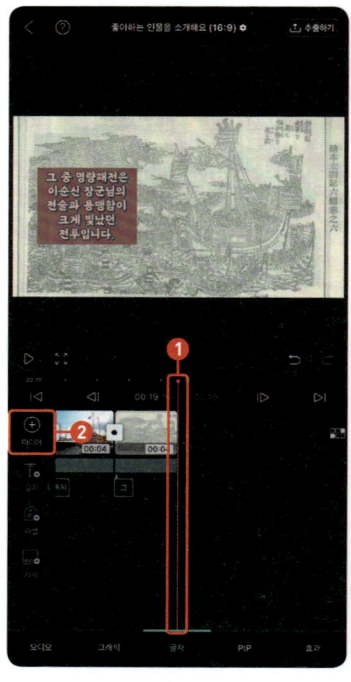 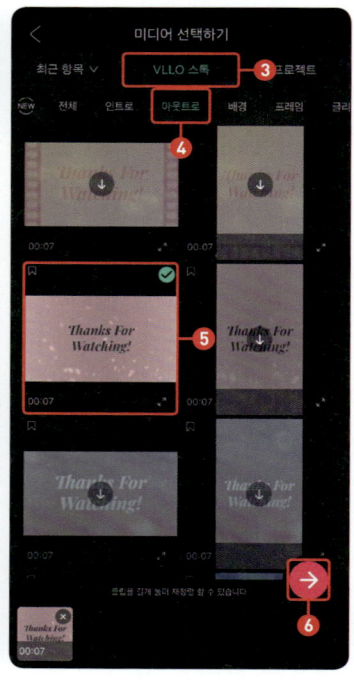

05 | 편집편
배경 음악을 넣고 다듬어요

01 플레이헤드를 맨 앞으로 옮기고 [오디오] - [배경음악]을 눌러요.

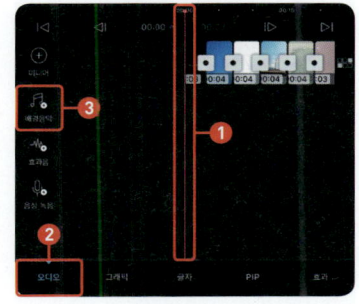

02 마음에 드는 음악을 골라 미리 들어볼 수 있어요. 웅장한 느낌을 내고 싶어서 [영화] 탭의 'Witness'를 골랐어요. 음악을 선택하고 ■를 누르면 음악이 삽입됩니다.

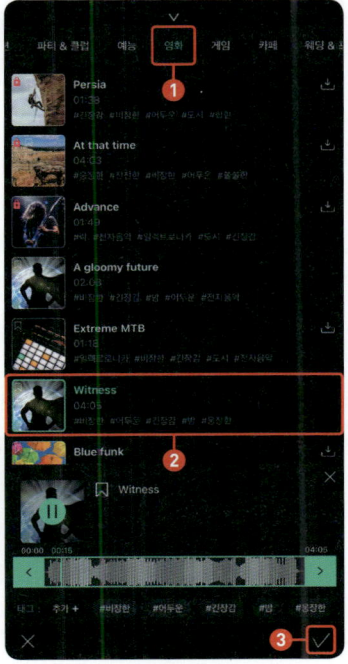

03 배경 음악이 영상 시작 부분에서 서서히 커지고, 영상 마지막 부분에서 서서히 작아지도록 해볼게요. 배경 음악을 선택하고 [페이드]를 누르세요.

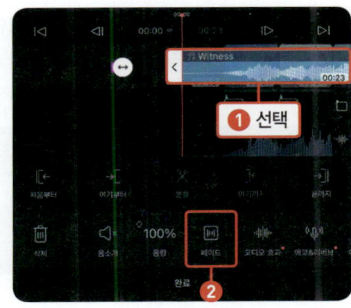

04 기본으로 '없음'이 선택되어 있습니다. [시작 부분] - [페이드], [끝 부분] - [페이드]를 각각 누르면 페이드 기능이 적용되고, 글자 아래에 초록색 점이 생깁니다. 시간도 지정할 수 있는데, '2.0s'는 음량이 2초 동안 서서히 변한다는 의미입니다.

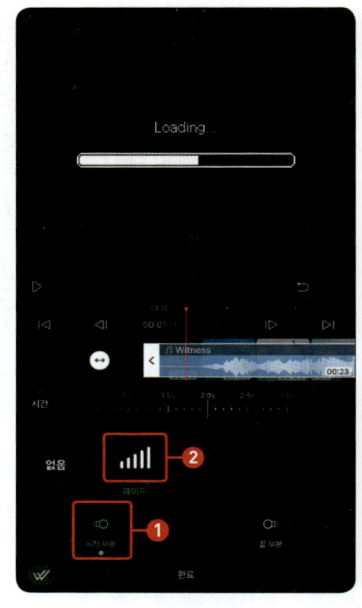 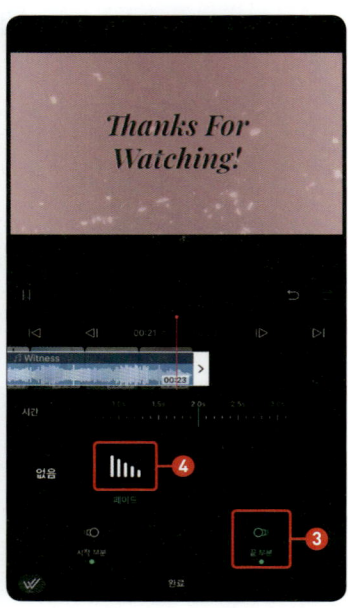

> **잠깐만요** **배경 음악 꾸미기 기능**
>
> - **음소거**: 배경 음악의 소리를 끕니다.
> - **음량**: 음량을 조절합니다.
> - **페이드**: 시작 부분에서 음량을 서서히 키우고, 끝 부분에서 음량을 서서히 줄입니다.
>
>
>
> - **오디오 효과**: '음정 변환, 음성 변조, 왜곡, 공간'의 효과를 줄 수 있습니다. 목소리 변조, 무전기 소리, 지하 느낌 등이 있습니다.
> - **에코&리버브**: 소리의 공간감을 다르게 만들 수 있습니다. '강당, 터널, 노래방, 콘서트' 등이 있습니다.
> - **이퀄라이저**: 고음 또는 저음을 강조할 수 있고, 음악의 장르에 따라 특정 음역을 강조할 수 있습니다.
> - **배속**: 음악의 속도를 조절할 수 있습니다. 1을 기준으로 숫자가 커지면 더 빠르게, 숫자가 작아지면 더 느리게 재생됩니다. '음정 유지'를 켜면 음정이 높거나 낮아지지 않고 유지됩니다.
>
>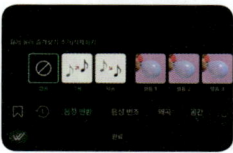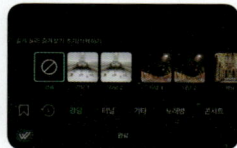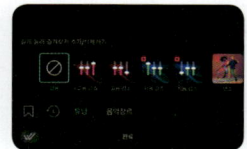

06 | 편집편
적절한 효과음을 넣고 영상을 저장해요

01 영상의 끝 부분에 박수 소리를 넣어 볼게요. 플레이헤드를 아웃트로 앞쪽으로 옮긴 후 [오디오] - [효과음]을 누릅니다.

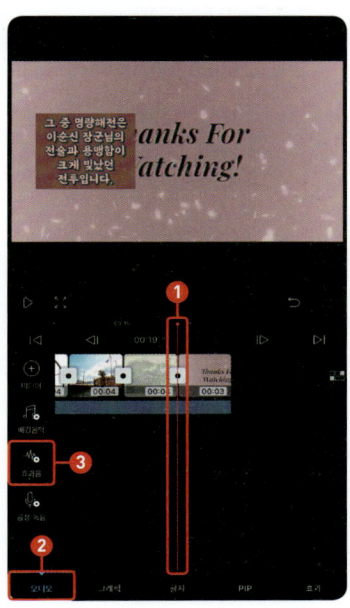

02 [박수&관중] 탭에서 '관중 박수'를 선택하고 ✓를 누릅니다.

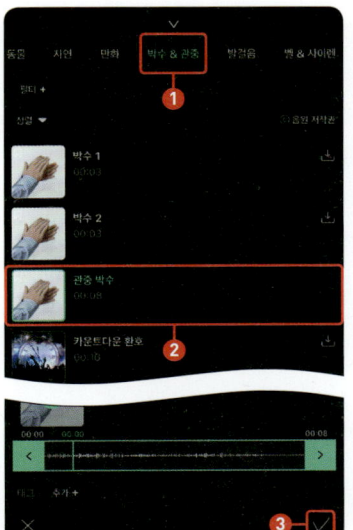

03 이대로 두면 박수 소리가 갑자기 끝나는 느낌이 들죠? 아까 배경 음악의 음량을 서서히 줄였듯, 박수 소리도 끝부분에 페이드 효과를 줄게요. 방금 넣은 '관중 박수'를 선택하고 [페이드]를 누르세요.

04 효과음 지속 시간이 '3초'인데 끝부분 페이드는 '2초'네요. 페이드를 '1초'로 조절하니 적당해 보입니다.

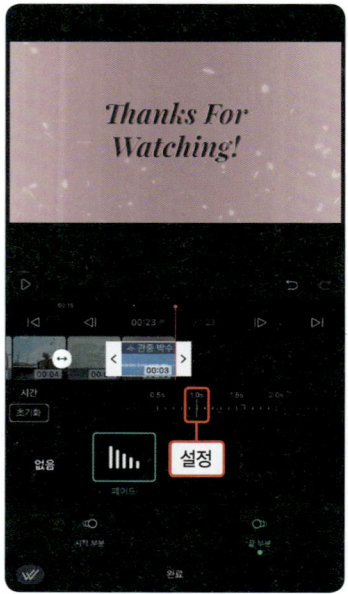

05 ▶을 눌러 영상을 마지막으로 한 번 더 확인하고 [추출하기]를 누르세요.

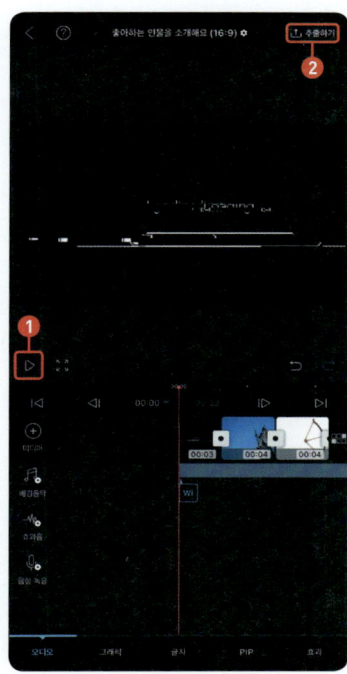

06 [비디오]를 선택하고, '고화질', '30fps', 'H.264', '소리켬'으로 설정한 후 [추출하기]를 누릅니다.

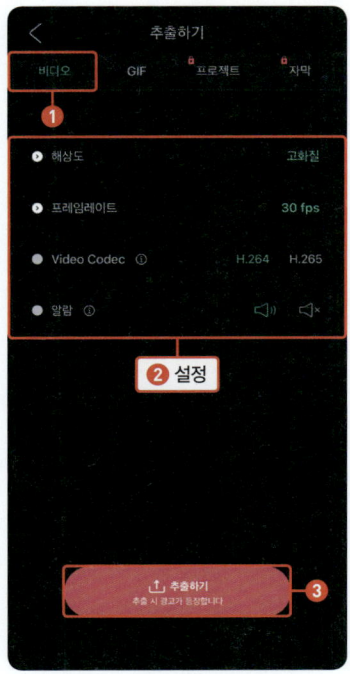

인상 깊게 읽은 책을 소개해요

with 캡컷

국어 6-2-가 <독서 단원(선택 2)> 책 광고 만들기

방학 숙제로 독서록을 써야 해. 평소에는 책의 줄거리와 책을 읽고 느낀 점을 글로 썼는데, 좀 더 재미있게 표현하는 방법은 없을까?

그럴 때 나는 인물에게 편지를 써. 그림이나 만화로 나타내도 재미있어!

모두 좋은 방법이에요. 그런데 이번에는 새로운 방법에 도전해 보는 것은 어떨까요? 내가 읽은 책을 영상으로 만들어 소개하는 거예요.

우와! 유명한 북튜버가 된 것처럼요?

맞아요. 영상으로 소개하면 책의 내용과 나의 감상을 좀 더 생생하게 표현할 수 있겠죠?

친구들도 더 흥미를 가지고 볼 것 같아요!

책 소개 유튜브 영상에서 본 것처럼 영상 안에 작은 화면으로 내 모습을 넣고 싶어요.

그렇게 영상 안에 작게 들어간 또 다른 영상을 'PIP(Picture In Picture)'라고 한답니다. 책을 소개하는 여러분의 모습을 촬영해 영상 속에 쏙 넣어 봅시다.

01 | 기획편
좋아하는 책을 추천하고 싶어요

WEEK 09

> 기획 노트 <

영상 제목	나에게 코딩의 매력을 알려준 책		
전달하려는 내용	책을 읽고 난 후 생각하거나 느낀 점		
고려 사항	영상 안에 영상 넣기 (PIP)	준비물	스마트폰, 감명 깊게 읽은 책, 삼각대*
영상 구성	첫인사 – 책 표지 보여 주며 소개 – 좋았던 부분 소개 – '이런 사람에게 추천합니다' – 끝인사		

아이디어 노트	① 어떤 내용을 소개할까?
	   – 읽은 책의 내용을 떠올리며 마인드맵으로 생각 넓히기
	② 책의 내용은 어떻게 보여줄까?
	   – 원하는 장면이 담긴 페이지를 사진으로 촬영하기
	   – 인터넷에서 적당한 이미지 다운로드하기
	③ 책을 소개하는 나의 모습을 담고 싶다면?
	   – 화면 안에 내 모습을 작은 영상으로 넣기 (PIP)		

촬영 방법	① 책의 표지와, 소개하고 싶은 내용이 담긴 페이지를 사진으로 촬영하기 ② 책 소개하는 내 모습 영상으로 촬영하기		
편집 방법	① 캡컷으로 사진 불러오기 ② 책 사진을 배경으로 두고, 내 모습을 담은 영상을 작게 넣기 ③ 어울리는 자막과 음악 넣기		

*나를 찍어 줄 다른 사람이 있다면 삼각대는 준비하지 않아도 괜찮아요.

> 기획 노트 <

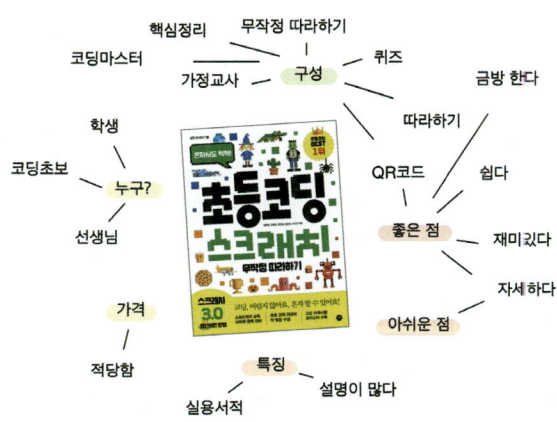

선생님

친구들에게 소개하고 싶은 책을 정했나요?
어떤 내용을 소개하면 좋을지 마인드맵으로 생각을 넓혀 봅시다.
떠오르는 내용은 무엇이든 적어 보세요!

<책 제목을 써 보세요>

맞아요. 영상으로 소개하면 책의 내용과 나의 감상을
좀 더 생생하게 표현할 수 있겠죠? 선생님

① _____
② _____
③ _____
④ _____

 잠깐만요 마인드맵으로 영상 내용 기획하기

영상을 촬영하기 전, 마인드맵 활동을 통해 생각을 넓혀 봅시다. 지금처럼 책 소개 영상을 기획하는 경우에는 책의 좋은 점과 아쉬운 점, 특징이나 구성 등을 생각해 볼 수 있겠죠? 떠오르는 내용을 마인드맵 활동지에 적고, 그 내용을 바탕으로 영상을 촬영해 봅시다.
마인드맵에 적은 내용을 전부 영상으로 표현할 필요는 없어요. 가장 중요한 한두 가지에 초점을 맞춰 소개해 봅시다. 선생님은 책의 '좋은 점'과 '추천하고 싶은 사람'을 소개할 거예요.

02 | 촬영편
책 사진을 찍고 소개 영상을 촬영해요

01 소개하려는 책이 무엇인지 영상 첫 부분에서 보여줘야겠죠? 책의 앞표지 사진을 1장 촬영하세요.

02 이 책의 좋은 점을 보여 줄 수 있는 페이지를 찾아 사진을 찍어요. 다음으로 이 책을 추천하고 싶은 사람을 떠올리며 그 이유를 보여 주는 페이지를 촬영하세요. 저작권에 유의하면서 인터넷에서 적당한 사진을 다운로드해도 좋아요.

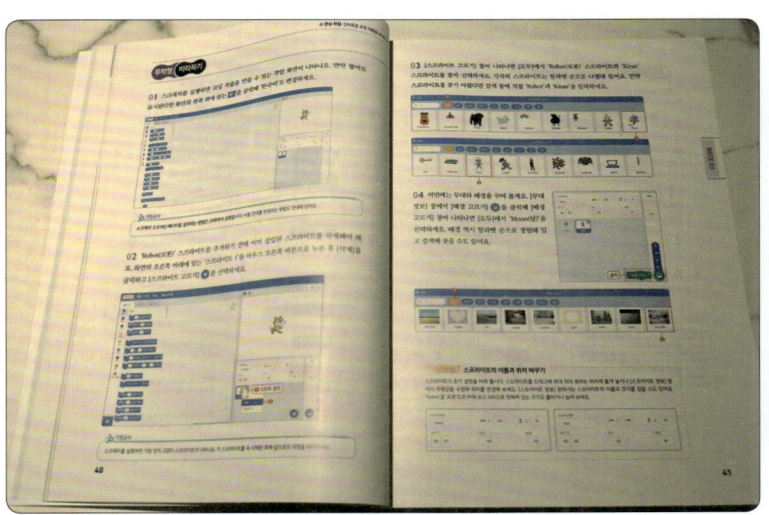

03 영상의 배경으로 사용할 책 사진은 모두 준비되었어요. 이제 책 내용을 설명하는 내 모습을 영상으로 촬영할 거예요. 스마트폰을 삼각대에 고정하고 적당한 위치에 놓아 보세요.

TipTalk 꼭 정면에서 촬영할 필요는 없어요. 위아래, 좌우 상관없이 마음에 드는 곳에 두세요.

04 카메라를 켜고 책을 소개 영상을 촬영해 봅시다! 즉석에서 책을 소개하면 실수할 수 있으니, 마인드맵에 메모한 내용을 바탕으로 대본을 쓰고 연습하는 것이 좋아요.

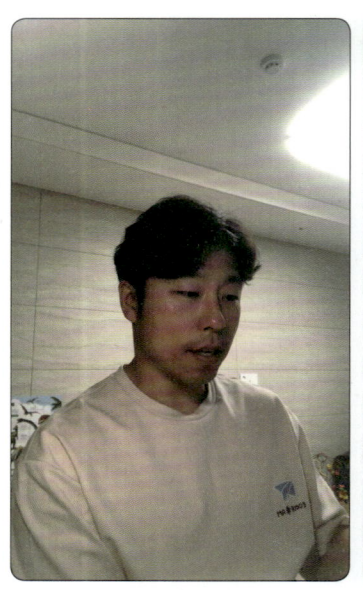
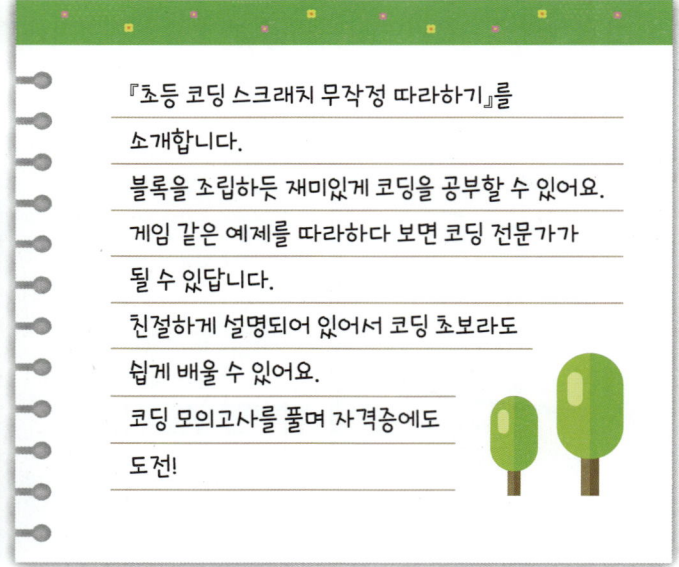

03 | 편집편
영상의 배경을 만들어요

WEEK 09

01 캡컷 앱을 실행하고 [새 프로젝트]를 누릅니다. 배경으로 사용할 사진을 고르고 [추가]를 누르세요.

 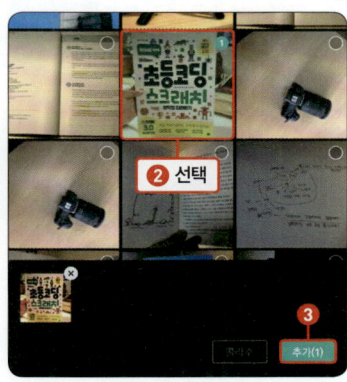

02 아래에서 [비율]을 누르고 [16:9]를 선택한 후 ■를 누릅니다.

03 화면비가 4:3에서 16:9로 바뀌며 사진의 양옆에 검정 여백이 생겼습니다. 방금 넣은 사진을 선택하면 미리보기 화면에서 초록색 테두리가 생겨요. 그 사진 위에서 두 손가락으로 화면을 쫙 벌려 주세요. 찰싹 달라붙는 느낌이 나며 화면이 16:9 비율에 맞게 꽉 찹니다.

 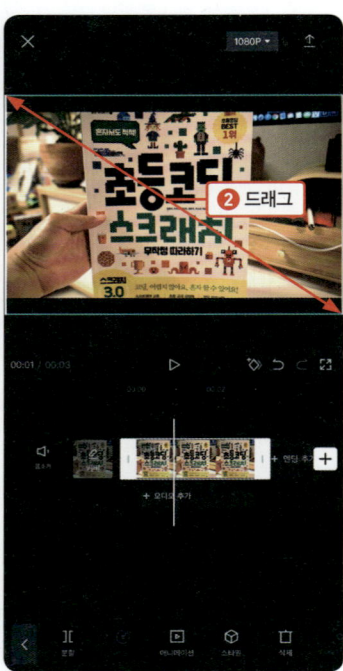

사진 안에 영상을 작게 넣어요

01 플레이헤드를 방금 넣은 사진의 앞에 놓고, 아무것도 선택하지 않은 화면에서 아래 [오버레이]를 누릅니다. 새 화면이 나타나면 [PIP 추가]를 누르세요.

02 화면 아래에 작게 넣을 영상을 선택한 후 [추가]를 누르세요.

03 작업 화면 안에 영상이 들어갔습니다. 영상이 너무 한가운데에 있죠? 영상을 선택하고 화면의 오른쪽으로 옮겨 주세요.

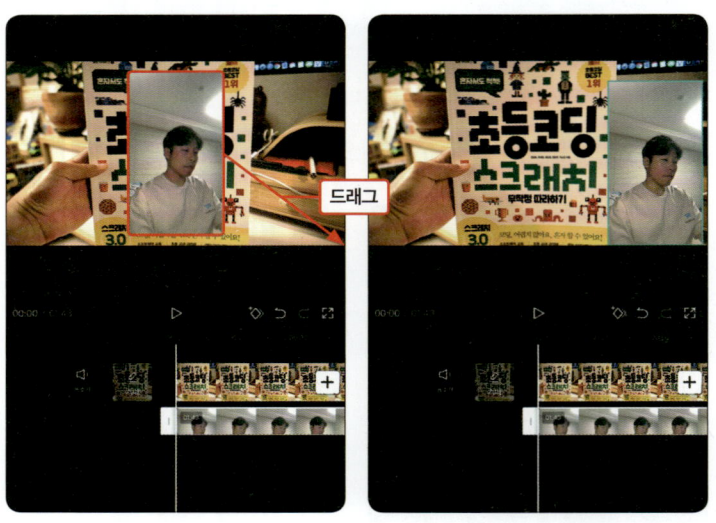

04 다음 장면에 등장할 배경 사진을 넣어 볼게요. 처음에는 표지를 보여 주었다면, 다음으로 책 내용 중 일부를 촬영해 보여 줄 거예요. 플레이헤드를 적당한 곳으로 옮기고 ➕를 눌러 주세요. 사진을 선택하고 [추가]를 눌러 주세요.

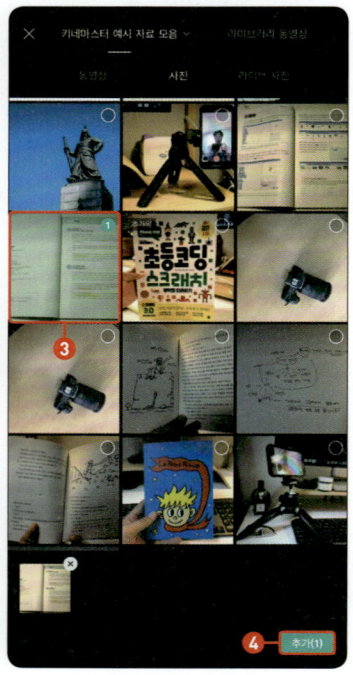

05 같은 방법으로 두 번째 사진을 선택하고 두꺼운 흰색 테두리를 잡아당겨 길이를 맞춰 주세요.

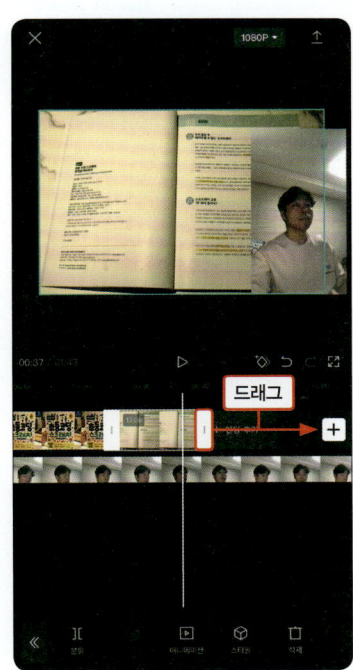

05 | 편집편
사진 속 영상을 보기 좋게 꾸며요

01 추가된 영상에서 필요 없는 부분을 잘라 멋지게 꾸며 보겠습니다. 정말 쉬우니 따라해 보세요. 먼저 영상을 선택하고 아래 메뉴의 [오려내기]를 누릅니다.

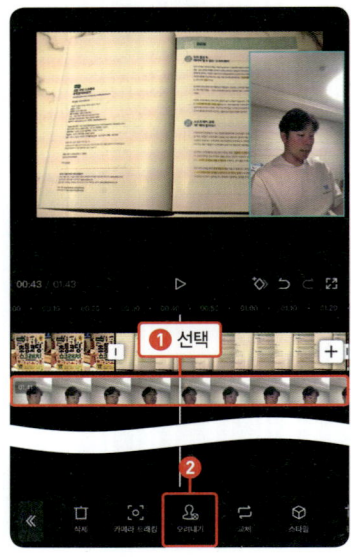

02 [배경 제거]를 누르면 자동으로 영상 배경이 사라집니다. 비교적 단순한 배경에서 촬영한 영상일수록, 배경과 옷의 차이가 크게 날수록 배경 제거 효과가 만족스럽게 나타납니다.

> **잠깐만요** 사진 속 영상을 선택하고 싶은데 잘 안된다고요?
>
> 왼쪽 사진과 같이 사진 속 영상이 편집 바에서 사라질 때가 있어요.
>
> 이때는 당황하지 말고 배경 사진 위에 있는 물방울 모양 아이콘 을 누르세요. 그러면 숨어 있던 영상이 나타납니다.
>
> 캡컷 앱에서는 이렇게 당장 사용하지 않는 부분을 영리하게 숨겨 주는 기능이 있답니다. 쓰지도 않을 건데 너무 많이 보이면 복잡하잖아요.

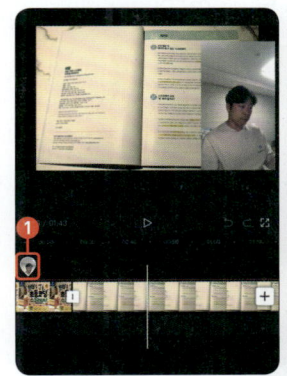
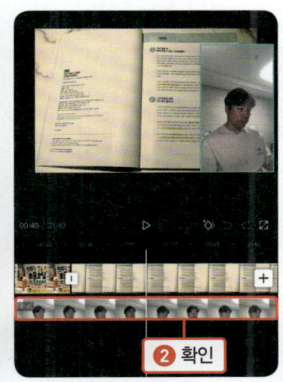

03 이어서 [오려내기 스트로크]를 선택하고 [점선 스트로크]를 누르세요.

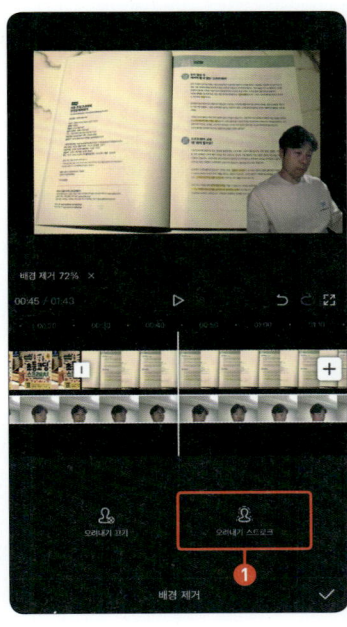
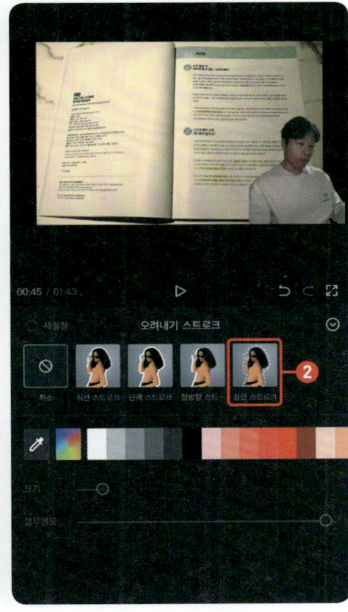

04 점선의 색깔과 크기, 거리를 마음에 들게 조절하세요. 어때요? 몇 번의 터치만으로 보기 좋은 '화면 속 영상'을 넣을 수 있죠?

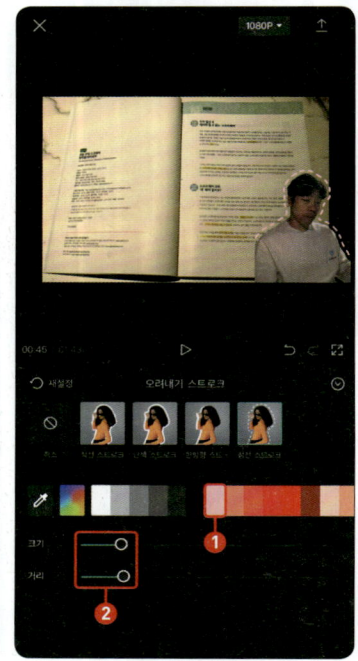

06 | 편집편
자막을 넣어 영상을 꾸며요

01 플레이헤드를 맨 앞으로 옮긴 후 [텍스트]를 선택하고 [자동 캡션]을 누르세요. 자동으로 '오리지널 사운드'가 선택되어 있습니다. [시작]을 누르면 놀라운 일이 벌어집니다.

 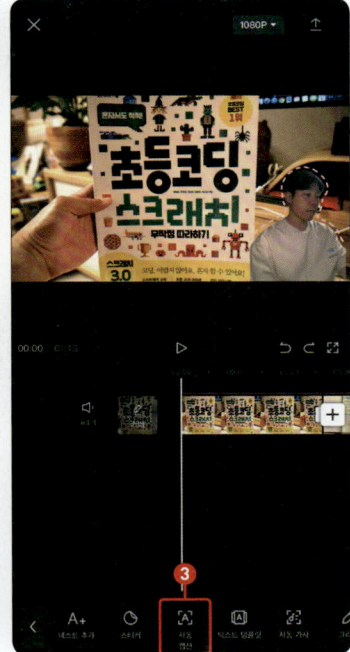 

02 영상의 길이에 따라 조금만 기다려 주면…

03 영상의 소리를 인식하여 자동으로 자막이 달립니다.

04 플레이헤드를 넘기며 자막을 살펴봅시다. 맞지 않는 부분은 자막을 선택하고 [삭제]를 눌러 지울 수 있어요.

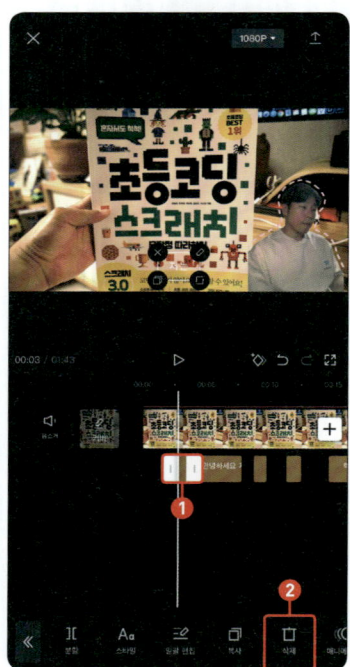

05 자막을 좀 더 쉽게 편집할 수 있는 방법이 있어요. 먼저 자막을 선택하고 [일괄 편집]을 누르면 영상 속 모든 자막을 한눈에 보며 편집할 수 있습니다.

06 기본으로 들어간 자막은 눈에 잘 띄지 않죠? 자막의 스타일을 바꾸어 보겠습니다. 자막을 선택하고 [스타일]을 누르세요.

07 자막에 눈에 잘 보이도록 색깔을 바꾸고 그림자도 넣어 볼게요. 이때 '자동 캡션에 적용'이 활성화되어 있다면 방금 자동으로 넣은 자막의 스타일이 함께 변경됩니다.

08 글꼴 메뉴에서 마음에 드는 글씨체로 바꾸어 보겠습니다.

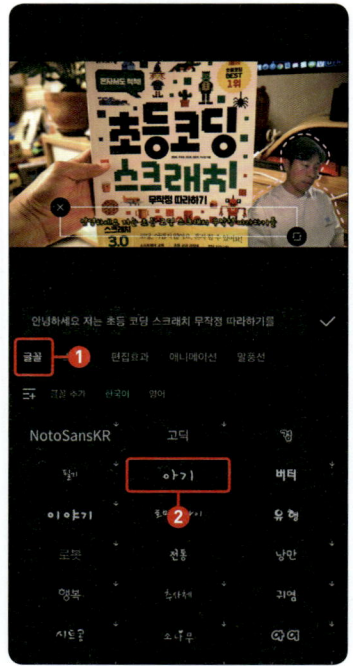

10 [재생]을 눌러 영상을 쭉 살펴본 후 오른쪽 위의 [내보내기] 를 눌러 영상을 내보냅니다. 기본 설정은 '1080P'이며 다른 해상도로 바꿀 수도 있습니다.

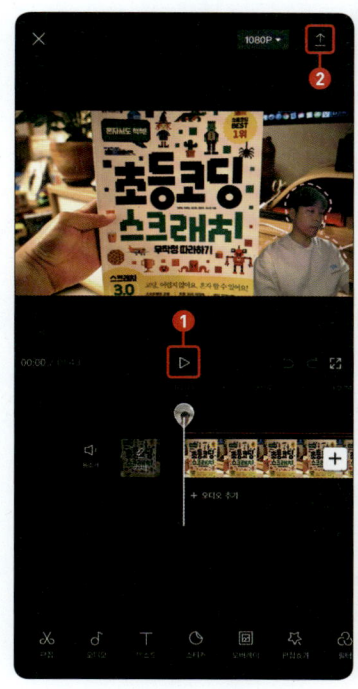 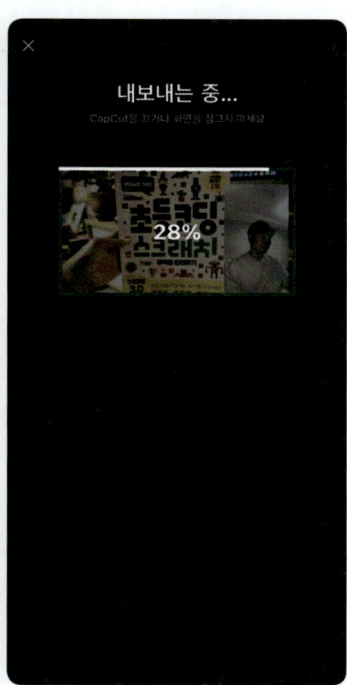

내 보물을 소개해요

with 캡컷

도덕 5학년 <우리가 만드는 도덕 수업 1> 내게 힘을 주는 것 소개하기

 선생님: 여러분의 보물 1호는 무엇인가요?

 학생1: 음, 너무 많은데……. 하나만 고르자면 생일 선물로 받은 레고 블럭이요!

 학생2: 저는 용돈을 모아서 산 예쁜 볼펜이요!

 선생님: 누구에게나 아끼는 물건이 있을 거예요. 이번 시간에는 친구들에게 여러분의 보물 1호를 소개해 봅시다. 바로 영상으로요!

 학생1: 글이나 그림으로는 보물을 소개해 본 적이 있는데, 영상으로는 처음이에요! 보물의 모양이나 쓰임새를 더 자세히 알려줄 수 있겠네요.

 선생님: 이번 시간에는 영상을 촬영할 때 소리를 같이 녹음하지 않고, 보물을 소개하는 '내레이션'을 따로 녹음한 후 영상에 넣을 거예요.

 학생1: 내레이션이 뭐예요?

 선생님: 내레이션이란 우리말로 '해설'이라는 뜻입니다. 영상 속 인물이 직접 하는 말인 '대사'와 달리 영상에 직접 나오지 않으면서 장면을 설명하는 해설을 '내레이션'이라고 해요.

 학생2: 영상에 내레이션을 넣으려면 어떻게 해야 하나요?

 선생님: 내레이션을 먼저 녹음한 뒤 영상을 촬영하기도 하고, 영상을 먼저 촬영한 후 거기에 맞춰 내레이션을 녹음할 수도 있어요. 이번에는 영상을 먼저 촬영한 후 캡컷의 '녹음' 기능을 이용해 내레이션을 녹음해 볼게요.

01 | 기획편
소중한 물건을 보여 주고 싶어요

> 기획 노트 <

영상 제목	내 보물 1호, 카메라를 소개합니다!
전달하려는 내용	소중한 물건 소개하기
고려 사항	내레이션 녹음해서 영상에 넣기
준비물	스마트폰, 소개하고 싶은 보물, 삼각대
영상 구성	영상 제목 – 보물 1호 소개 – 내 보물의 좋은 점 알려주기 – 끝인사
아이디어 노트	① 어떤 내용을 담을까? 　– 소개하고 싶은 보물 정하기 　– 내 보물을 떠올리며 마인드맵 작성하기 　– 마인드맵을 바탕으로 소개할 내용 정하고 내레이션 대본 써 보기 ② 어떤 방식으로 소개할까? 　– 소개하는 말을 따로 녹음하고 내레이션으로 넣기
촬영 방법	① 내 보물을 소개하는 영상 촬영하기 ② 내 보물을 소개하는 내레이션 녹음하기
편집 방법	① 캡컷으로 영상 불러오기 ② 영상의 소리 조절하고 내레이션 녹음하기 ③ 어울리는 자막과 음악 넣기

> 생각 키우기 <

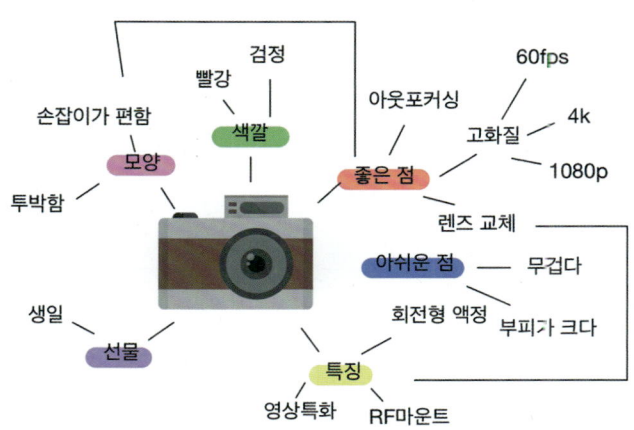

마인드맵을 바탕으로 대본을 적어 보세요. 이 내용을 녹음해 영상의 내레이션으로 넣으면 되겠죠?

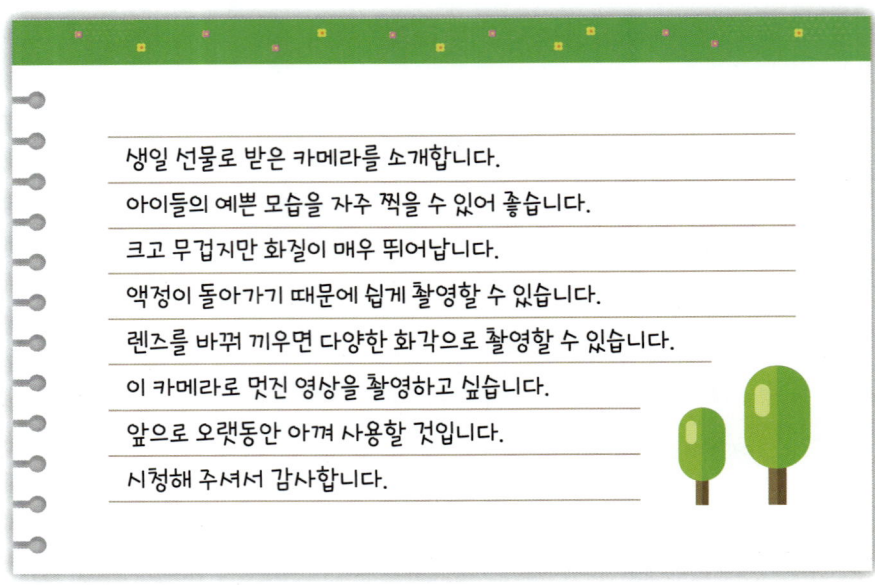

생일 선물로 받은 카메라를 소개합니다.
아이들의 예쁜 모습을 자주 찍을 수 있어 좋습니다.
크고 무겁지만 화질이 매우 뛰어납니다.
액정이 돌아가기 때문에 쉽게 촬영할 수 있습니다.
렌즈를 바꿔 끼우면 다양한 화각으로 촬영할 수 있습니다.
이 카메라로 멋진 영상을 촬영하고 싶습니다.
앞으로 오랫동안 아껴 사용할 것입니다.
시청해 주셔서 감사합니다.

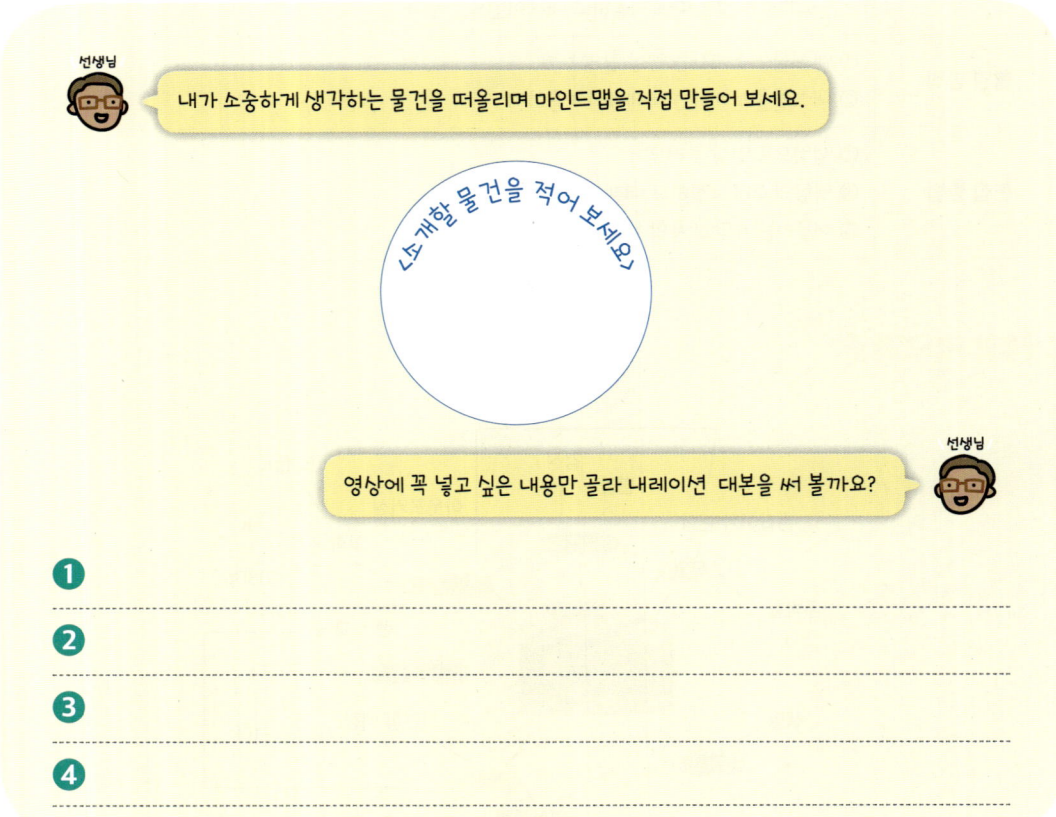

선생님: 내가 소중하게 생각하는 물건을 떠올리며 마인드맵을 직접 만들어 보세요.

소개할 물건을 적어 보세요.

선생님: 영상에 꼭 넣고 싶은 내용만 골라 내레이션 대본을 써 볼까요?

❶
❷
❸
❹

02 | 촬영편
보물을 소개하는 내 모습을 촬영해요

01 보물을 소개하는 영상을 촬영해 볼 거예요. 보물을 보여줄 때 두 손을 모두 사용해야 하므로 스마트폰을 삼각대에 고정한 후 촬영하세요. 아래 사진처럼 스마트폰을 고정할 수 있는 거치대를 사용해도 좋아요.

02 카메라를 다루는 모습을 보여주고 싶어서 손과 카메라가 함께 나오도록 촬영했어요. 소개하고 싶은 보물의 크기나 조작 방법에 따라 구도와 앵글을 정해 보세요.

TipTalk 어떻게 촬영해야 할지 막막하게 느껴진다면 이렇게 해 보세요. 기획 단계에서 정리해 둔 내레이션에 어울리는 장면을 촬영해 보는 거예요. 여기서는 카메라 작동 방법을 간단히 소개한 후 이 카메라의 장점을 설명해 주었어요.

03 | 편집편
영상의 컷을 편집해요

01 캡컷 앱을 실행하고 [새 프로젝트]를 누르세요. 촬영해 둔 영상을 선택하고 [추가]를 눌러요.

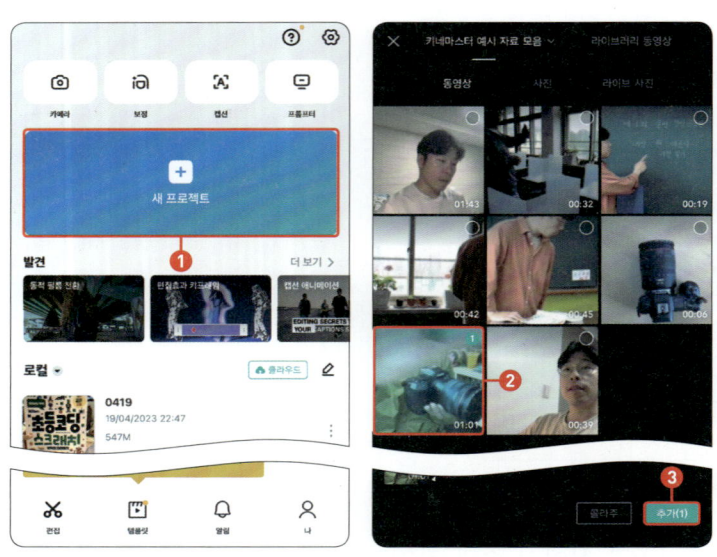

02 영상 앞과 뒤의 필요 없는 부분을 잘라 볼게요. 영상의 시작점이 될 부분에 플레이헤드를 두고 [편집] - [분할]을 누르세요.

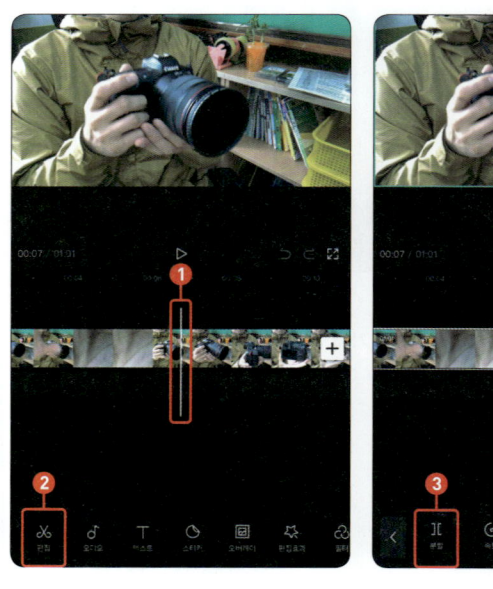
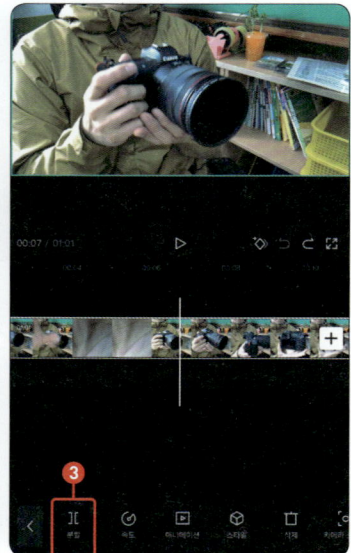

03 잘린 앞부분을 선택하고 [삭제]를 눌러 지워 주세요.

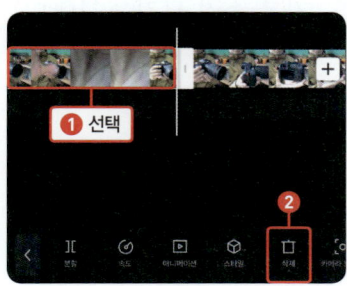

04 같은 방법으로 필요 없는 뒷부분을 지워 보세요. 플레이헤드를 옮기고 [편집] – [분할]을 누른 후, 잘린 뒷부분을 선택하고 [삭제]를 눌러요.

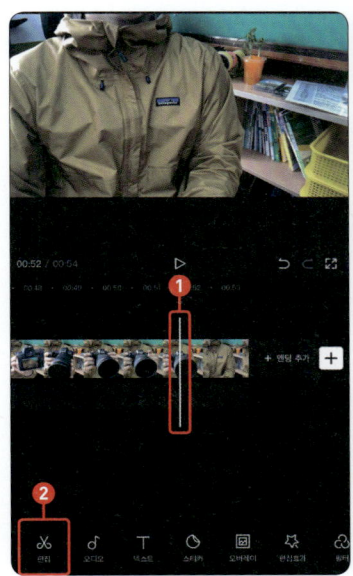 

05 내레이션을 넣었는데 영상의 소리 때문에 잘 들리지 않을 수도 있겠죠? 영상의 소리를 없애거나 작게 줄여 주세요. 영상을 선택하고 [볼륨]을 누르세요. 기본 소리 크기는 '100'으로 설정되어 있는데 '10' 정도로 줄여 볼게요.

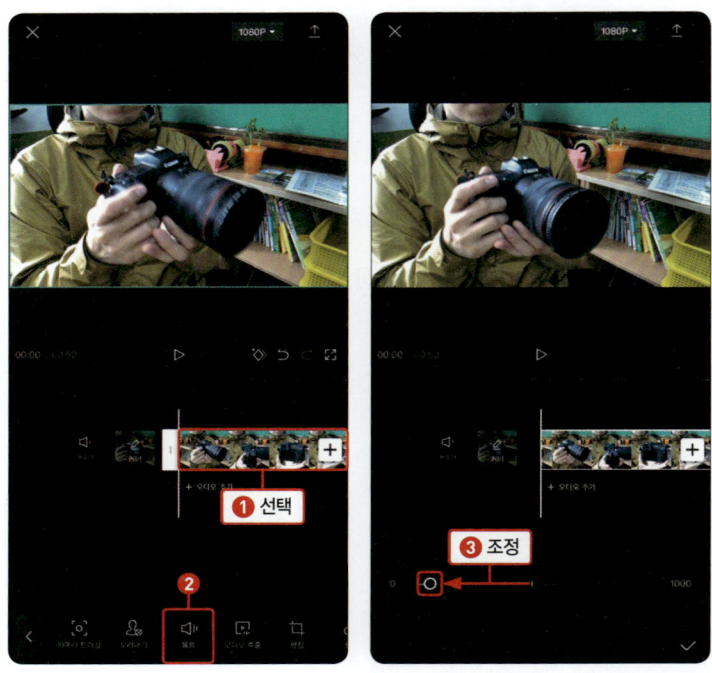

04 | 편집편
내레이션을 녹음해요

01 이제 보물을 소개하는 내레이션을 넣어 볼게요. 플레이헤드를 맨 앞으로 옮기고 [오디오] - [음성 녹음]을 눌러 주세요.

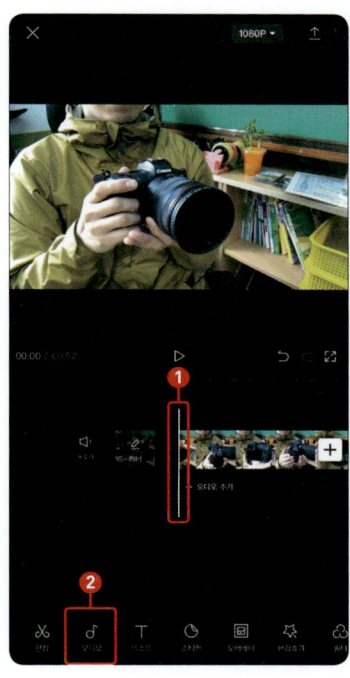 

02 🎤를 한 번 누르면 3초 후에 녹음이 시작되고, 다시 누르면 녹음이 종료됩니다. 미리 적어둔 대본을 보며 또박또박 차분히 내레이션을 녹음합니다.

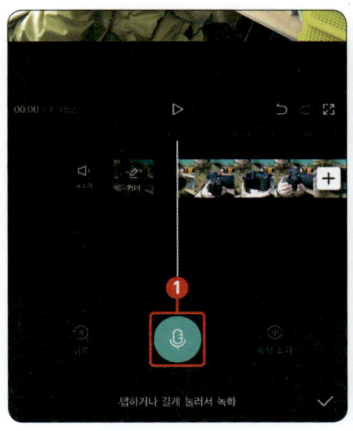 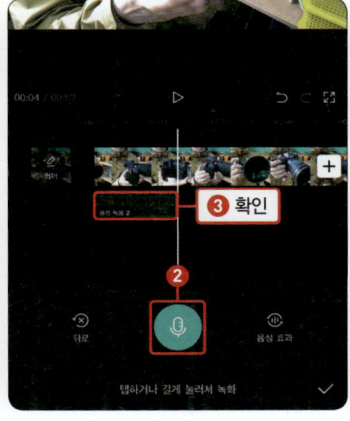 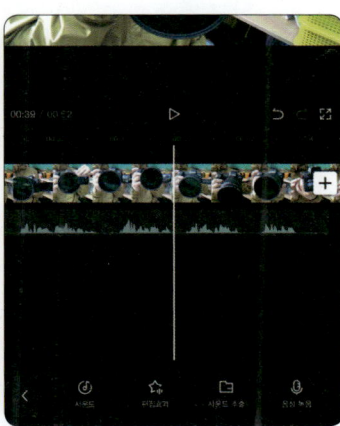

03 녹음한 음성 파일은 영상과 마찬가지로 잘라 없애거나 옮길 수 있어요. 영상과 어울리게끔 이동해 볼게요. 플레이헤드를 원하는 곳으로 옮기고 음성 녹음 부분을 선택합니다.

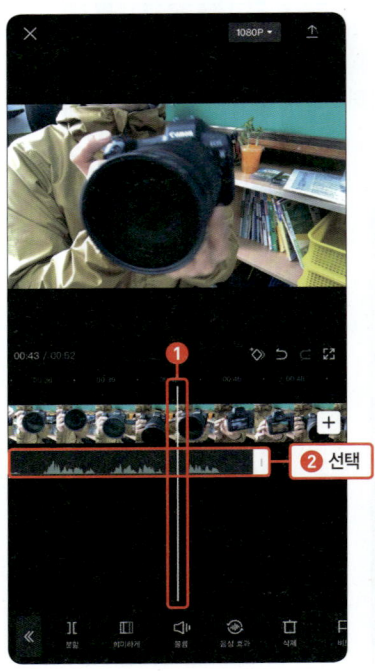

04 [분할]을 누르고 잘린 곳을 꾹 눌러 원하는 곳으로 옮겨 줍니다.

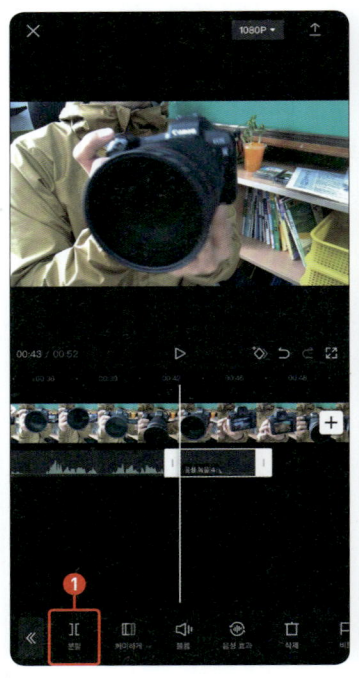 

자막을 넣어 내용을 정확히 전달해요

01 영상의 시작 부분에 제목을 넣어 봅시다. 플레이헤드를 맨 앞으로 옮기고 [텍스트] – [텍스트 추가]를 눌러 제목을 넣어 주세요.

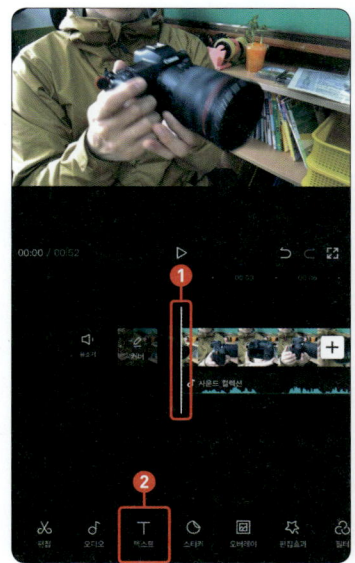
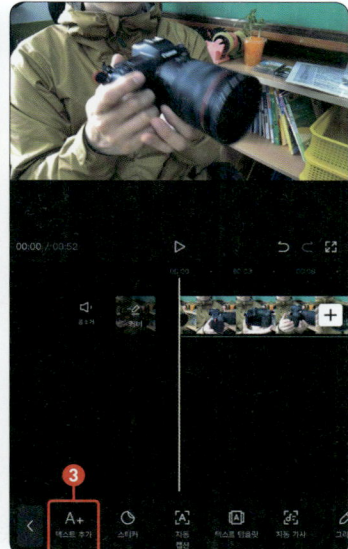

02 자막을 선택하고 [스타일]을 눌러 글꼴, 색상, 크기 등을 설정하세요.

03 이제 중간중간에 자막을 넣어 볼게요. 캡컷의 자막 넣기 기능은 129쪽에서 경험해 보았죠? 플레이헤드를 맨 앞에 놓고 [자동 캡션]을 눌러 주세요.

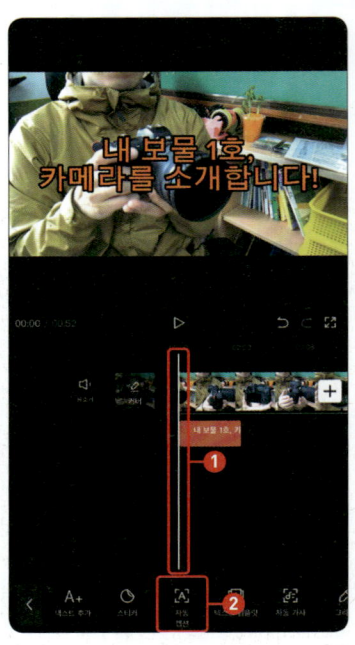

04 음성 녹음 부분을 자막으로 만들 것이므로 사운드 소스는 '음성 녹음'으로 선택해야겠죠? [시작]을 누르고 잠시 기다리면 자막이 입력됩니다.

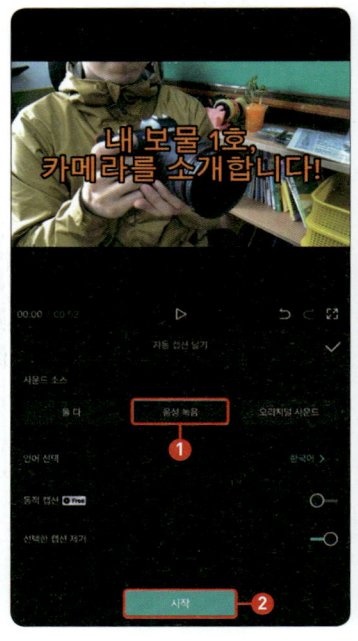 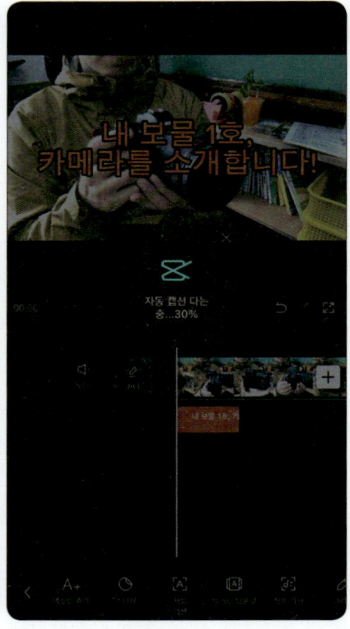 

05 자막이 잘 보이지 않네요. 방금 입력된 자막을 선택하고 [스타일]을 눌러 색상, 글로우, 그림자 등을 설정해 주세요.

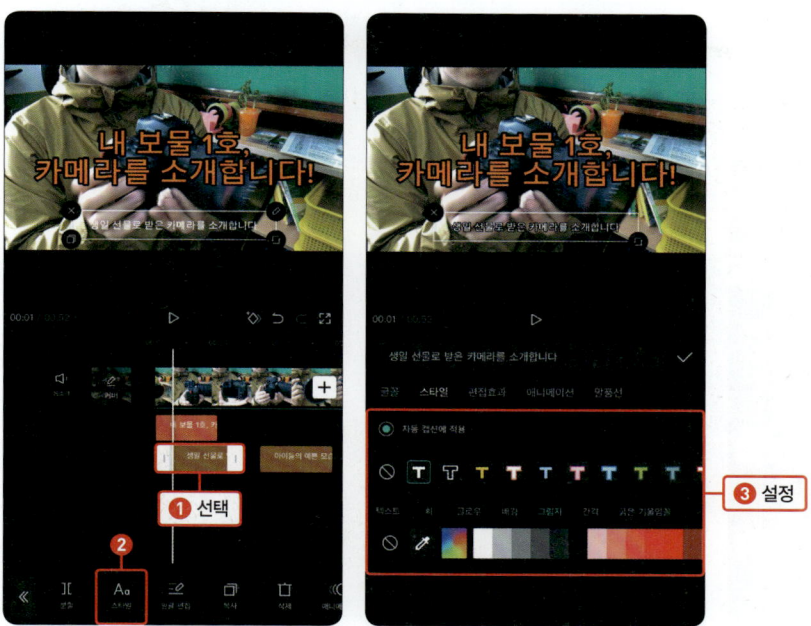

06 '자동 캡션에 적용'이 선택되어 있기 때문에, 자동으로 입력된 자막의 스타일이 한 번에 바뀌었습니다.

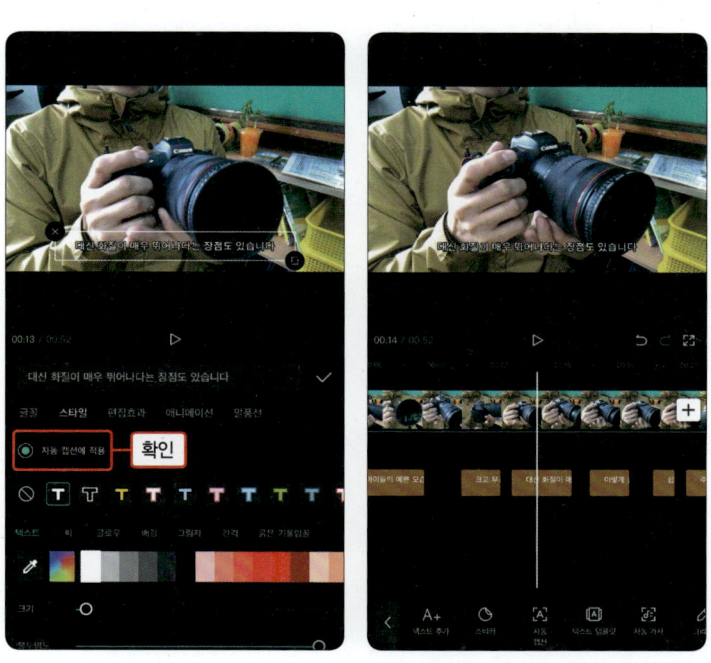

음악을 넣고 영상을 저장해요

01 플레이헤드를 맨 앞으로 옮기고 [오디오] - [사운드]를 선택합니다.

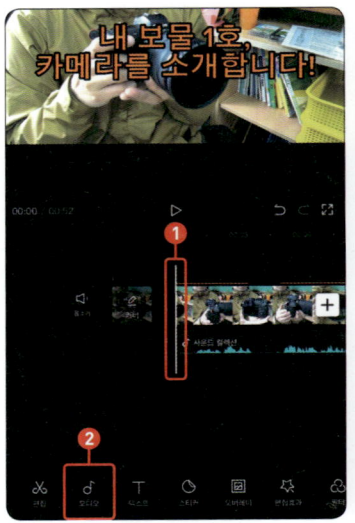 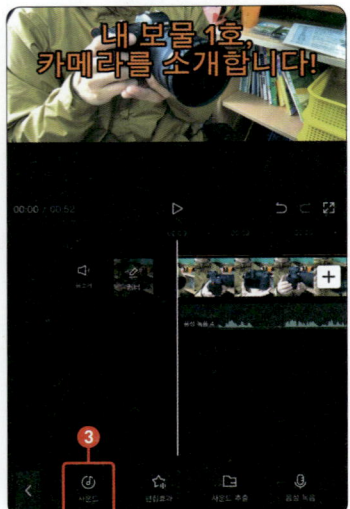

02 마음에 드는 테마와 노래를 선택해요. 선생님은 '힐링' 카테고리에서 'Future'를 선택했어요.

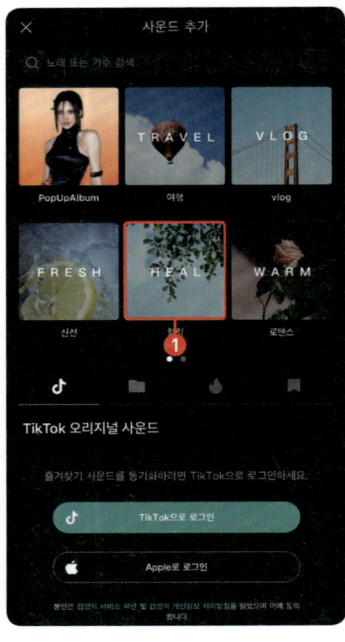 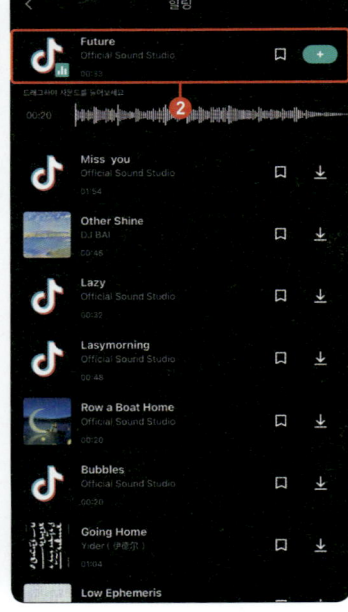

03 음악을 선택하면 자동으로 다운로드되며, 들어 볼 수도 있어요. ■를 눌러 영상에 음악을 넣어 주세요.

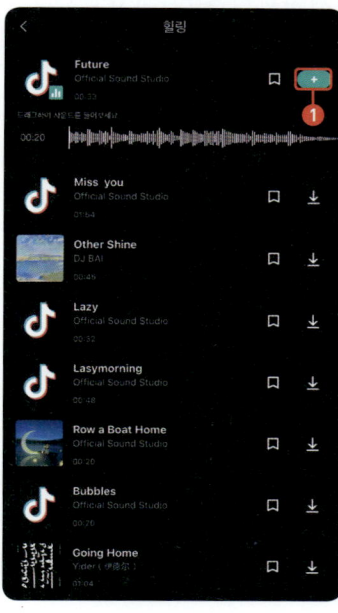

04 음악 소리가 너무 커서 내레이션이 잘 들리지 않네요. 음악을 선택하고 [볼륨]을 누르세요. 소리 크기를 '20'으로 조절했더니 내레이션과 음악이 잘 어우러집니다.

05 음악이 점점 커지며 시작하고, 점점 작아지며 끝나는 것을 각각 '페이드 인', '페이드 아웃'이라고 합니다. 영상의 완성도를 높여주는 아주 중요한 작업이죠. 음악을 선택하고 [희미하게]를 누릅니다. 페이드 인과 페이드 아웃을 각각 '2.0'초로 설정하니 적당합니다.

06 [재생]을 눌러 영상을 한 번 살펴본 후 오른쪽 위의 [내보내기] 를 눌러 영상을 내보냅니다. 기본 설정은 '1080P'이며 다른 해상도로 바꿀 수도 있습니다. [완료]를 누르면 영상 저장이 완료됩니다.

 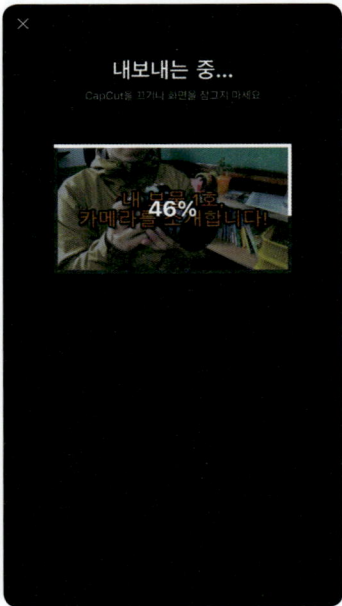 

더 알아보기
프레임레이트란 무엇인가요?

애니메이션은 여러 장의 그림을 빠르게 넘기는 방법으로 제작됩니다. 아래 ①번과 ②번 사진을 번갈아가며 보면 마치 어린이가 입을 벌리고 닫는 행동을 반복하는 것처럼 보일 거예요.

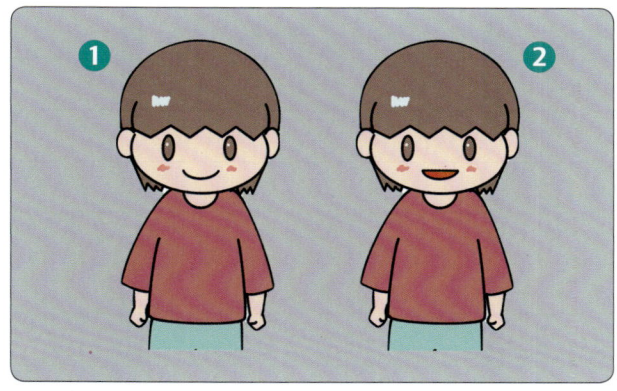

영상도 애니메이션과 같은 원리로 만들어집니다. 영상은 사진을 계속 촬영해서 이어 붙인 결과물이기 때문이죠. 그렇다면 얼마나 많은 사진을 이어 붙여야 움직임이 자연스러워질까요? 1초에 2장? 아니면 1초에 10장? 이것을 나타내는 단위가 바로 '프레임레이트'입니다.

<u>'프레임레이트'란 '영상을 1초 만들 때 사용되는 사진의 개수'를 뜻해요.</u> 1초에 사진 2장을 사용하는 것보다 10장을 사용하는 것이 더 자연스러워 보이겠죠? 그렇다고 프레임레이트가 무조건 높아야 할 필요는 없어요. 프레임레이트가 '20'만 되어도 충분히 부드럽게 움직이는 것처럼 보인답니다.

지금까지 영상을 저장할 때 프레임레이트를 '30'으로 정했어요. 이렇게 만든 영상은 1초에 사진 30장이 사용된 것입니다. 요즘에는 대부분의 영상이 프레임레이트를 '30'으로 설정한답니다.

직접 해 봐요

여러분의 보물을 소개해 주세요

✅ 영상 제작 계획표

영상 제목			
키워드		영상 길이	
촬영 날짜		준비물	
촬영 목록	장소	내용	
메모			

✅ 영상의 스토리보드를 만들어 보세요.

	장면(그림)	대사/음악	기타	시간
장면1				
장면2				

장면3				
장면4				
장면5				
장면6				
장면7				
장면8				
장면9				
장면10				

내가 꿈꾸는 삶을 소개해요

with 비타

국어 6-2-가 <1. 작품 속 인물과 나> 자신이 꿈꾸는 삶을 작품으로 소개하기

 선생님: 여러분은 미래에 어떤 사람이 되고 싶나요?

 학생1: 저는 축구 선수가 되고 싶어요.

 학생2: 저는 크리에이터가 될 거예요!

 선생님: 선생님은 어린 시절부터 '자상하고 훌륭한 초등학교 선생님'이 되고 싶었어요. 그냥 '선생님'이 아니라 '자상하고 훌륭한 초등학교 선생님'이 되는 것이 목표이기 때문에 지금도 꿈을 이루기 위해 노력하는 중이랍니다. 우리 친구들이 옆에서 지켜봐 줄 거죠?

 학생1: 물론이죠! 저도 멋진 목표를 세워 볼래요.

 선생님: 미국의 유명 방송인인 오프라 윈프리는 "당신이 할 수 있는 가장 큰 모험은 당신이 꿈꾸는 삶을 사는 것이다."라고 말했어요. 목표를 이루기 위해 노력하면 여러분의 인생도 멋진 모험이 되는 거예요.

 학생2: 저는 '사람들에게 긍정적인 영향력을 주는 크리에이터'가 될 거예요! 저의 꿈과 그 꿈을 이루기 위한 계획을 영상으로 소개해 볼래요.

 선생님: 멋진 목표네요! 현재와 미래 장면을 확실히 구분할 수 있으면 좋을 것 같아요. 이번 시간에는 영상의 분위기를 색다르게 바꿀 수 있는 '필터' 적용법을 익혀 볼까요?

01 | 기획편
나는 이런 사람이 되고 싶어요

> 기획 노트 <

영상 제목	내가 꿈꾸는 삶
전달하려는 내용	미래에 이루고자 하는 목표 소개하기
고려 사항	영상에 필터 적용해 분위기 전환하기
준비물	스마트폰, 삼각대
영상 구성	영상 제목 - 현재 내가 잘 하고 있는 점과 더 노력해야 할 점 - 미래에 이루고 싶은 나의 모습 - 마무리 멘트
아이디어 노트	① 어떤 내용을 담을까? 　- 나의 모습을 돌아보고 잘 하고 있는 점과 노력해야 할 점 적어 보기 　- 이루고 싶은 목표를 적어 보기 　- 영상에 소개하고 싶은 핵심 내용 간추리기 ② 어떤 방식으로 소개할까? 　- 소개하는 말을 따로 녹음하고 내레이션으로 넣기
촬영 방법	① 과거와 현재 모습 촬영하기 ② 목표를 이룬 미래 모습 촬영하기
편집 방법	① 영상 불러와서 컷 편집하기 ② 자막과 내레이션 넣어 내용 전달하기 ③ 어울리는 음악 넣기 ④ 분위기에 어울리는 필터 적용하기

> 생각 키우기 <

이번 영상에서는 목표를 이룬 내 모습을 상상해 영상에 담아 볼 거예요. 단순히 장래희망을 소개하는 데 그치기보다 구체적으로 내가 어떤 사람이 되고 싶은지 보여 주는 것이 좋아요. 꿈을 이루기 위해 내가 지금 어떤 노력을 하고 있는지, 그리고 앞으로 어떤 점을 보충해 나갈 생각인지 소개해 봅시다.

먼저 지금 나의 모습을 돌아보고 '내가 잘하고 있는 점'과 '더 노력해야 할 점'을 쭉 적어 봅시다. 영상에는 몇 가지만 골라서 사용할 예정이지만, 생각나는 내용을 많이 적어두는 것이 좋아요.

잘하고 있는 점	
예	직접 써 봐요!
• 꾸준히 책을 읽고 있음 • 틈틈이 글을 쓰고 있음 • 제자들에 대해 자주 기록하고 있음	• • •

더 노력해야 할 점	
예	직접 써 봐요!
• 제자들을 더욱 긍정적인 눈으로 바라보기 • 영상 자주 촬영하기 • 조금씩이라도 꾸준히 영상 공부하기	• • •

다음으로 내가 이루고자 하는 목표를 찍어 봅시다.

꼭 이루고 싶은 목표	
예	직접 써 봐요!
• 제자들에게 사랑받는 선생님 되기 • 자상하지만 단호한 선생님 되기 • 유튜브 채널 개설하고 구독자 1만 명 달성하기 • 영상 공모전에서 대상 받기 • 수익금 일부 기부하기 • 영상 관련 책 쓰기	• • • • • •

또, 마음 속으로 이번 영상의 분위기를 상상해 보면 좋아요. 이번 영상에서는 과거와 현재, 그리고 미래를 구분하기 위해서 '필터' 기능을 이용해 볼 예정이거든요! 과거는 뿌옇고 빛바랜 색으로 표현하고 미래는 밝은 느낌의 색으로 꾸며 볼 거예요.

02 | 촬영편
나의 현재와 미래 모습을 촬영해요

01 현재 나의 생활을 돌아보고 '잘하고 있는 점'과 '더 노력해야 할 점'을 촬영해요.

> **TipTalk #** 촬영기기를 삼각대에 고정한 후 촬영해요. 혼자 촬영하기 어렵다면 다른 사람에게 부탁해도 좋아요.

02 이번에는 내가 꿈꾸는 미래의 모습을 촬영해요. 영상 공모전에서 대상을 받는 것을 목표로 세웠기 때문에 상장을 받고 즐거워하는 모습을 촬영했어요.

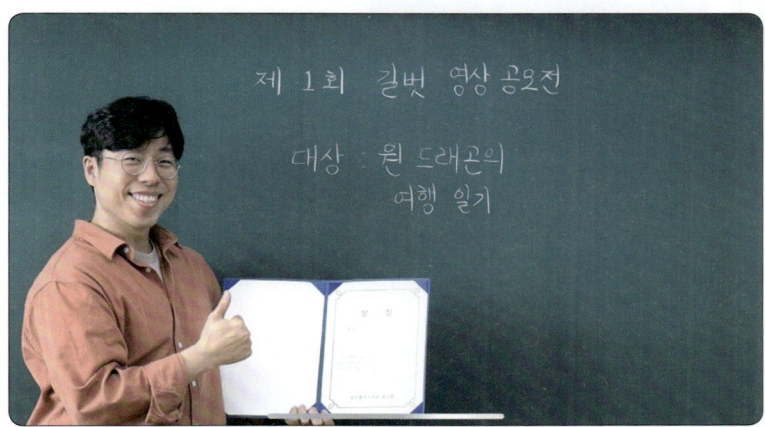

> **TipTalk #** 촬영기기를 삼각대에 고정한 후 촬영해요. 혼자 촬영하기 어렵다면 다른 사람에게 부탁해도 좋아요.

03 | 편집편
무작정 따라하기
영상의 컷을 편집해요

01 비타 앱을 실행하면 [템플릿] 탭이 먼저 열려요. 비타 앱의 강점이 '템플릿'이기 때문이죠. 그건 다음 시간에 활용하도록 하고, 오늘은 기본 기능을 먼저 사용해 볼게요. [프로젝트] - [새 프로젝트]를 누르세요.

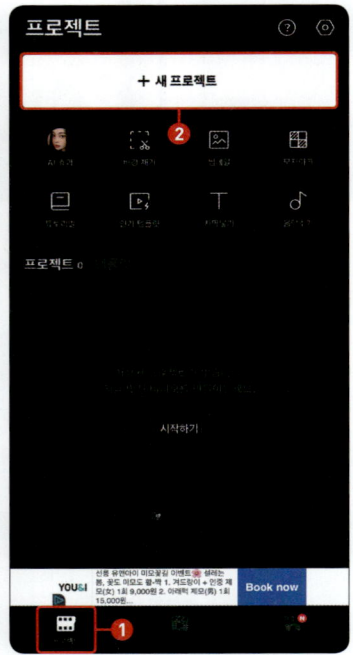

02 사용할 영상을 순서대로 선택하고 →를 누르세요.

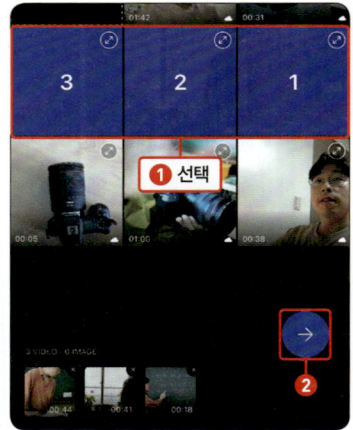

03 영상에서 필요 없는 부분을 잘라내 볼게요. 잘라낼 지점으로 플레이헤드를 옮기고 영상을 선택하세요. 영상의 앞부분을 잘라낼 것이므로 [여기부터]를 선택합니다.

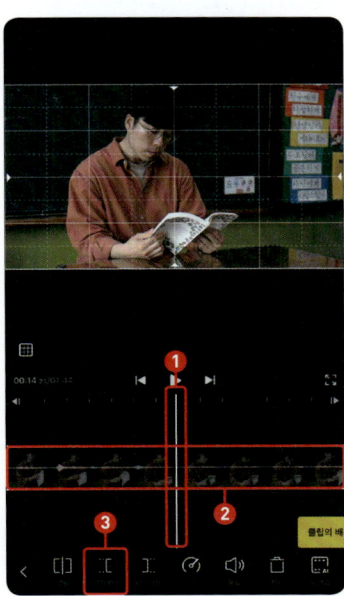

04 필요 없는 앞부분이 사라졌습니다. 같은 방법으로 모든 영상의 컷을 편집하세요.

> **TipTalk** 영상의 중간 지점을 자르고 싶다면, 자르고 싶은 지점의 시작과 끝에서 [분할]을 각각 한 번씩 누르고, 분리된 영상을 선택한 후 [삭제]를 눌러요.

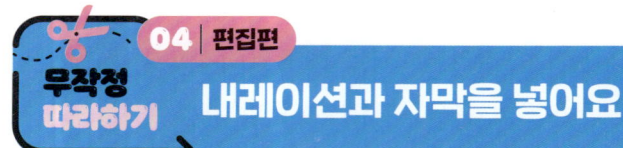

04 편집편
내레이션과 자막을 넣어요

01 플레이헤드를 맨 앞으로 옮기고 [사운드] - [녹음]을 선택해요.

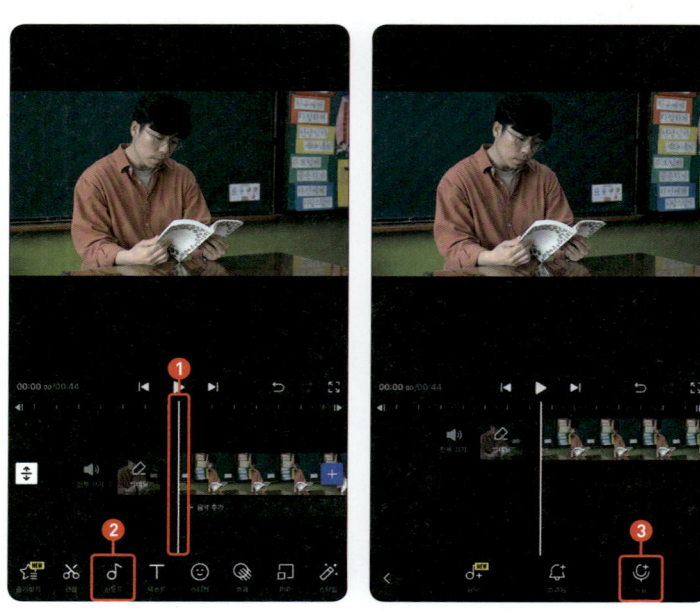

02 주황색 [녹음] 🟠 을 누르면 녹음이 시작되고, 다시 누르면 녹음이 종료됩니다.

03 녹음을 다시 하고 싶을 땐 [다시] ●를 누르세요. 방금 녹음한 내용이 지워지고 다시 녹음할 수 있어요.

04 녹음이 끝나면 ☑를 눌러 완료해요. 녹음한 클립은 영상 아래쪽에 주황색으로 표시됩니다.

05 내레이션을 다 녹음했다면 자막을 넣어 보겠습니다. 내레이션을 녹음한 지점으로 플레이헤드를 옮기고 [텍스트] – [텍스트]를 누르세요.

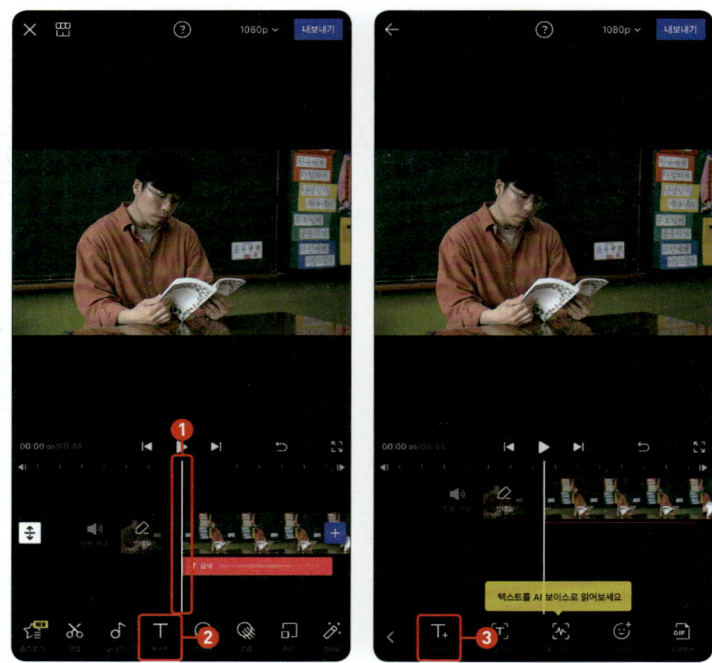

06 내레이션에 맞는 자막을 넣고 ✓를 누르세요.

07 같은 방법으로, 녹음된 목소리에 맞는 자막을 넣어 주세요.

08 자막을 편집해 보겠습니다. 자막을 선택하고 [편집]을 눌러 주세요.

09 [글꼴], [스타일]을 선택하고 마음에 들게 꾸며 보세요. 설정을 마친 후에는 ✓를 눌러요.

 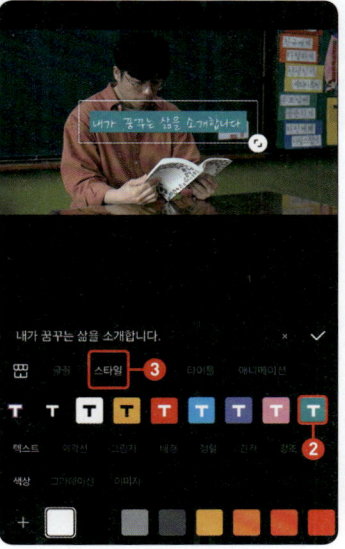

10 같은 방법으로 다른 자막도 편집합니다.

> **잠깐만요** **자막을 편하게 추가하는 방법**
>
> 자막을 같은 글꼴과 스타일로 계속 추가하고 싶다면 우선 해당하는 자막을 선택한 후 [복사]를 누르세요. 똑같은 자막이 하나 더 생기면 [편집]을 눌러 내용을 수정하면 됩니다.

11 넣은 자막의 길이를 줄이거나 늘이고 싶나요? 자막을 선택하면 양쪽 끝에 두꺼운 흰색 테두리가 생깁니다. 여기를 꾹 눌러 길이를 조절하면 됩니다.

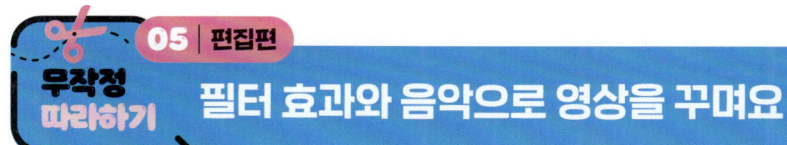

05 | 편집편
필터 효과와 음악으로 영상을 꾸며요

01 영상의 분위기를 바꾸기 위해 필터를 적용해 볼 거예요. 필터를 적용할 영상을 선택하고 [필터]를 누르세요.

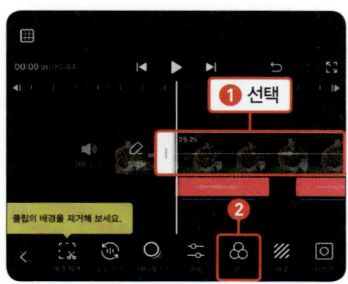

02 잔잔하고 따뜻한 느낌을 주고 싶어서 '인물' 카테고리의 'Portrait4'를 선택했어요. 여러분도 마음에 드는 느낌을 찾아서 넣어 보세요. [모든 클립에 적용]을 누르면 모든 영상 클립에 같은 필터가 적용됩니다.

03 어울리는 효과음을 넣어 볼게요. 선생님은 마지막 영상 클립에 환호 소리를 넣겠습니다. 플레이헤드를 원하는 지점으로 옮기고 [사운드] - [효과음]을 누르세요.

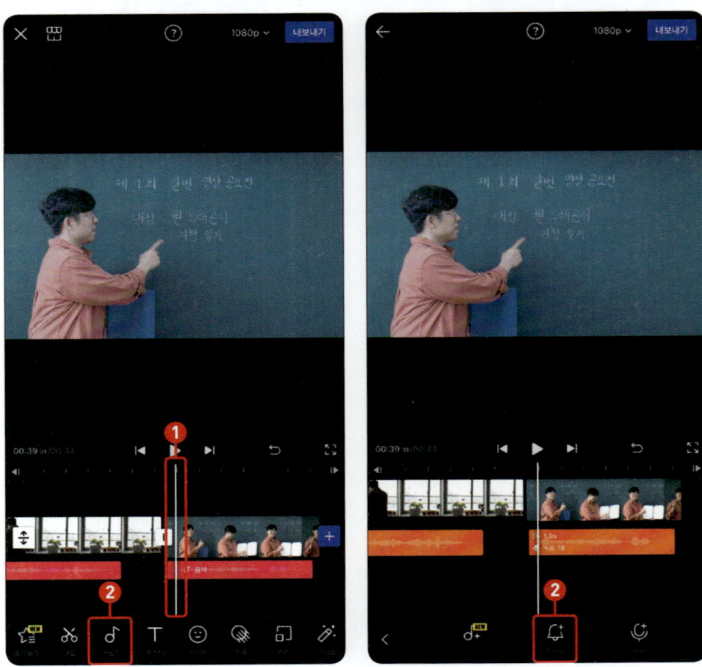

04 '환호'를 선택하고 ➕를 누르면 환호 소리가 추가돼요.

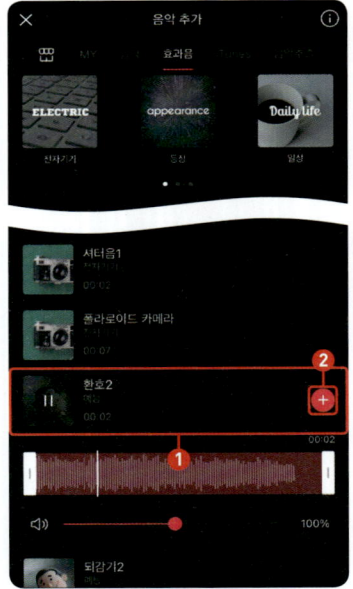

05 플레이헤드를 맨 앞으로 옮기고 [사운드] - [음악]을 눌러요.

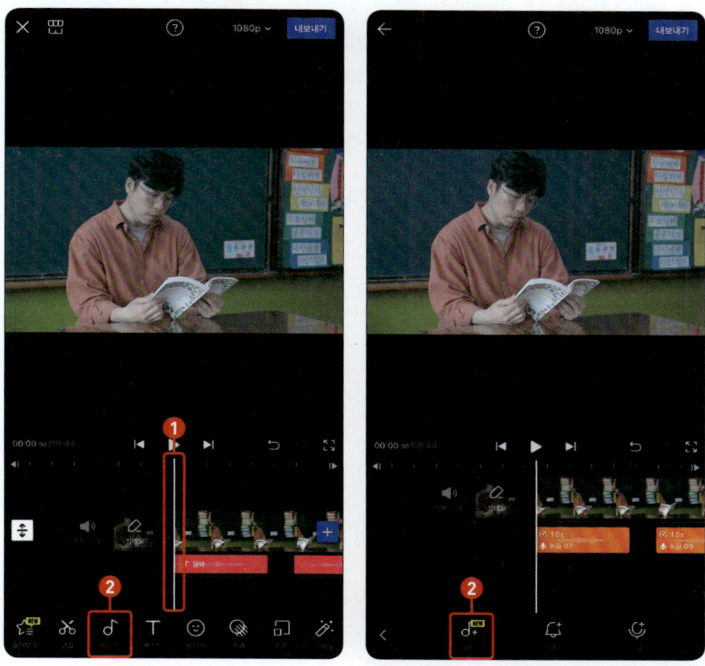

06 마음에 드는 음악을 찾아 ➕를 누르세요. 'Softly'가 잘 어울리는 것 같아요.

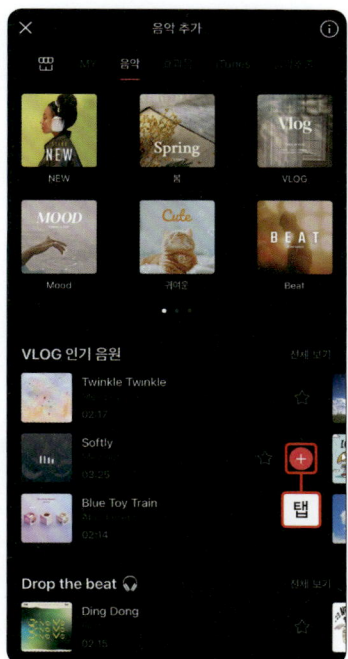

06 | 편집편
영상을 다듬고 저장해요

01 영상을 처음부터 재생해 보며 잘못된 부분은 없는지 확인해요. 환호 효과음이 너무 커서 내레이션과 배경음악이 잘 들리지 않네요. 타임라인에서 효과음을 선택하고 [볼륨]을 눌러 소리를 적당히 줄여 볼게요.

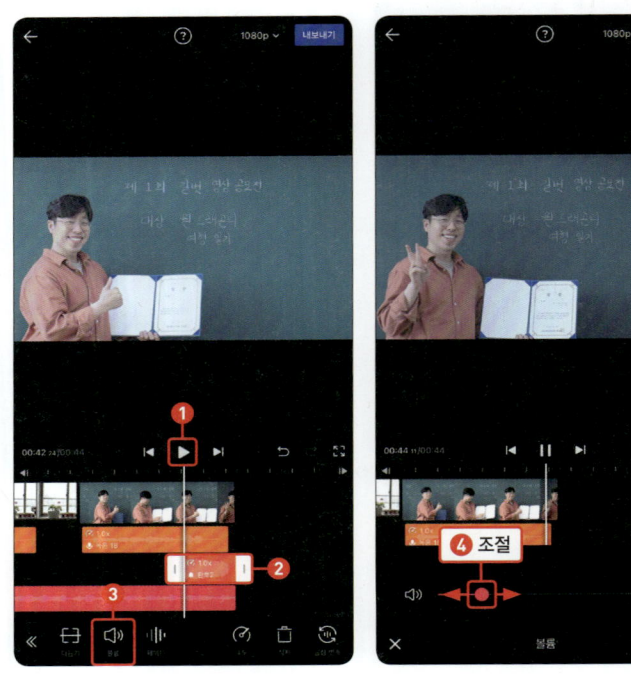

02 배경음악이 갑자기 뚝 끊겨 어색해요. 배경음악에 페이드 인, 페이드 아웃을 적용해 볼게요. 타임라인에서 배경음악을 선택하고 [페이드]를 누르세요.

03 페이드 인과 페이드 아웃 모두 '3'초로 설정하고 를 누르세요.

04 [내보내기]를 눌러 영상을 저장하세요.

더 알아보기

'조절' 메뉴로 색을 세밀하게 보정해요

영상 편집에서 **'색 보정'이란 제작자의 의도에 맞게 영상의 색을 조절하는 것**을 의미해요. 특정 색을 더하거나 빼기도 하고, 흐리게 또는 선명하게 바꿀 수도 있어요. 키네마스터에서는 [필터] 기능을 통해서 쉽게 색을 보정할 수 있죠. 그런데 [필터] 대신 [조절]을 이용해도 색을 보정할 수 있어요.

❶ 영상을 선택하고 [조절(   )]을 누르세요.

❷ 세 가지 조절 막대가 나타납니다. 왼쪽부터 '밝기', '대비', '채도'를 의미해요.

❸ '밝기'를 조절하면 영상을 밝게, 또는 어둡게 조절할 수 있어요. 숫자를 높일수록 영상이 밝아집니다.

❹ '대비'를 높이면 '어두운 부분은 더 어둡게, 밝은 부분은 더 밝게' 바뀝니다. 숫자를 높이면 영상이 또렷해지고 낮추면 물 빠진 것처럼 흐릿해져요.

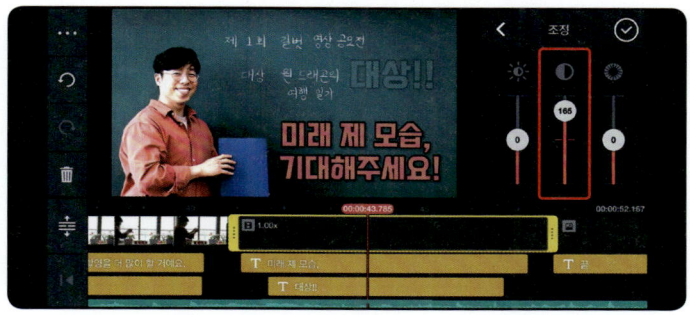

❺ '채도'는 색의 순수한 정도를 의미해요. 채도를 높이면 선명하고 진한 느낌, 채도를 낮추면 흐린 느낌을 줄 수 있어요. 채도를 '0'으로 조절하면 흑백으로 바뀝니다.

직접 해 봐요

여러분이 꿈꾸는 삶을 보여 주세요

✓ 영상 제작 계획표

영상 제목			
키워드		영상 길이	
촬영 날짜		준비물	
촬영 목록	장소	내용	
메모			

✓ 영상의 스토리보드를 만들어 보세요.

	장면(그림)	대사/음악	기타	시간
장면1				
장면2				

장면3				
장면4				
장면5				
장면6				
장면7				
장면8				
장면9				
장면10				

브이로그로 일상을 기록해요

with 비타

국어 6-2-나 <8. 작품으로 경험하기> 경험한 내용을 영화로 만들기

선생님: 여러분은 오늘 하루 있었던 일을 기록하고 싶을 때 어떻게 하나요?

학생1: 일기장에 오늘 있었던 일을 글로 적어요.

학생2: 저는 일기 쓰는 게 어려워요. 그래서 가끔은 시를 쓰기도 하고 그림을 그리기도 해요.

선생님: 일기를 꼭 글로 쓸 필요는 없어요. 하루를 기록하는 특별한 방법을 알려줄까요? 바로 글이나 그림이 아닌 영상으로 일기를 남기는 거예요!

학생1: 제 친구도 영상으로 하루를 기록하더라고요.

선생님: 개인 유튜브 채널을 개설하는 사람들이 늘어나면서 영상으로 일상을 기록하는 '브이로그(V-log)'의 인기가 높아지고 있어요. '브이로그'란 '비디오(Video)'와 '블로그(blog)'가 합쳐진 말로, '영상으로 일상의 기록을 남기는 것'을 의미해요. 쉽게 말해 글이 아닌 영상으로 표현한 일기랍니다.

학생2: 저도 브이로그를 찍어 보고 싶은데 쉽지 않을 것 같아서 망설여져요.

선생님: 브이로그는 평범한 일상을 담은 영상이기 때문에 누구나 만들 수 있어요! 여러분도 부담 없이, 쉽고 즐겁게 브이로그를 만들어 볼 수 있답니다.

학생1: 이번 시간을 잘 따라하고 나면 저도 브이로그의 주인공이 될 수 있겠네요!

〉 기획 노트 〈

영상 제목	동네 탐방 브이로그
전달하려는 내용	일상에서 동네를 산책하는 모습 보여주기
고려 사항	템플릿으로 느낌 있는 인트로 만들기
준비물	스마트폰, 삼각대 또는 셀카봉
영상 구성	영상 제목 - 평범한 일상 영상
아이디어 노트	① 어떤 내용을 담을까? 　- 동네를 산책하며 내가 자주 가는 장소 소개하기 　- 평소에 좋아하는 활동 보여주기 ② 어떤 방식으로 표현할까? 　- 감성적인 장면을 보여줄 때는 속도를 느리게 조절하기 　- 분위기에 어울리는 필터 활용하기
촬영 방법	① 자연스럽게 걸으며 촬영하기 ② 내 모습을 보여주고 싶을 때는 삼각대나 셀카봉을 이용해 촬영하기
편집 방법	① 템플릿으로 인트로 만들기 ② 영상 불러와서 컷 편집하기 ③ 자막과 음악 넣기 ④ 필터와 스티커로 영상 꾸미기 ⑤ 영상 다듬고 내보내기

〉 생각 키우기 〈

평소 일기를 쓰는 상황을 생각해 봅시다. 오늘 있었던 많은 일 중에서 한두 가지를 골라 주제를 정하죠. 반면 영상으로 기록을 남기는 브이로그를 촬영할 때는 주제를 미리 생각해 두는 것이 좋아요. 주제에 맞게 촬영해야 영상을 완성할 수 있기 때문이에요.

이번 브이로그의 주제는 '동네 탐방'입니다. 우리 동네를 산책하며 마주치는 풍경을 가벼운 마음으로 담아볼 거예요. 자주 가는 장소를 소개하거나 내가 좋아하는 활동을 하는 모습을 담아도 좋아요. 일기를 쓰는 것처럼 영상 속에 내 생각과 느낌을 적절히 담아낸다면 정말 멋진 영상 일기를 만들 수 있을 거예요.

나의 일상을 촬영해요

01 영상을 제작할 때는 가능한 한 많은 장면을 촬영해 두는 것이 좋아요. 필요 없는 부분이 있다면 잘라내면 되지만 찍어둔 영상이 없다면 해결할 수 있는 방법이 없거든요. 촬영을 많이 하려면 스마트폰, 카메라와 같은 촬영 기기의 배터리 관리에 신경을 써야 해요. 충전기나 보조 배터리를 준비하는 것이 좋겠죠?

02 브이로그 영상에 얼굴이 반드시 나와야 하는 것은 아니지만 만약 내 모습을 넣고 싶다면 삼각대나 셀카봉 등을 준비하는 것을 추천해요.

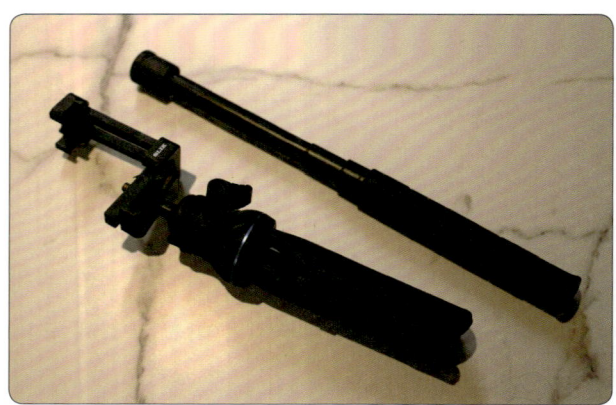

03 영상은 길게 촬영하는 것을 추천해요. 짧은 영상을 이어 붙이면 부자연스럽거든요. 여유 있게 촬영한 후 필요한 부분만 잘라 사용합시다. 영상 대신 사진을 활용해도 괜찮아요.

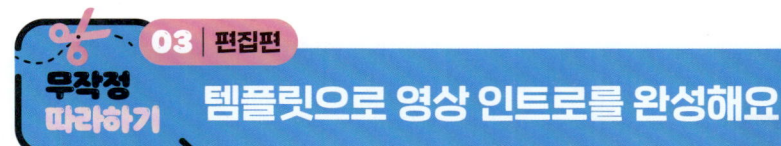

03 | 편집편
템플릿으로 영상 인트로를 완성해요

01 비타 앱을 실행하고 [템플릿] 탭을 선택해요. 그중 'Youtube' 카테고리의 [전체 보기]를 누르면 16:9 비율의 여러 가지 템플릿을 살펴볼 수 있어요. 선생님은 'Instagram Reels'를 골랐어요. 여러분도 마음에 드는 템플릿을 고르고 [사용하기]를 누르세요.

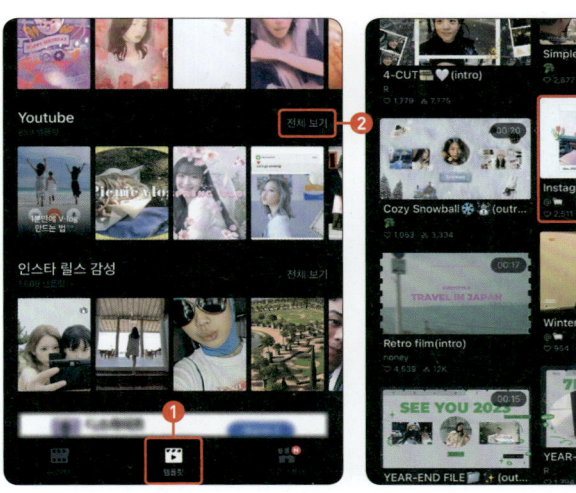
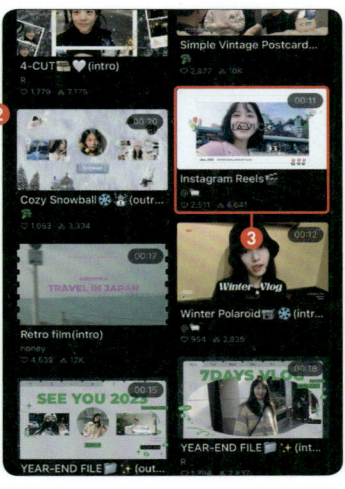
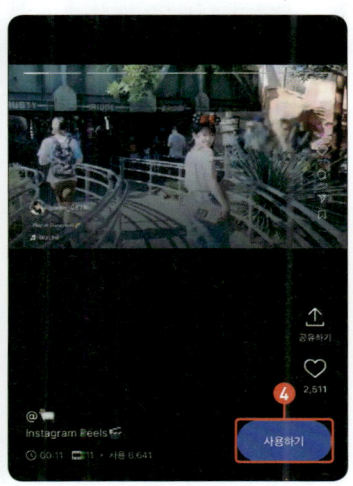

02 이 템플릿에 필요한 클립은 11개예요. 11개의 영상 클립을 골라 순서에 맞게 넣어요. 클립을 모두 선택하면 →를 누르세요.

03 ▶을 눌러 영상을 확인해 보세요.

04 [비디오] 탭에서 [편집]을 누른 후 [클립 변경]을 누르면 다른 영상으로 교체할 수 있어요.

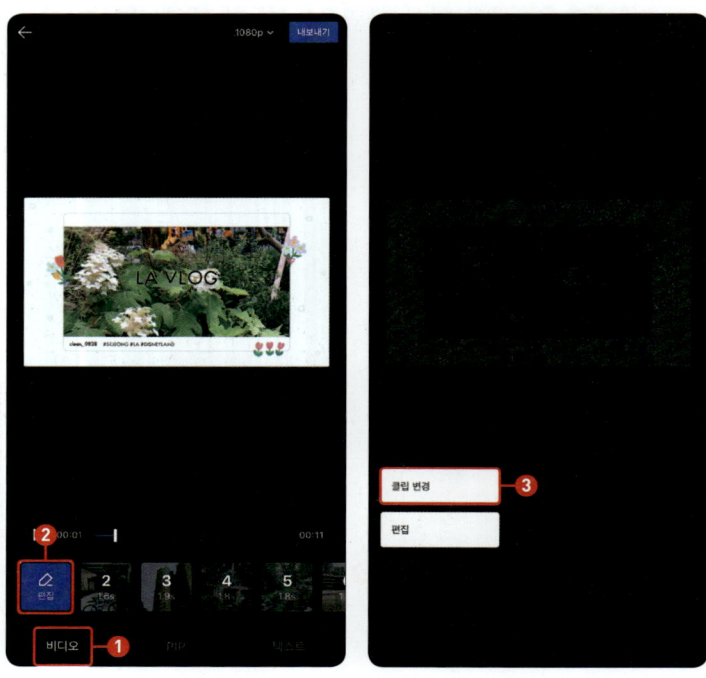

05 [편집]을 누르면 영상의 어느 부분을 넣을지 고를 수 있어요.

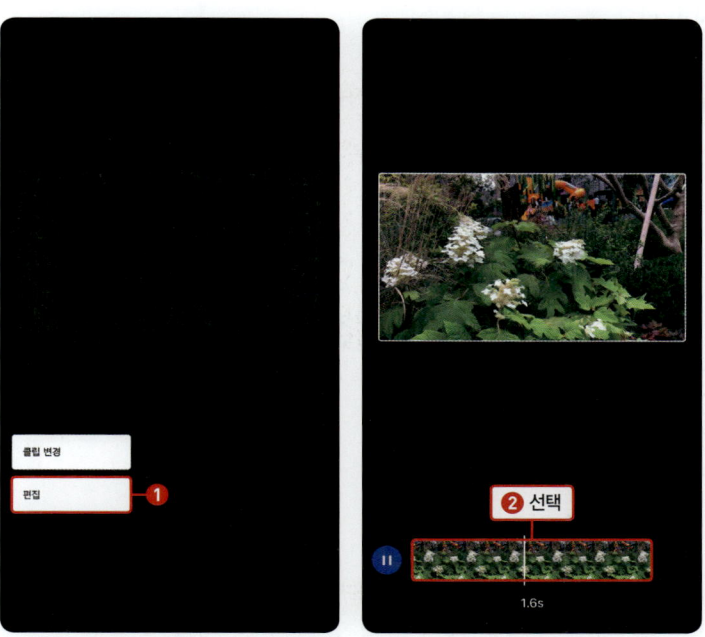

06 'PIP'는 Picture In Picture'의 줄임말로, '사진(영상) 속 사진(영상)'이라는 뜻이에요. [PIP] 탭에서도 마찬가지로 클립을 선택하고 [편집]을 누르면 [클립 변경]과 [편집] 중 선택하여 편집할 수 있어요.

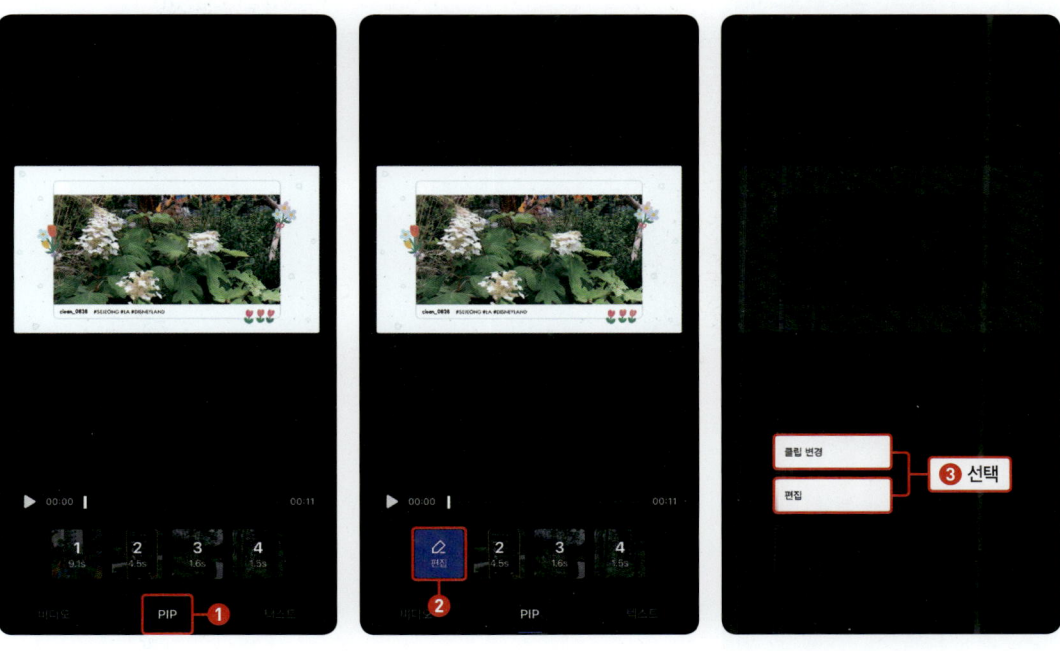

07 [텍스트] 탭에서는 템플릿에 들어간 글을 수정할 수 있어요. 수정하고 싶은 클립을 고르고 [편집]을 누른 후 글을 수정하세요.

08 같은 방법으로 다른 글도 수정하세요.

09 [내보내기]를 눌러 템플릿을 영상으로 저장하세요.

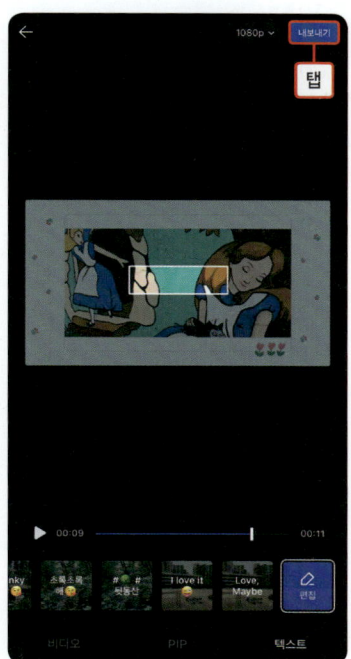

04 | 편집편
인트로 뒤에 영상을 넣고 컷을 편집해요

01 [프로젝트] – [새 프로젝트]를 누르세요.

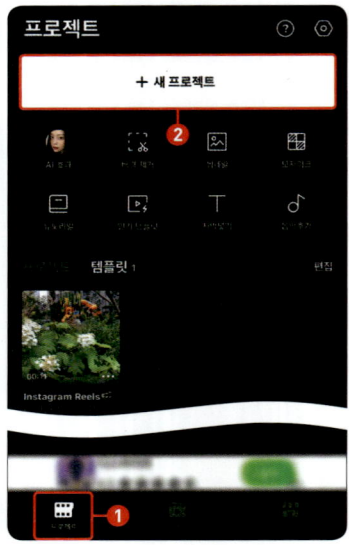

02 방금 템플릿을 활용하여 만든 인트로를 가장 먼저 선택하고, 다음으로 넣을 영상을 순서대로 선택한 후 →를 누르세요.

03 영상에서 필요 없는 부분을 잘라내 볼게요. 플레이헤드를 옮기고 영상을 선택한 후, [여기부터] 또는 [여기까지]를 선택하여 컷을 편집해요.

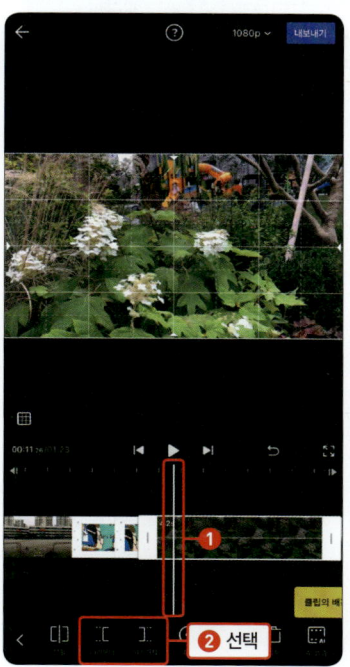

04 같은 방법으로 모든 영상의 컷을 편집하세요.

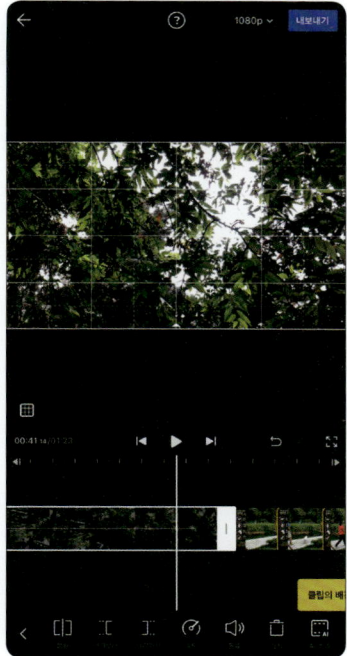

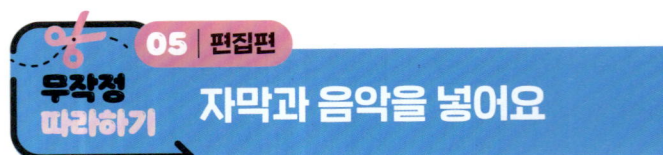

05 | 편집편
자막과 음악을 넣어요

01 자막을 넣고 싶은 곳으로 플레이헤드를 옮기고 [텍스트] - [텍스트]을 누르세요.

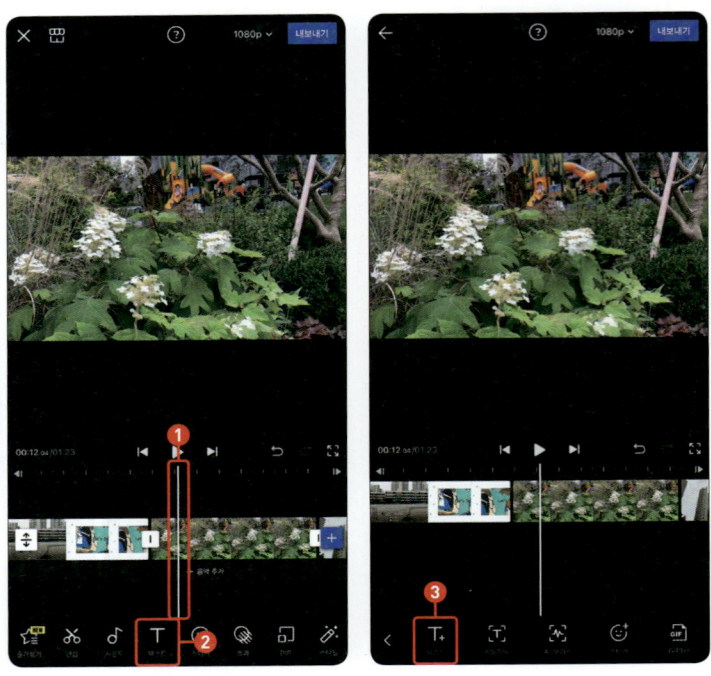

02 넣고 싶은 자막을 입력하고 ☑를 누르세요.

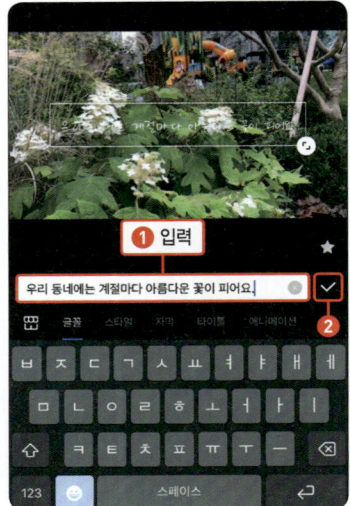

03 자막을 선택하고 [편집]을 누르면 글꼴과 스타일을 바꿀 수 있어요.

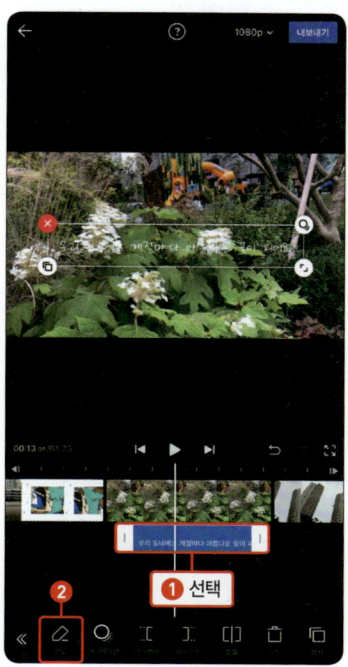

04 자막에 애니메이션도 넣어 주세요. 선생님은 '닦아내기 1'을 골랐습니다. ✓를 누르는 것을 잊지 마세요.

05 편집한 자막의 글꼴, 스타일, 애니메이션을 다음 자막에도 똑같이 적용해 볼게요. 자막을 선택하고 [복사]를 누르세요. 복사된 자막을 꾹 눌러 위치를 옮길 수 있어요.

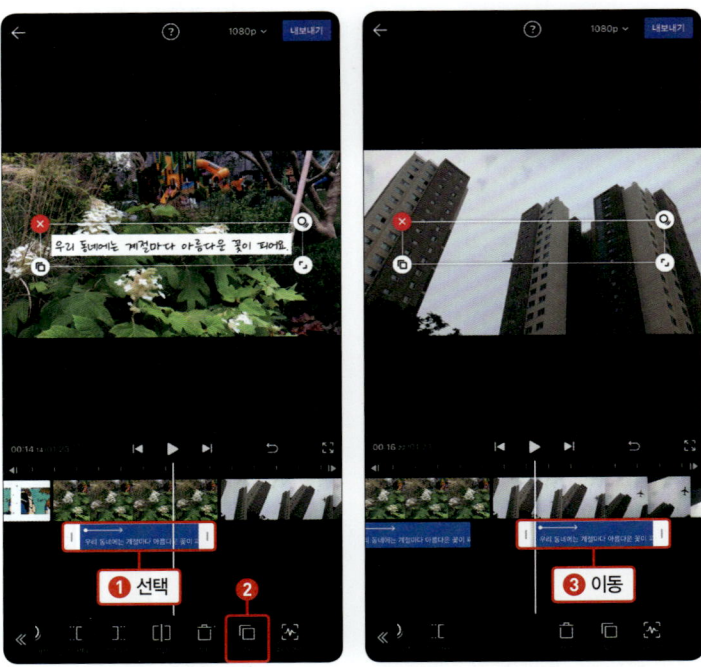

06 자막을 선택하고 [편집]을 눌러 자막 내용을 바꾸세요.

07 같은 방법으로 영상 곳곳에 어울리는 자막을 넣어 주세요.

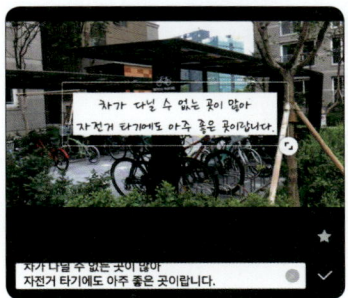

08 플레이헤드를 인트로 바로 다음으로 옮기고 [사운드] - [음악]을 눌러 장면과 어울리는 배경음악을 찾아보세요.

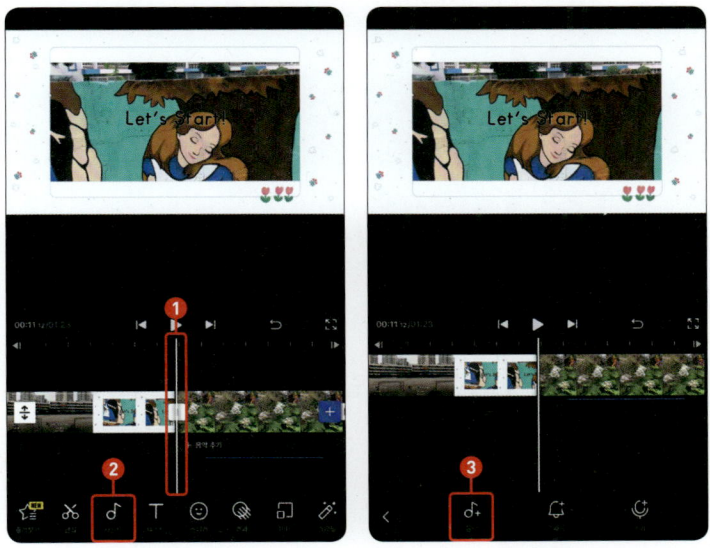

09 어울리는 노래를 찾았다면 ⊕를 누르세요.

06 | 편집편
필터와 스티커로 영상을 꾸며요

01 영상의 분위기를 바꾸기 위해 밝은 필터를 적용해 볼게요. 필터를 적용할 영상을 선택하고 [필터]를 누르세요.

02 밝고 경쾌한 느낌을 주는 'Vlog2'를 골랐어요. '모든 클립에 적용'을 선택하고 ☑를 누르세요.

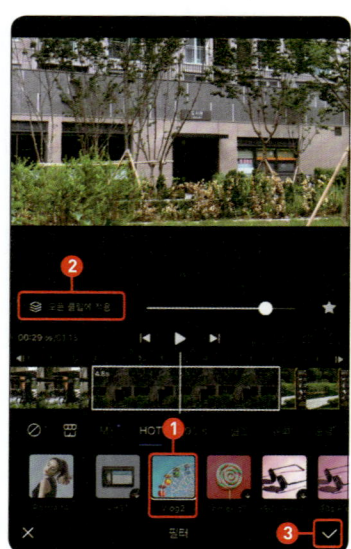

186

03 영상에 스티커를 붙여 볼까요? 적당한 곳으로 플레이헤드를 옮기고 [스티커] - [스티커]를 선택합니다.

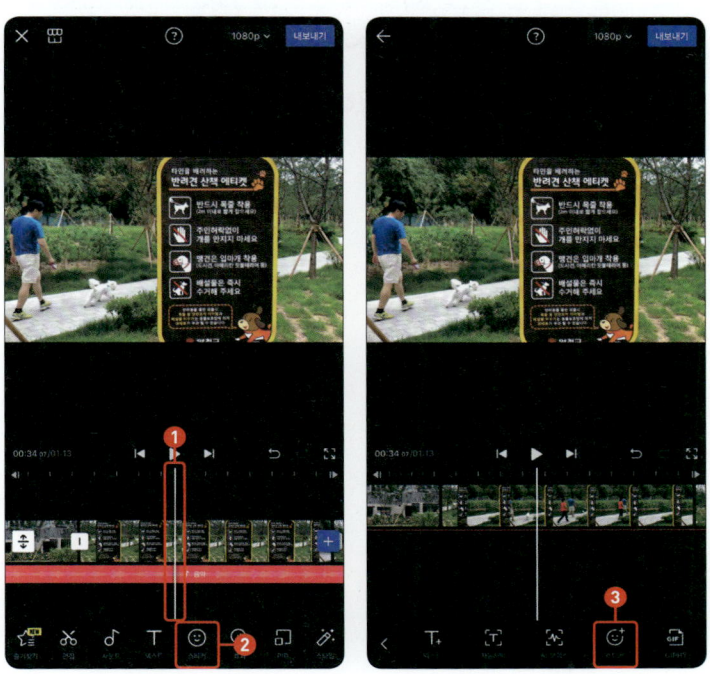

04 강아지 스티커가 마음에 들어요. 스티커를 눌러 위치를 옮길 수 있고, ⊙를 누르면 스티커의 크기를 조절할 수 있어요. 다 되었으면 ✓를 누르세요.

07 | 편집편
영상을 다듬고 저장해요

01 플레이헤드를 맨 앞으로 옮기고, 영상을 처음부터 재생하며 잘못된 부분은 없는지 확인해요.

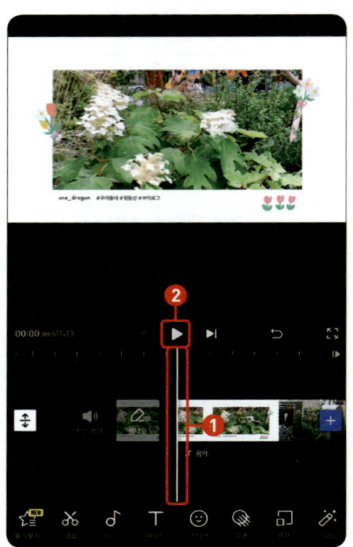

02 배경음악의 음량이 점차 작아지도록 만들어 볼게요. 타임라인에서 배경음악을 선택하고 [페이드]를 누르세요.

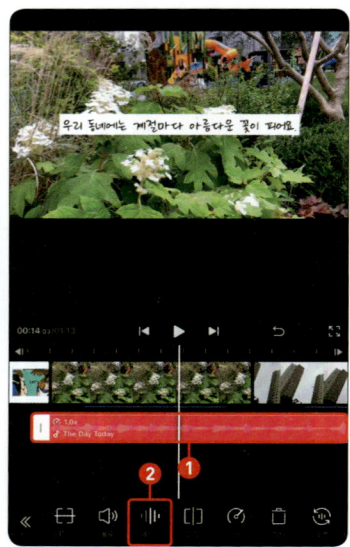

03 '페이드 인'과 '페이드 아웃' 모두 3초로 설정하고 ✓를 누르세요.

04 [내보내기]를 눌러 영상을 저장하세요.

직접 해 봐요
여러분의 소중한 하루를 보여 주세요

✅ 영상 제작 계획표

영상 제목			
키워드		영상 길이	
촬영 날짜		준비물	
촬영 목록	장소	내용	
메모			

✅ 영상의 스토리보드를 만들어 보세요.

	장면(그림)	대사/음악	기타	시간
장면1				
장면2				

장면3				
장면4				
장면5				
장면6				
장면7				
장면8				
장면9				
장면10				

뉴스로 새로운 소식을 전달해요

with 키네마스터

국어 6-2-나 <6. 정보와 표현 판단하기> 우리 반 뉴스 발표회 하기

 이제 영상 제작에 자신이 생겼어!

 나도! 처음에는 유튜브로 영상에 '좋아요'를 누르는 것밖에 못 했는데 이제는 브이로그도 뚝딱 만들고 학교 숙제도 영상으로 해결할 수 있어.

짝짝짝! 지금까지 잘 따라온 여러분은 이미 어린이 영상 전문가입니다.

 교과서에도 영상 제작과 관련된 내용이 많더라고요.

앞으로는 학교 숙제로 영상을 만드는 일이 점점 많아질 거예요. 이번 시간에는 국어 시간의 단골 숙제인 '뉴스 영상 만들기'에 도전해 볼까요?

 뉴스라니! 도입부와 취재 보도를 따로 촬영해야 하고, 오프닝 음악도 넣어야 하고 … 어려울 것 같아요.

지금까지 잘 따라왔다면 멋진 뉴스를 얼마든지 제작할 수 있어요. 우리 반의 소식이나 가족 나들이 모습을 뉴스로 만들어 소개하면 근사하겠죠?

 우리 집 고양이가 새끼를 낳았다는 뉴스를 만들래요!

 저는 우리 반의 반장 선거 소식을 전하고 싶어요.

좋아요! 지금 바로 시작해 볼까요? 다양한 특수 효과를 이용해 멋진 뉴스 영상을 만들어 봅시다!

01 | 기획편
무작정 따라하기: 알리고 싶은 소식이 생겼어요

> 기획 노트 <

영상 제목	우리 반 뉴스! 하교 후 교실 풍경
전달하려는 내용	학생들이 집에 돌아간 후 교실의 모습
고려 사항	뉴스처럼 특수 효과 적용하기
준비물	스마트폰, 크로마키 배경, 삼각대
영상 구성	진행자의 도입 – 기자의 보도 – 기자의 마무리
아이디어 노트	① 어떤 내용을 담을까? 　- 친구들에게 알리고 싶은 주제 정하기 　- 뉴스 원고 작성하기 　- 기자가 현장에서 취재할 내용 정하기 ② 뉴스처럼 표현하려면 어떻게 편집할까? 　- 뉴스 오프닝 화면과 비슷한 클립그래픽 효과 이용하기 　- 뉴스 오프닝 음악 삽입하기 　- 크로마키 기능을 이용해 영상 합성하기
촬영 방법	① 크로마키 배경 앞에서 '진행자의 도입' 촬영하기 ② '기자의 취재 보도' 촬영하기
편집 방법	① 키네마스터로 영상 불러오고 컷 편집하기 ② 클립그래픽과 음악으로 뉴스 효과 내기 ③ 크로마키 기능으로 배경 제거해 영상 합성하기

> 생각 키우기 <

❶ 뉴스 주제 정하기

먼저 뉴스의 시청자가 누군지 파악하고 뉴스의 주제를 정해요. 가족과 친척에게 전달할 뉴스라면 주말 나들이 등 가족의 소식을, 학교 친구들과 선생님에게 전달할 뉴스라면 학급의 행사 소식을 주제로 정하면 좋겠죠? 뉴스 주제를 선정할 때는 시청자가 관심 있게 볼 수 있는지 고려해야 합니다. 반 친구들이 우리 할머니의 환갑잔치 뉴스에 흥미를 가지지는 않을 테니까요.

'하교 후 교실 풍경'을 주제로 학급 뉴스를 만들어 보려고 해요. 학생들이 모두 집에 간 후 담임 선생님 혼자 남은 교실의 모습은 어떤지 궁금해 하는 친구들이 많거든요.

❷ 뉴스 원고 작성하기

뉴스의 주제를 정했다면 원고를 작성해야 해요. 뉴스는 크게 '진행자의 도입', '기자의 보도', '기자의 마무리' 이렇게 세 부분으로 나눌 수 있어요.

'진행자의 도입'에서는 보도할 내용의 핵심을 아나운서가 간단하게 소개해요. '기자의 보도'는 뉴스에서 가장 중요한 부분으로, 기자가 취재한 내용을 사람들에게 알리는 단계입니다. 직접 취재한 내용을 소개하고, 조사한 자료를 이용하기도 해요. 마지막으로 '기자의 마무리'에서는 뉴스의 전체 내용을 요약하거나 핵심 내용을 강조합니다.

보도하고 싶은 뉴스 주제

뉴스 원고

진행자의 도입	
기자의 보도	
기자의 마무리	

❸ 취재 계획 세우기

주제를 정하고 원고까지 작성했다면 역할을 나누고 취재 계획을 세워요. 뉴스에는 진행자(아나운서), 기자, 촬영 감독, 편집자 등 다양한 역할이 필요해요. 친구들과 함께 역할을 나누어 뉴스 영상을 만들어 보세요.

취재 계획을 세울 때는 취재 대상과 내용을 미리 정해 둬야 합니다. 인터뷰를 진행하고자 한다면 인터뷰 대상자에게 미리 연락해 만날 시간과 장소를 정하고 질문도 준비해 보세요. 누가 질문할 것인지, 촬영과 녹음은 어떤 방식으로 진행할 것인지 꼼꼼히 계획해 봅시다.

취재 계획

취재할 사건이나 정보	
사전 조사 방법	
취재 기간	
취재할 사람	
기타 계획	

02 | 촬영편
아나운서와 기자가 된 것처럼 촬영해요

> 스튜디오 영상 <

01 스튜디오 안에서 '진행자의 도입' 부분을 촬영합니다. 기자가 보도 내용을 본격적으로 전달하기 전, 진행자인 아나운서가 뉴스의 내용을 간단하게 소개합니다.

02 '기자의 보도' 부분에서 화면 아래에 스튜디오 영상을 작게 넣어 아나운서가 기자와 대화하는 것처럼 만들어 볼게요. '크로마키' 효과를 이용해 배경을 제거할 예정입니다. 편집 과정에서 '크로마키' 효과를 활용하려면 초록색이나 파란색 배경 앞에서 영상을 촬영해야 합니다.

잠깐만요 크로마키로 영상을 합성해요

'크로마키(chroma-key)'는 색상 차이를 이용해 영상을 합성하는 기법을 말해요. 초록색이나 파란색 배경 앞에서 영상을 촬영한 후 편집 과정에서 초록색이나 파란색을 삭제해 배경을 투명하게 바꿀 수 있답니다. 배경을 삭제하고 다른 배경에 인물만 합성해 넣으면 인물이 다른 공간에 있는 것처럼 표현할 수 있어요.
크로마키 기능을 활용할 때 초록색이나 파란색 배경 앞에서 촬영하는 이유는 무엇일까요? 배경 색과 인물이 확실히 구분되지 않으면 편집 과정에서 인물이 함께 지워질 수 있기 때문이에요. 초록색, 파란색은 사람의 몸에서 찾기 어려우므로 해당 색상을 배경으로 두면 인물과 배경을 확실히 구분할 수 있어요.

▲ 초록과 파란색의 크로마키 배경

> 현장 영상 <

01 현장을 직접 찾아가 영상을 촬영해 볼게요. 촬영 감독과 기자가 실제 상황을 촬영하거나 관련된 사람과 인터뷰를 진행해요. 기획 단계에서 세운 취재 계획을 바탕으로 현장을 촬영해 봅시다.

02 실제 현장에 방문해 촬영을 진행할 때는 녹음에 특히 신경 써야 해요. 야외에서는 예상치 못한 소음이 발생할 수 있기 때문이에요. 따라서 카메라에 마이크를 연결해서 촬영하는 것이 좋아요. 마이크가 없다면 스마트폰의 녹음 기능을 활용해 볼까요? 마이크 대신 스마트폰을 손에 들고 녹음해 보세요. 스마트폰의 녹음 음질은 기대 이상으로 훌륭하답니다.

▲ 마이크 이용해 녹음하기

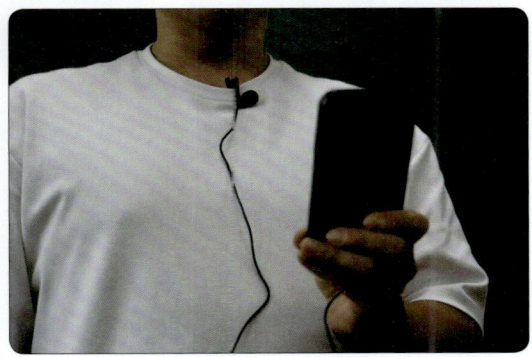
▲ 마이크가 없다면 핸드폰 녹음 기능 활용하기

03 | 편집편
영상의 컷을 편집해요

01 키네마스터 앱을 실행하고 [만들기] - [새로 만들기]를 선택한 후, 이름을 입력하고, 화면 비율을 [16:9]로 맞추세요.

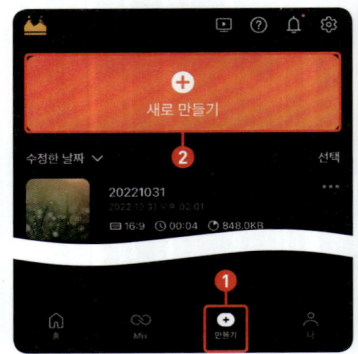 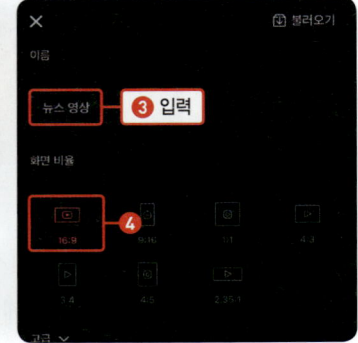

02 '고급'을 눌러 열고 [화면 채우기] - [만들기]를 눌러요.

 '고급' 메뉴 더 살펴보기

- **화면 맞추기**: 영상(사진) 해상도가 맞지 않을 때 자동으로 화면을 맞춰 줍니다. 영상(사진)이 모두 화면에 보이지만, 빈 공간이 생길 수 있습니다.
- **화면 채우기**: 영상(사진) 해상도가 맞지 않을 때 자동으로 화면을 맞춰 줍니다. 빈 공간은 없지만, 영상(사진)이 일부 잘릴 수 있습니다.
- **기본 사진 지속 시간**: 사진을 넣을 때 지정한 길이만큼 지속됩니다.
- **기본 장면전환 시간**: 지정한 시간만큼 장면전환됩니다.

04 [미디어] - [사진] - [에셋 스토어] ▦에서 배경이 될 영상을 선택할 거예요. 앵커 뒤로 보이는 배경이므로 깔끔한 것이 좋겠죠?

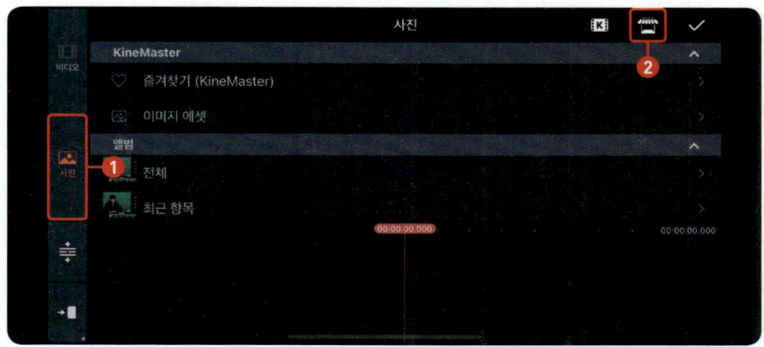

05 선생님은 [기업] 카테고리의 '모던 그래픽 11'을 선택했어요. [다운로드]를 누르세요.

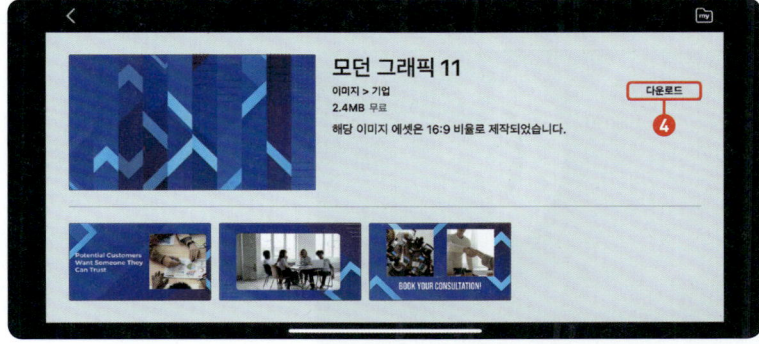

06 이전 화면에서 [사진] - [이미지 에셋]을 누르면 방금 다운로드한 이미지가 보여요. 마음에 드는 이미지를 선택하면 타임라인에 배치됩니다. ✓를 누르세요.

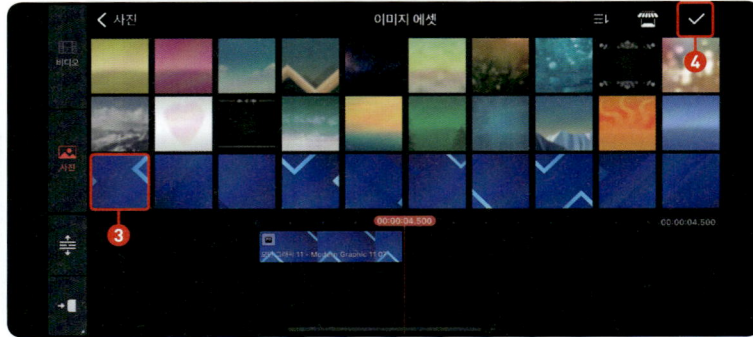

07 플레이헤드를 맨 앞에 두고 [레이어] - [미디어]를 선택하고, 앵커를 촬영해 둔 영상을 선택하여 불러오세요.

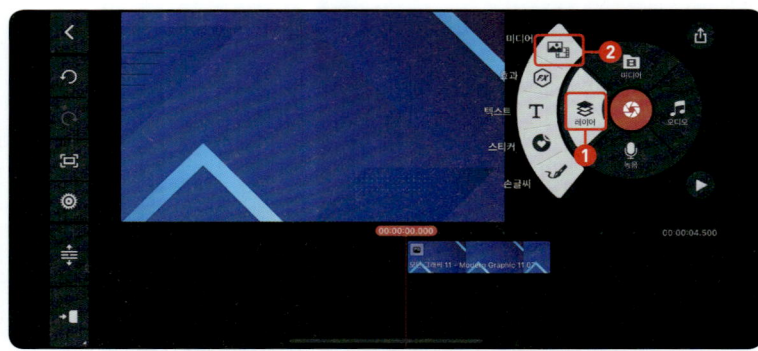

08 영상 클립을 선택하고 플레이헤드를 옮겨 [트림/분할]로 컷을 편집하세요.

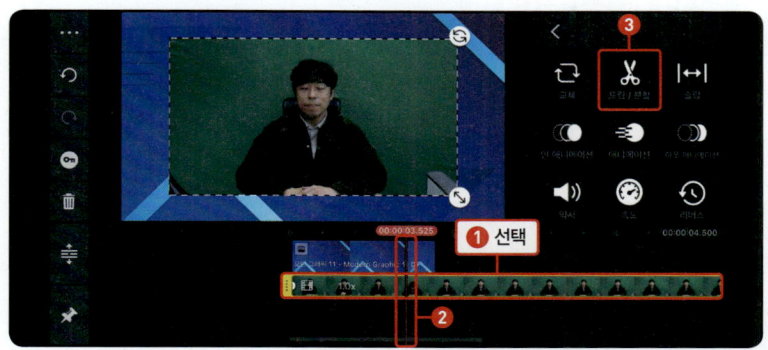

• **왼쪽 트림**: 선택한 컷 중 플레이헤드의 왼쪽 부분을 자르고 지웁니다.
• **오른쪽 트림**: 선택한 컷 중 플레이헤드의 오른쪽을 자르고 지웁니다.
• **분할**: 플레이헤드를 기준으로, 선택한 컷을 둘로 나눕니다.

09 영상 클립을 꾹 누른 채 끌어서 배경 이미지와 시작 부분을 맞추어 주세요.

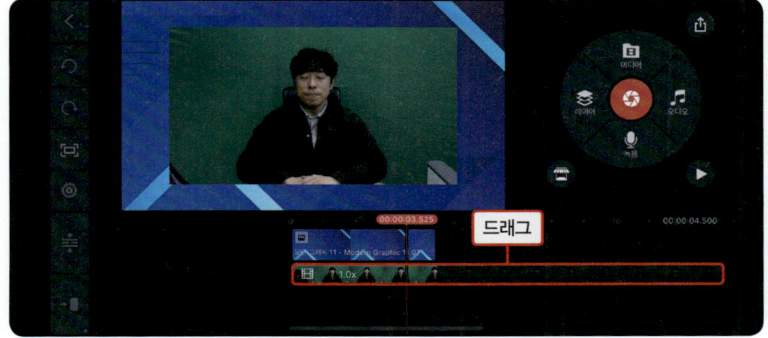

크로마키 효과를 적용해요

01 영상 클립을 선택하고 [크로마키]를 누르세요.

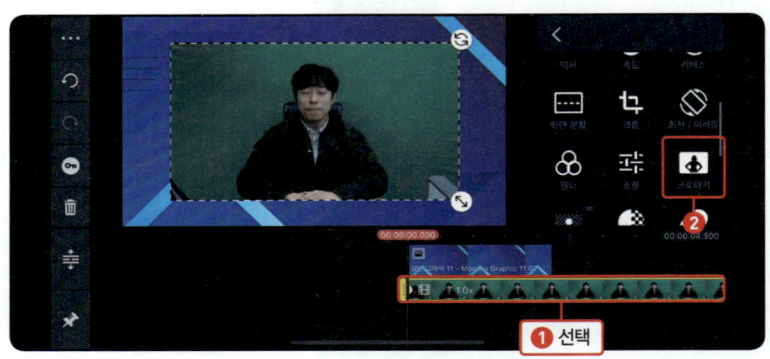

02 '적용'을 활성화하면 초록색 배경이 투명해져요. 아래 두 숫자를 조절하면 더 자연스러운 효과를 확인할 수 있어요.

03 다시 영상을 선택하고 [화살표]를 눌러 영상의 크기를 키워 주세요.

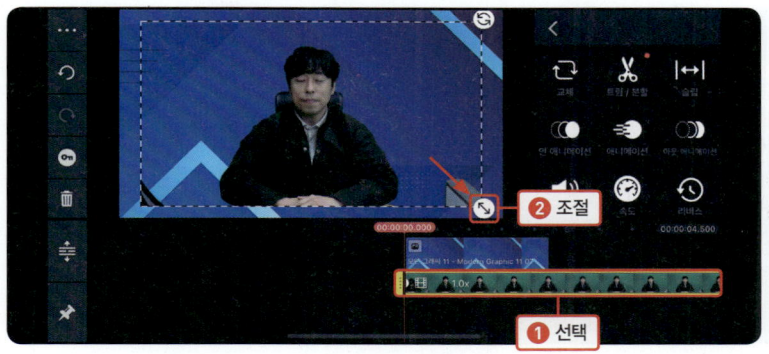

04 배경이 되는 이미지의 길이를 늘려 볼게요. 기자의 인터뷰 지점까지 이미지를 늘릴 거예요. 이미지 클립을 선택하면 노란 테두리가 생기는데, 오른쪽의 두꺼운 부분을 누르고 오른쪽으로 쭉 당기세요.

05 [미디어]를 누르고 기자의 인터뷰 영상을 선택하세요. 선택한 뒤에는 ✓를 누르세요.

06 배경 이미지 옆으로 기자의 인터뷰 영상이 들어간 것을 확인할 수 있어요. [트림/분할]을 이용하여 기자의 인터뷰 부분을 정리합니다.

07 기자의 인터뷰에 집중해야 하는데 앵커가 너무 크게 보이죠? 진행자의 크기를 줄여 볼게요. 기자의 인터뷰가 시작되는 곳으로 플레이헤드를 옮기고 앵커 영상 클립을 선택한 후 [트림/분할]을 누르세요.

08 [분할]을 눌러 영상 클립을 분리해 주세요.

09 분리한 앵커 영상 중 두 번째 클립을 선택하고, 미리보기 창을 손가락으로 밀면 ⓢ가 보여요. 앵커의 크기를 줄이고 왼쪽 아래로 옮겨 주세요.

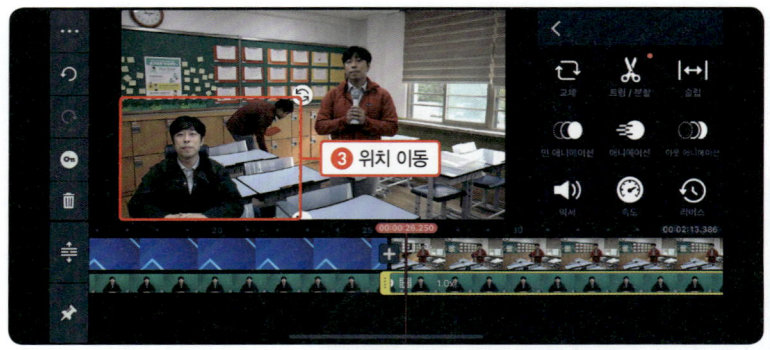

10 진행자가 화면에 계속 있을 필요는 없어요. 서서히 사라지도록 해 볼게요. 진행자 영상 클립을 선택하고 [아웃 애니메이션]을 누르세요.

11 '페이드'를 선택하고 숫자를 '3'으로 설정했어요. 영상이 3초 동안 서서히 사라진다는 뜻입니다.

05 | 편집편
시작 부분에 자막을 넣어요

01 진행자를 소개하는 자막을 넣어 볼게요. 자막은 보통 [레이어] – [텍스트]를 이용해서 넣을 수 있지만, '스티커'를 활용할 수도 있어요. 플레이헤드를 맨 앞으로 옮기고 [레이어] – [스티커]를 누르세요.

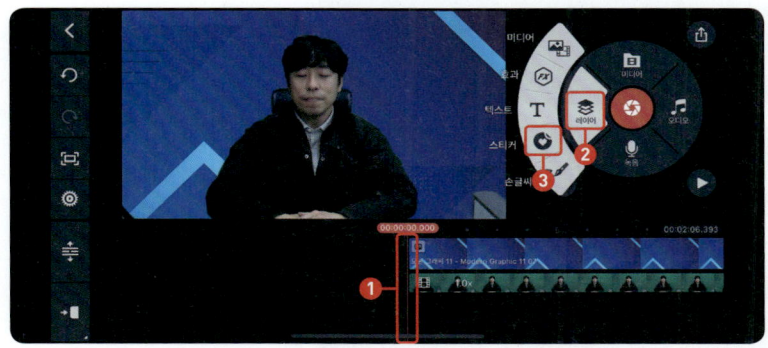

02 [에셋 스토어]를 누른 후 [텍스트]에서 '라이브 뉴스 속보'를 선택하고 [다운로드]를 누르세요.

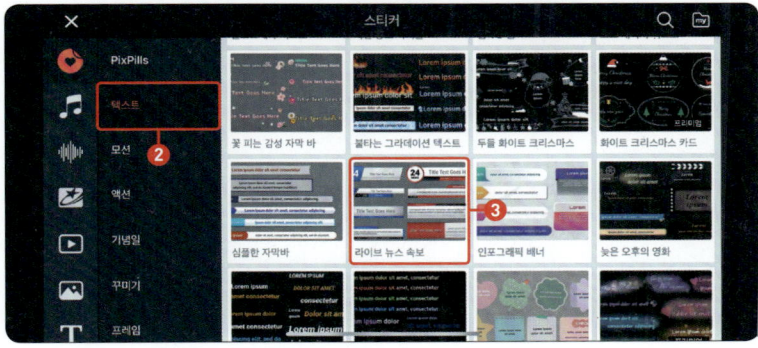

03 [레이어] - [스티커]를 누르고 다운로드한 '라이브 뉴스 속보' 스티커 중 마음에 드는 것을 고르세요.

04 방금 넣은 스티커를 선택하고 [설정]을 눌러 문구를 입력하세요.

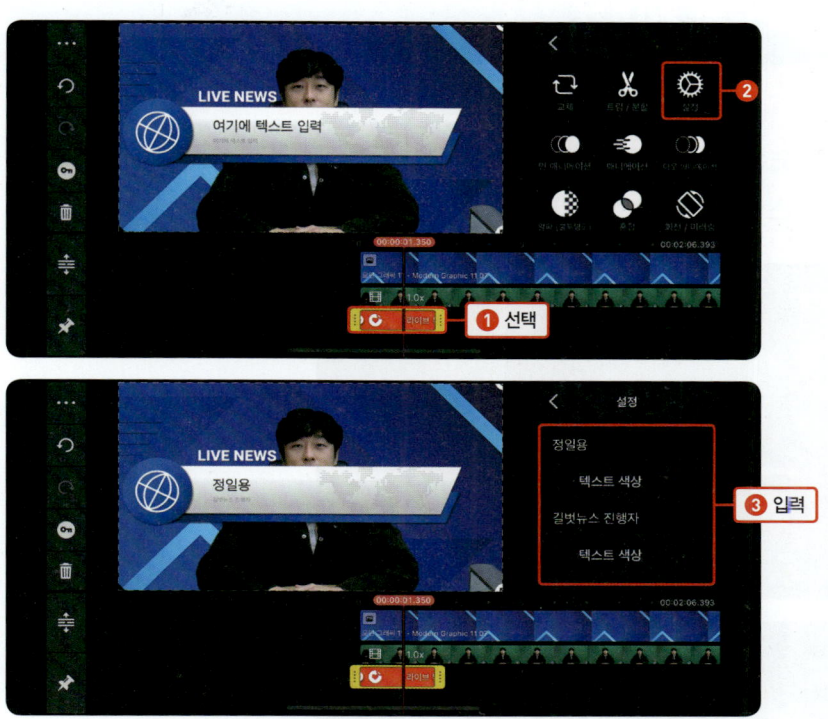

05 입력한 스티커를 선택하고 미리보기 창을 눌러 위치와 크기를 조절하세요.

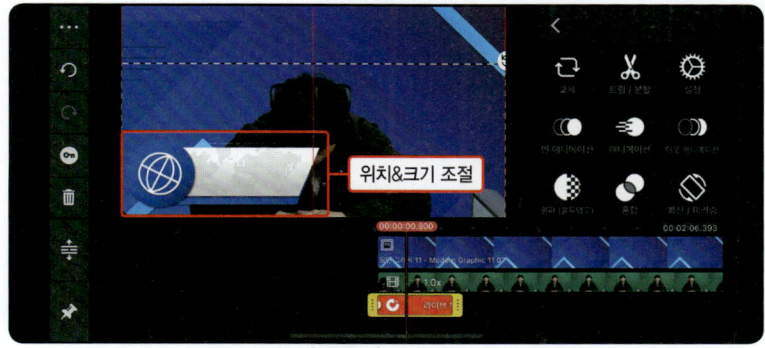

06 | 편집편
배경 음악을 넣어요

01 뉴스 오프닝과 비슷한 배경 음악을 적용해 볼게요. 플레이헤드를 영상 맨 앞에 두고 [오디오]를 누른 후 에셋스토어에 접속합니다.

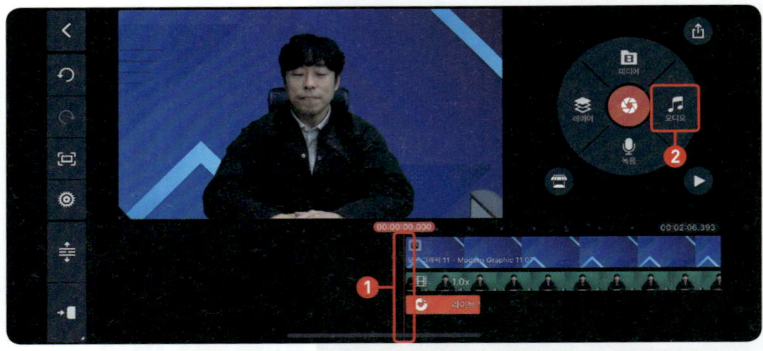

02 화면 오른쪽 위의 [돋보기]를 누른 후, 'news'를 검색하세요. ▶을 눌러 노래를 들어본 후 [다운로드]를 누르세요. 설치가 다 됐으면 ✕를 눌러 빠져나옵니다.

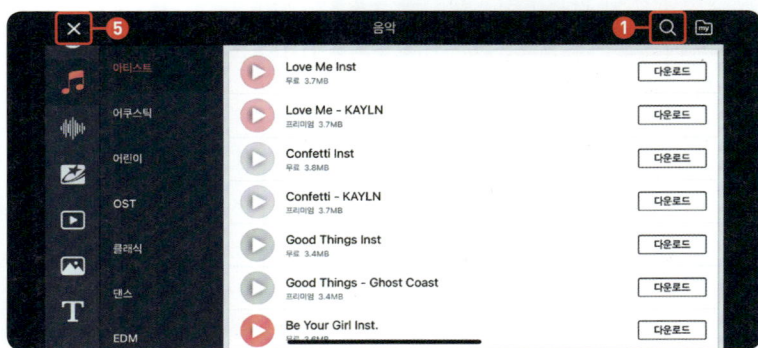

210

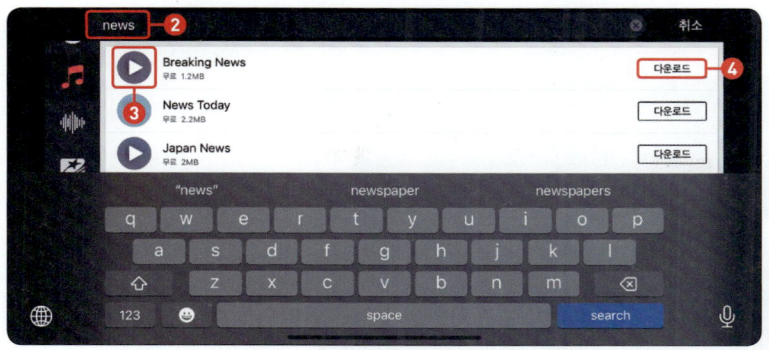

03 음악을 선택하고 ■를 눌러 음악을 추가하세요. 추가한 뒤에는 ■를 누르세요.

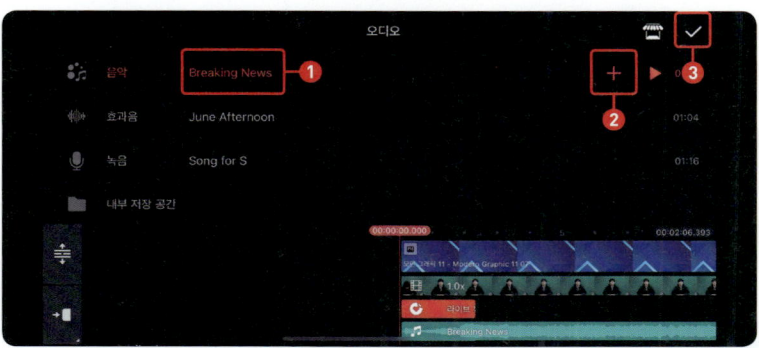

04 뉴스 진행자의 말이 시작되면 음악 소리가 서서히 줄어들도록 해 볼게요. 뉴스 소개가 시작되는 지점에 플레이헤드를 두고, 음악을 선택한 후 [상세 볼륨]을 누르세요.

05 을 누르세요. 이제 효과를 적용할 구간을 지정하겠습니다.

06 플레이헤드를 조금 뒤로 옮기고 음량을 줄이세요. 선생님은 '20%'로 줄였어요. 진행자의 목소리가 잘 들리는지 확인하며 소리를 조절한 후 빈 화면을 터치해 빠져나옵니다.

07 같은 방법으로 기자의 인터뷰가 나오기 전, 배경 음악 소리를 줄여 주세요. 플레이헤드를 옮기고 [상세 볼륨]을 선택한 후, 를 찍습니다.

08 다시 플레이헤드를 옮기고 음량을 '0%'로 줄입니다.

09 [트림/분할] - [오른쪽 트림]을 눌러 이후 음악을 삭제합니다.

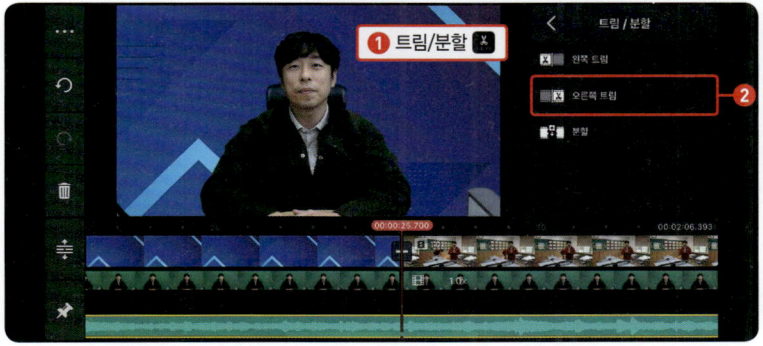

07 | 편집편
영상을 내보내요

01 이제 마무리 단계입니다. 플레이헤드를 맨 앞으로 옮기고 ▶을 눌러 영상을 쭉 확인하고 고칠 것이 없다면 [내보내기 및 공유] ⬆를 누르세요.

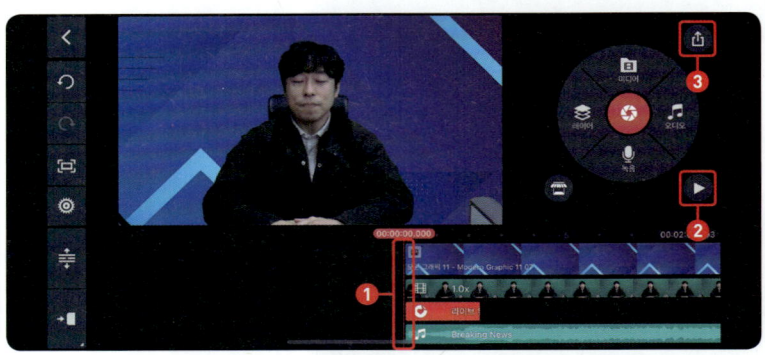

02 해상도는 '720P', 프레임레이트는 '30', 비트레이트는 '4Mbps'로 설정하고 [비디오로 저장]을 누릅니다.

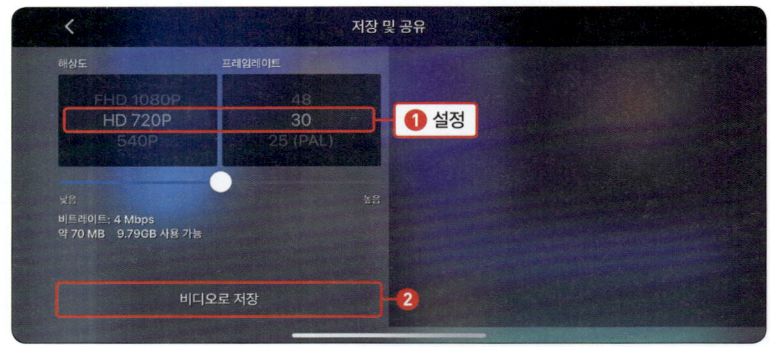

03 잠시 기다리면 하나의 영상 파일로 저장됩니다. 만든 영상은 ▶을 눌러 바로 볼 수 있고, ⬆를 눌러 다른 앱 또는 웹으로 바로 공유할 수 있어요.

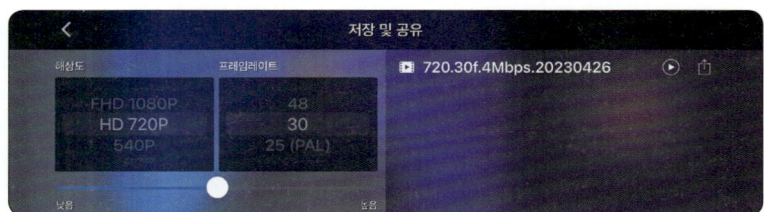

더 알아보기

비트레이트란 무엇인가요?

'**비트레이트(bitrate)**'는 '**1초 동안 처리하는 정보의 양**'이라는 의미입니다. 즉, 해상도와 프레임레이트 수치에 따라 비트레이트도 달라진다는 뜻이랍니다.

예를 들어 설명해 볼게요. 버블티를 마신다고 상상해 보세요. 동그랗고 말랑말랑한 알갱이인 타피오카 펄을 후루룩 빨아 먹어야 하는데, 가느다란 빨대를 사용한다면 펄이 빨대에 걸려 나오지 않을 거예요. 버블티를 맛있게 마시려면 펄이 충분히 지나갈 수 있는 굵은 빨대를 사용해야 해요. 만약 펄의 크기가 더 커진다면 더욱 더 굵은 빨대를 사용해야 할 것입니다.

여기서 타피오카 펄은 해상도와 프레임레이트를, 빨대는 비트레이트를 의미합니다. 즉, 해상도와 프레임레이트가 높아지면 이에 맞게 비트레이트의 수치도 더 커져야 한다는 뜻입니다.

비트레이트의 단위는 'Mbps(Mega Bits Per Second)'로, 1초에 처리하는 비트*의 수를 나타냅니다. 예를 들어, '30Mbps'는 1초에 30메가비트의 정보를 처리할 수 있다는 뜻이랍니다. 우리는 보통 영상을 저장할 때 해상도를 '720P'로, 프레임레이트를 '30'으로 지정합니다. 이 정도 해상도와 프레임레이트라면 비트레이트를 '5Mbps'로 설정하는 것이 적절해요. 유튜브에서 추천하는 비트레이트를 참고해 보세요.

해상도	프레임레이트	추천 비트레이트
2160p(4K)	30fps	35~45Mbps
	60fps	53~68Mbps
1080p	30fps	8Mbps
	60fps	12Mbps
720p	30fps	5Mbps
	60fps	7.5Mbps

* 비트: 정보의 양을 나타내는 단위

직접 해 봐요

주변의 소식을 뉴스로 만들어요

✅ 영상 제작 계획표

영상 제목			
키워드		영상 길이	
촬영 날짜		준비물	
촬영 목록	장소	내용	
메모			

✅ 영상의 스토리보드를 만들어 보세요.

	장면(그림)	대사/음악	기타	시간
장면1				
장면2				

216

장면3				
장면4				
장면5				
장면6				
장면7				
장면8				
장면9				
장면10				

넷째 마당

도전! 유튜브 크리에이터

여기까지 잘 따라와 준 여러분에게 박수를 보냅니다! 다양한 예제를 따라하며 영상 실력을 업그레이드해 보았죠?

이제 이렇게 완성한 영상을 사람들에게 공유할 시간! 전 세계 친구들과 소통할 수 있는 영상의 바다, 유튜브(YouTube)에 내 영상을 업로드해 봅시다.

유튜브 속 크리에이터를 보며 남몰래 꿈을 키워왔던 친구들, 겁먹지 말고 도전해 보세요! 선생님을 따라하다 보면 나만의 개성을 가득 담은 유튜브 채널이 완성되어 있을 거예요. 유튜브 크리에이터의 꿈에 한 발짝 다가가 봅시다.

유튜브 크리에이터, 나도 할 수 있어요

지금까지 완성한 영상이 꽤 많네.
열심히 만든 영상을 다른 사람들에게 보여 주고 싶어!

그러면 유튜브에 업로드해 보는 건 어때?
사람들과 댓글로 소통할 수 있을 거야.

유튜브? 유명한 사람들만 영상을 올릴 수 있는 곳 아니야?

그렇지 않아요. 유튜브는 누구에게나 열린 공간이랍니다.

내 채널에 영상을 올리면 전 세계 사람들에게 공유할 수 있어요. 전 세계 사람들이 유튜브를 시청하는 시간을 합하면 하루에 10억 시간이 넘는다고 해요. 인기가 어마어마하죠?

우와! 실감조차 나지 않는 큰 숫자네요.
유튜브에 영상을 올리려면 어떻게 해야 하나요?

유튜브에 영상을 업로드하기 위한 첫 단계는 바로 내 채널 개설하기!
전혀 어렵지 않아요. 선생님을 따라해 보세요!

내 유튜브 채널이 생긴다니!
벌써부터 두근두근해요.

채널 개설 방법을 잘 배워서 구독자들에게
내 영상을 얼른 보여주고 싶어요.

01 유튜브 채널을 개설해요

01 인터넷 익스플로러나 크롬 브라우저를 실행하고 포털 사이트에서 '유튜브'를 검색하거나 주소창에 'youtube.com'을 입력해 유튜브 사이트에 접속해요.

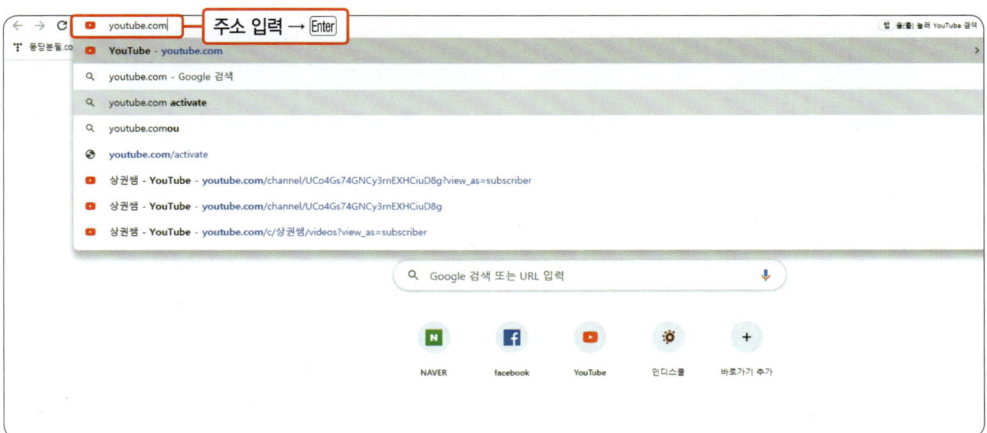

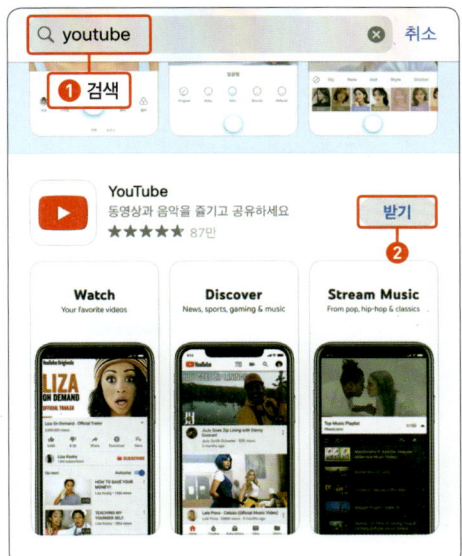

> **TipTalk** 스마트폰에서 유튜브를 이용하고 싶다면 구글 플레이스토어 또는 앱스토어에서 '유튜브'를 검색해 다운로드해 보세요. 유튜브 채널을 만들거나 영상을 업로드할 때는 컴퓨터를 이용하는 것이 더 편하답니다.

02 유튜브 메인화면 오른쪽 위의 [로그인]을 클릭하세요.

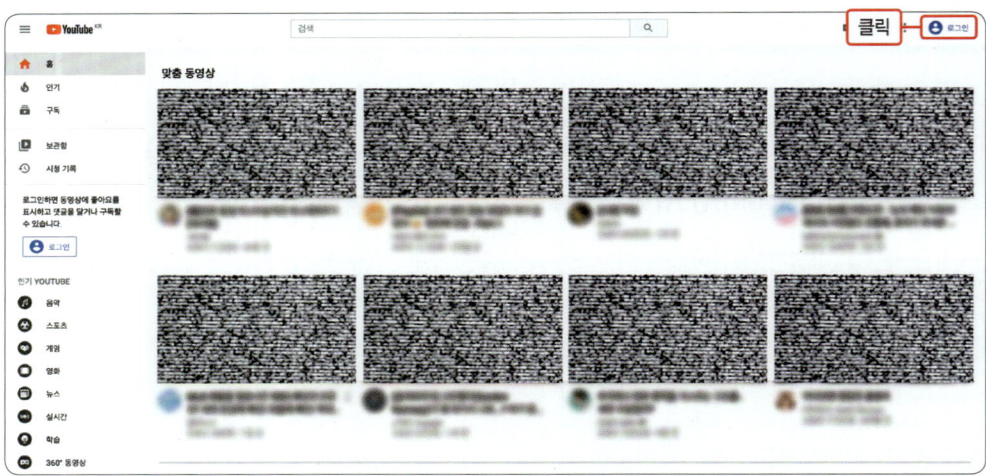

03 유튜브는 구글에서 운영하는 영상 플랫폼이므로 구글 계정으로 로그인해야 합니다. 39쪽에서 만든 구글 이메일 계정과 비밀번호를 차례로 입력해 로그인하세요.

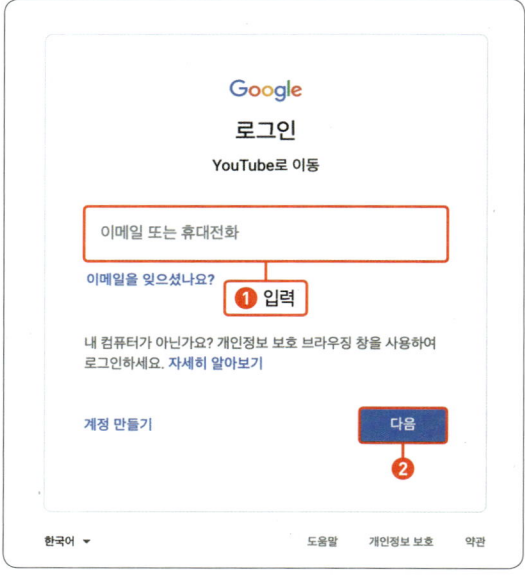
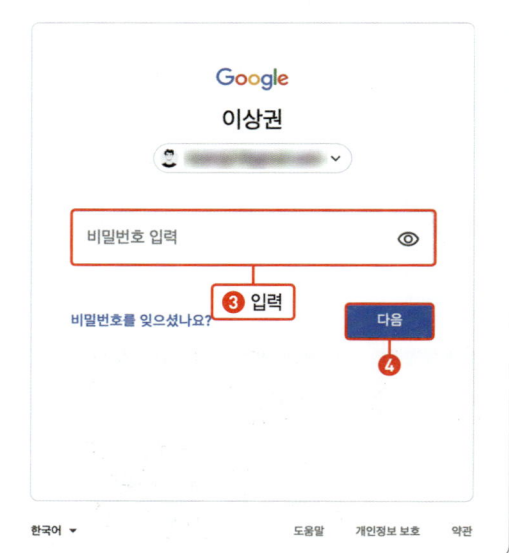

04 이제 본격적으로 유튜브 채널을 개설해 볼까요? 오른쪽 위 내 계정을 클릭해 [채널 만들기]를 선택하세요.

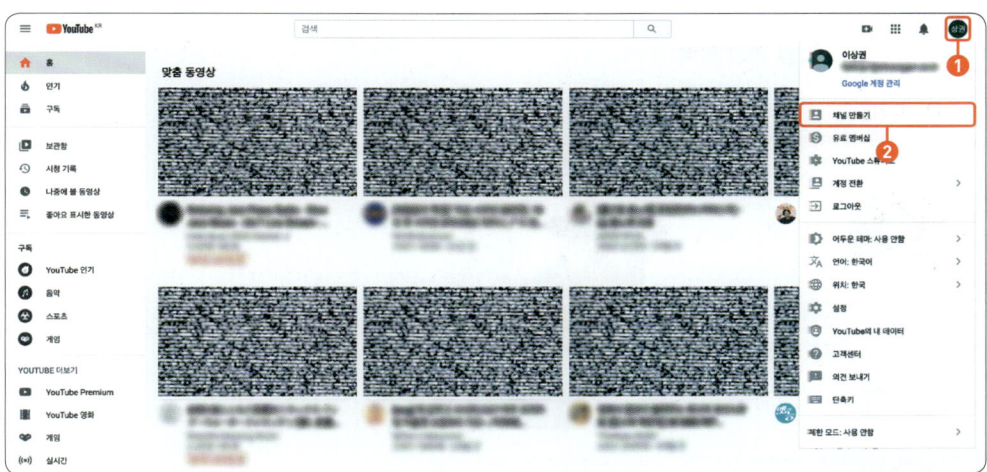

05 '크리에이터 활동 시작하기' 창이 나타납니다. 시청자와 소통하고 이야기를 나누기 위해 [시작하기]를 클릭하세요.

06 '채널 생성 방식' 창에서 내 구글 계정의 이름을 사용할지, 새로운 유튜브 채널 이름을 사용할지 선택할 수 있어요. [맞춤 이름 사용]을 클릭해 새로운 채널 이름을 정해 봅시다.

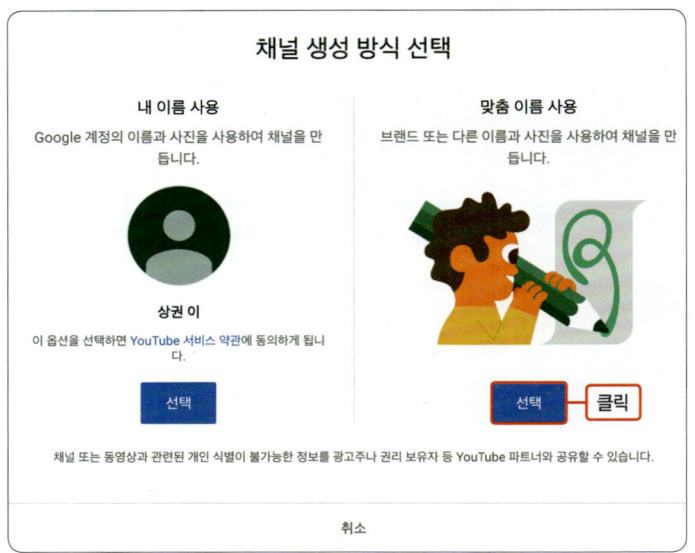

> **TipTalk** [내 이름 사용]을 선택하면 내 구글 계정의 이름과 같은 채널이 바로 생성됩니다. [맞춤 이름 사용]을 선택하면 채널 이름을 새로 정할 수 있어요. 원하는 이름이 있거나 브랜드 계정으로 사용하려면 [맞춤 이름 사용]을 클릭해야겠죠?

07 '채널 이름'에 원하는 채널 이름을 입력하세요. 계정 생성에 동의하고 [만들기]를 클릭합니다.

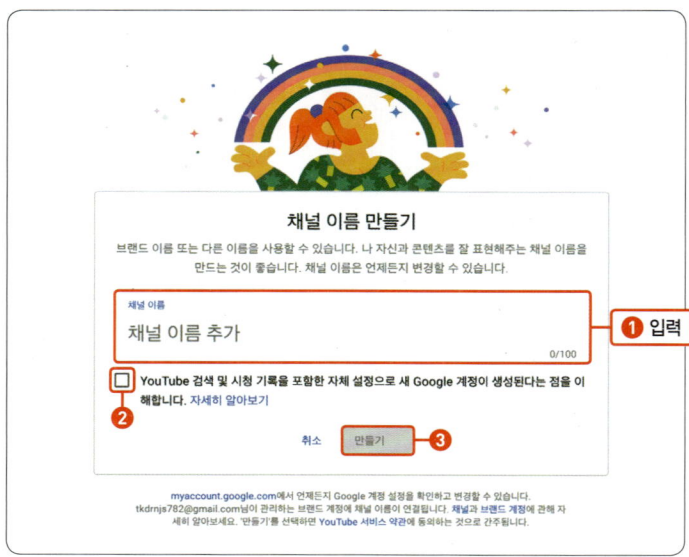

224

08 프로필 사진을 바꾸거나 채널에 대한 설명을 추가할 수 있어요. 그리고 페이스북, 인스타그램 등 나의 SNS와 연결할 수도 있답니다. 지금 입력해도 되고 나중에 수정해도 좋아요.

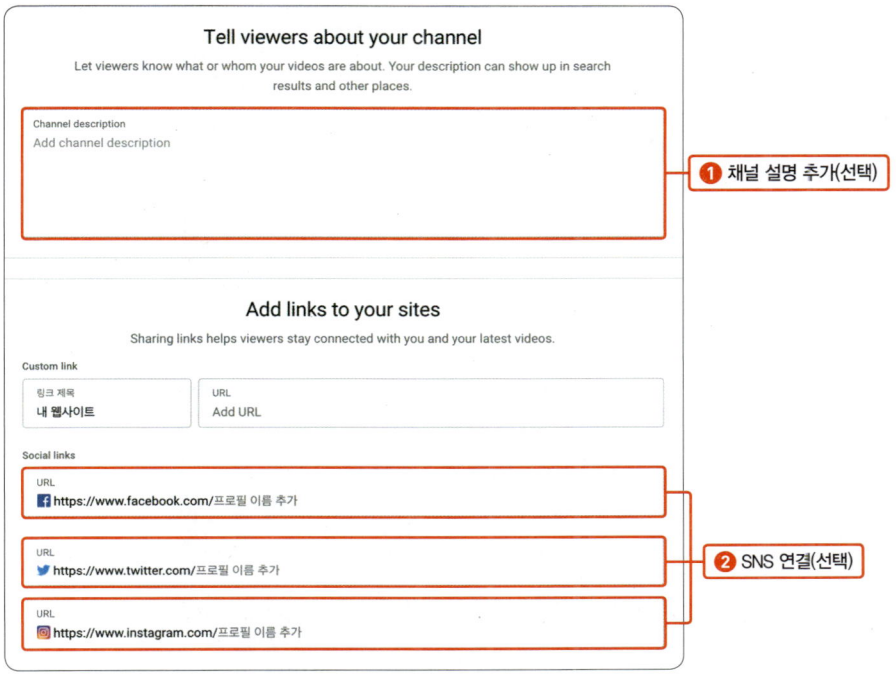

❶ 채널 설명 추가(선택)

❷ SNS 연결(선택)

 브랜드 계정이란 무엇인가요?

'개인 계정'으로 만든 채널의 경우 한 계정 당 하나의 채널만 생성됩니다. 오직 내 계정으로만 그 채널을 관리할 수 있고요. 반면 '브랜드 계정'을 이용하면 여러 명의 사람이 하나의 채널을 공동으로 관리할 수 있답니다. '브랜드 계정'으로 채널을 개설하고 다른 사람을 채널 운영자로 지정하는 거예요. 이 말은 곧, 한 사람이 여러 채널을 관리할 수도 있다는 뜻입니다. 이미 개인 채널을 개설했다고요? 걱정 마세요. 개인 채널이 있더라도 '브랜드 계정'으로는 새로 채널을 개설할 수 있답니다.

◀ 유튜브 화면 오른쪽 위의 내 계정을 누르고 [계정 전환]을 클릭하면 운영 중인 채널을 확인할 수 있어요.

채널 관리 메뉴를 살펴봐요

〉 유튜브 계정 메뉴 〈

짝짝짝! 유튜브 채널이 개설되었어요! 이제 여러분은 유튜브 채널을 통해 전 세계 사람들과 영상으로 소통할 수 있어요. 물건을 처음 샀을 때 설명서를 읽어 보는 것처럼 유튜브 채널을 구석구석 살펴볼까요? 화면 오른쪽 위 내 계정 아이콘을 클릭해 보세요.

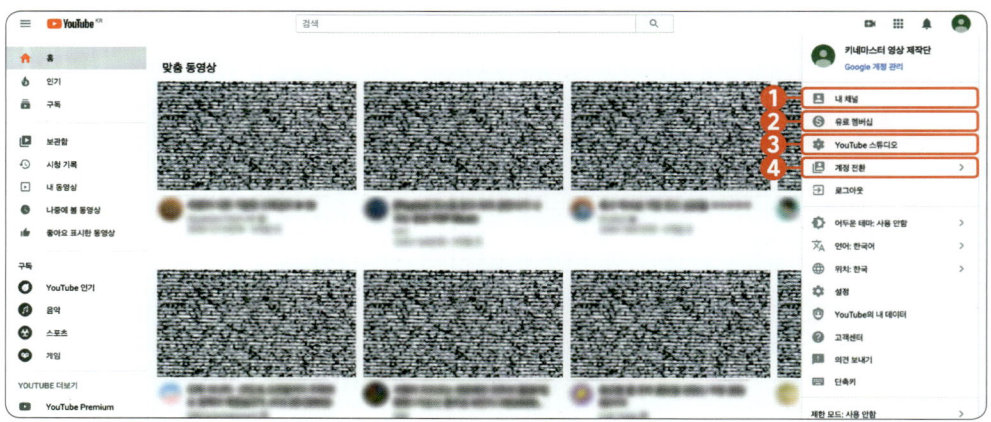

▲ 유튜브 로그인 후 나타나는 메인 화면

❶ [내 채널]: 내가 개설한 채널의 메인 화면으로 이동합니다. 업로드한 영상 목록과 내 재생 목록, 구독 정보, 채널의 기본 정보 등을 확인할 수 있어요.

❷ [유료 멤버십]: '유튜브 프리미엄'이라는 유료 서비스입니다. 한 달에 일정한 비용을 지불하면 광고 없이 영상을 시청하거나 영상을 저장해 오프라인 상태에서 재생할 수 있어요.

❸ [YouTube 스튜디오]: 내 채널의 정보를 확인하고 설정을 변경하는 메뉴입니다. 업로드 영상을 관리하거나 얼마나 많은 사람들이 내 동영상을 시청했는지 분석할 수도 있어요.

❹ [계정 전환]: '브랜드 계정' 채널 운영자로 지정된 경우, [계정 전환]을 클릭해 그 채널의 관리자 계정으로 들어갈 수 있어요.

〉 YouTube 스튜디오 메뉴 〈

유튜브 메인 메뉴 중에서 가장 자주 사용하게 될 [YouTube 스튜디오]에 대해 살펴보겠습니다. 내 계정 아이콘을 클릭하고 [YouTube 스튜디오]를 선택하세요.

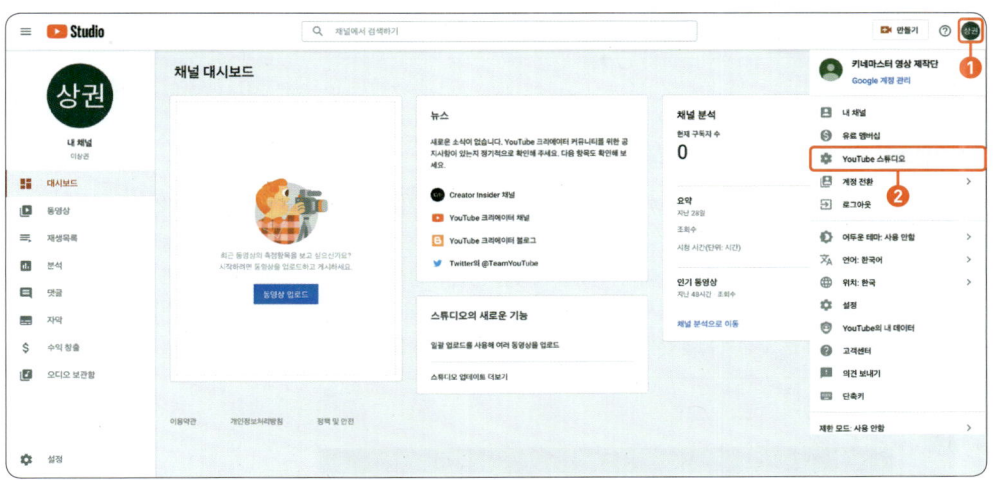

❶ **[대시보드]**: 내 채널의 **구독자 수, 업로드한 영상의 조회수** 등을 확인하고 관리할 수 있어요. 내 채널을 한 눈에 살펴볼 수 있는 메뉴입니다.

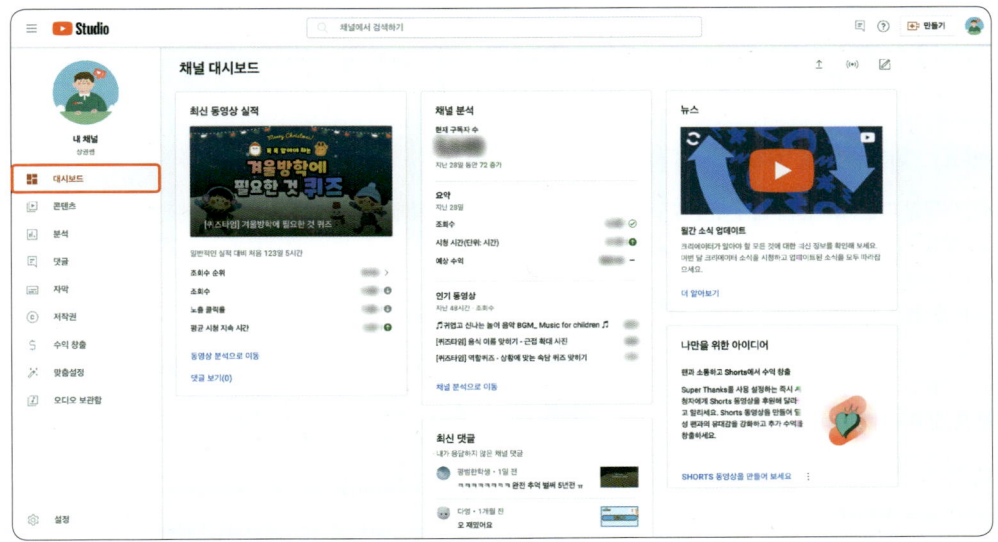

❷ **[콘텐츠]**: 업로드한 영상을 관리하는 메뉴입니다. 영상의 공개 상태 및 제한 사항, 조회수와 댓글 등을 확인하고 제목을 바꾸거나 영상을 수정하고 삭제할 수 있어요. 재생목록도 이곳에서 관리하면 된답니다.

잠깐만요 ― 재생목록을 만들어 영상을 관리해요

'재생목록'이란 여러 영상을 비슷한 종류끼리 모아 둔 것을 의미해요. 사물함을 정리할 때 책은 책끼리, 학용품은 학용품끼리 모아 두면 나중에 물건을 쉽게 찾을 수 있겠죠? 보기에도 더 좋고요! 업로드한 영상의 개수가 늘어나면 관리하기 어렵고, 시청자도 영상을 찾기 힘들어져요. 따라서 재생 목록을 만들어 영상을 관리하는 것이 좋습니다.
[YouTube 스튜디오]의 [동영상] 메뉴에서 영상을 선택하고 [재생목록에 추가]를 클릭하면 영상을 재생목록에 추가할 수 있어요. 미리 만들어 둔 재생목록을 선택해도 좋고, [새 재생목록]을 클릭해 새로 만들어도 좋아요.

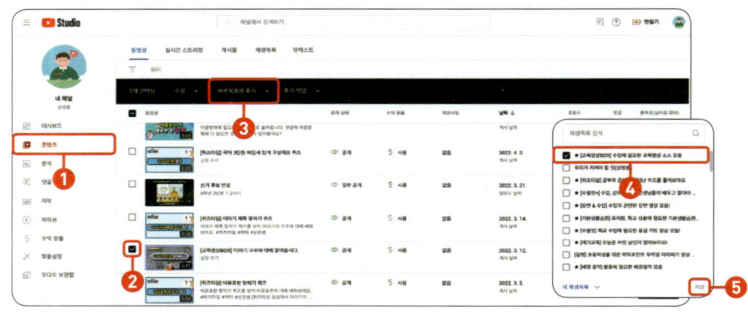

잠깐만요 ― '제한사항'에 '저작권 침해 신고'가 나타났어요

유튜브를 이용할 때는 저작권을 침해하지 않도록 항상 주의해야 해요. 37쪽에서 배운 것처럼 영상을 제작할 때 다른 사람의 저작물을 사용한 경우, 유튜브에서 저작권을 침해한 영상으로 판단해 제재합니다. 이런 경우 '수익 창출 불가', '음악 삭제', '동영상 부분 삭제', '동영상 완전 삭제' 조치 중 선택해야 합니다.

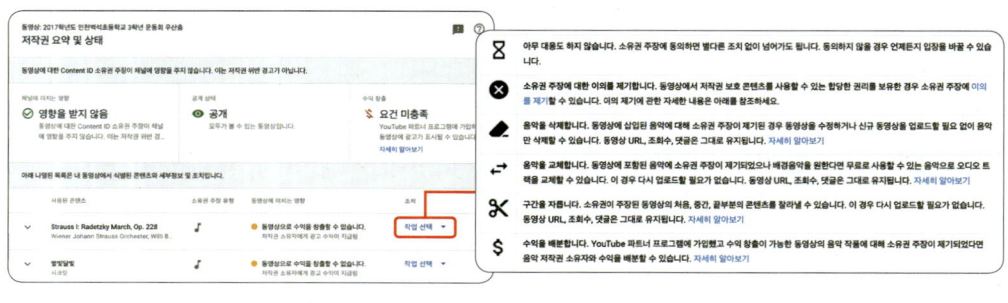

228

❸ **[분석]**: 채널의 조회수, 도달 범위, 참여도, 시청자층 등을 분석해 주는 메뉴에요. 어느 연령대의 사람들이 내 영상을 주로 시청하는지, 일정한 기간 동안 얼마나 많은 사람들이 내 영상을 시청하는지 확인할 수 있어요.

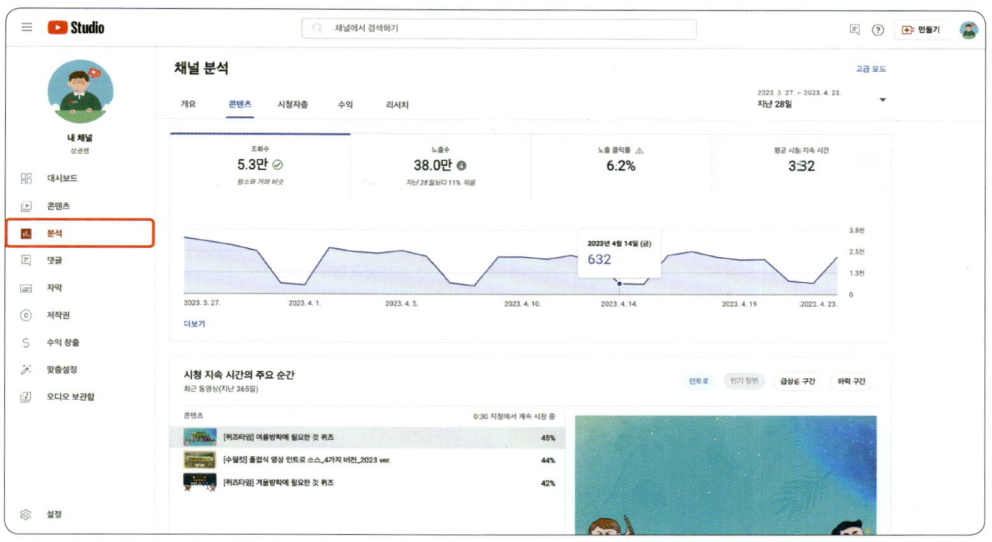

❹ **[댓글]**: 내 영상에 달린 **댓글을 한 눈에 확인할 수 있는 메뉴**에요.

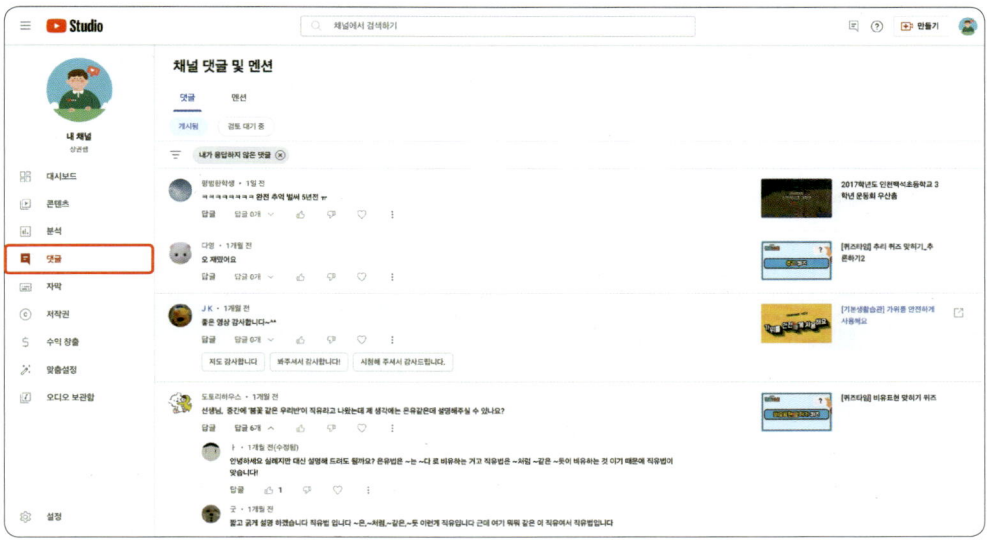

❺ **[자막]**: 유튜브에서 제공하는 자막 시스템입니다. 영상을 올린 후 한국어, 영어 등의 자막을 직접 넣을 수 있고, 삽입된 자막을 확인할 수도 있어요.

❻ **[수익 창출]**: 업로드한 영상으로 수익을 창출할 수 있어요. 일정 조건을 충족한다면 동영상에 광고를 추가하거나, 채널과 관련한 상품을 만들 수 있어요. 또한 후원을 통해 돈을 버는 방법도 있답니다.

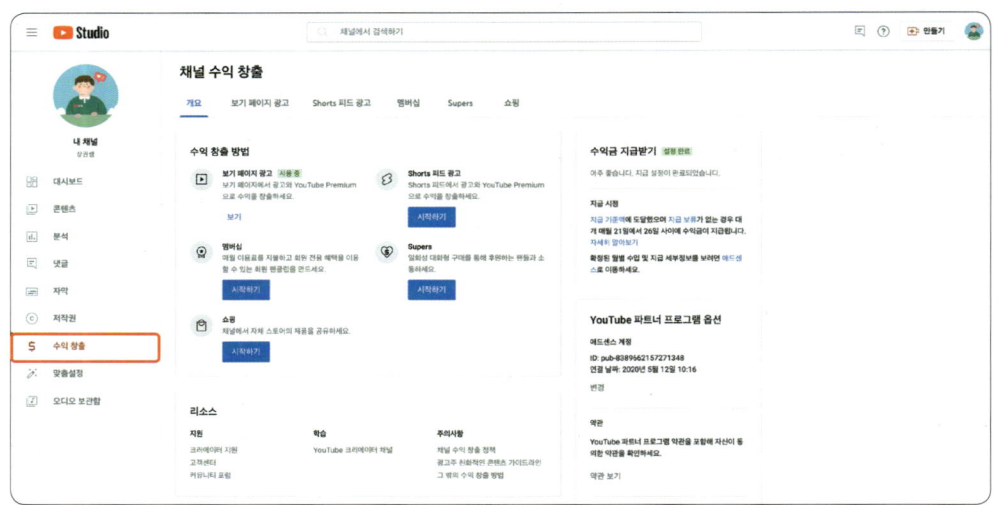

TipTalk 유튜브에서 수익을 창출하려면 두 가지 조건을 충족해야 합니다. 채널의 구독자가 1,000명 이상이고, 최근 1년간 사람들이 내 영상을 4,000시간 이상 시청했다면 수익을 얻을 수 있어요.

❼ **[채널 맞춤설정]**: 내 채널의 레이아웃, 브랜딩, 시청자가 살펴볼 수 있는 기본 정보를 설정할 수 있는 메뉴입니다. 주목받는 동영상을 유튜브 채널 상단에 게시하거나, 노출되는 재생목록을 변경해 유튜브 채널을 꾸밀 수 있습니다.

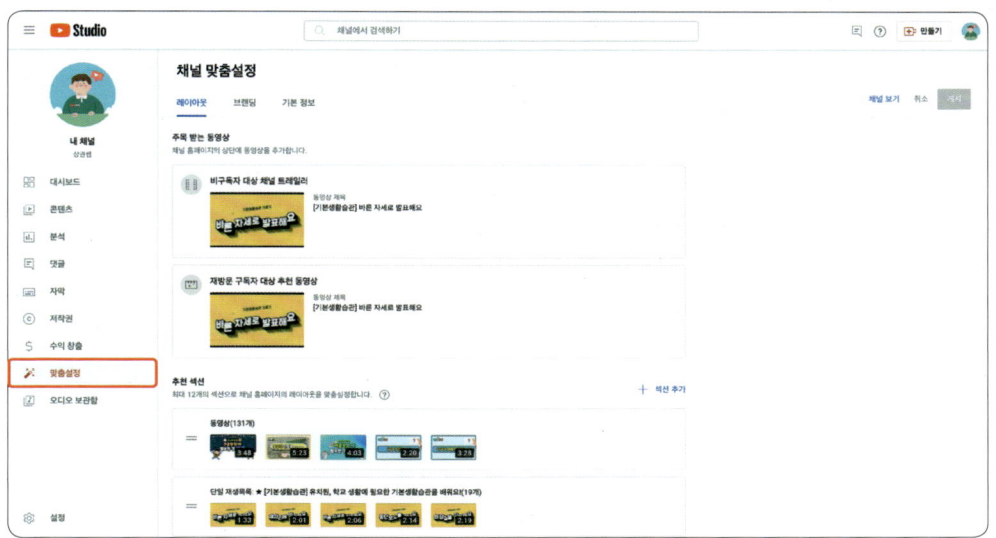

❽ **[오디오 보관함]**: 유튜브에서 제공하는 배경 음악과 효과음을 다운로드할 수 있는 메뉴에요. 저작권 걱정 없이 사용할 수 있는 다양한 음악이 있으니 영상을 편집할 때 사용해 보세요.

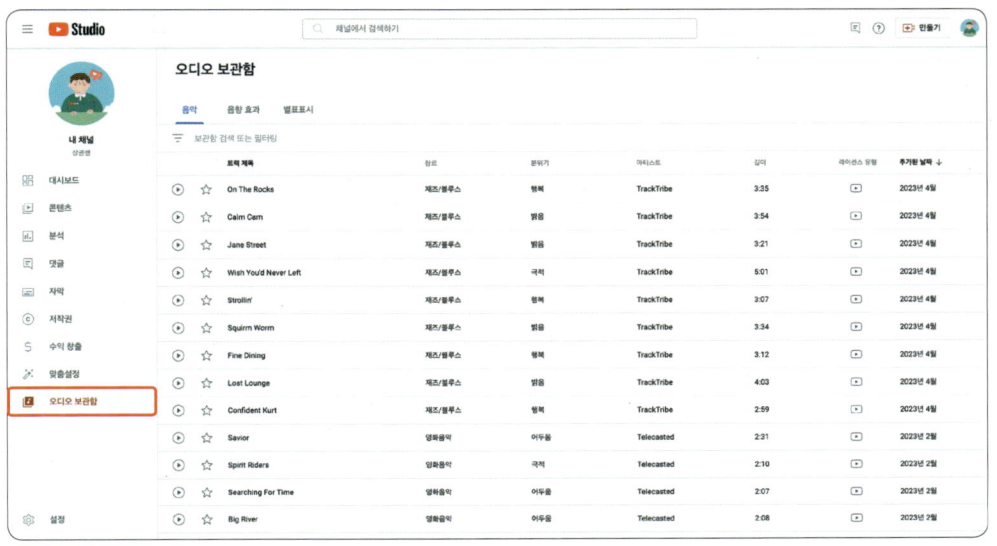

내 채널을 개성 있게 꾸며요

드디어 유튜브에 내 채널이 생겼어요!

축하합니다! 유튜브 크리에이터가 되는 첫 단계를 무사히 지나왔네요.

이제 영상을 올리면 되겠네요. 너무 기대돼요!

내가 만든 영상을 사람들에게 얼른 소개하고 싶겠지만 아직 한 단계가 더 남았답니다.
본격적으로 영상을 업로드하기 전에 내 채널을 예쁘게 꾸며 볼게요.

우와! 내 채널을 꾸밀 수도 있어요?

'채널 아트'와 '채널 아이콘'을 만들어 내 채널을 꾸며 봅시다.
가게의 간판을 보면 그 가게에서 무엇을 파는지 알 수 있죠?
이처럼 '채널 아트'와 '채널 아이콘'을 적절히 등록하면 내 채널의 특징을 나타낼 수 있어요.

영상을 올리기만 하면 될 줄 알았는데 아니었네요.

사람들이 내 영상에 관심을 가지도록 만드는 것도 중요해요. 내 채널의 얼굴과 같은 '채널 아트'와 '채널 아이콘'을 예쁘게 만드는 방법을 알아봅시다.

채널 아트와 채널 아이콘은 내 채널의 얼굴

'채널 아트'와 '채널 아이콘'은 내 유튜브 채널의 특징을 보여주는 이미지입니다.

채널 아트는 유튜브 채널 상단에 나타나는 배경 이미지로 가게의 간판과 같은 역할을 합니다. 유튜브 채널에 접속했을 때 가장 먼저 눈에 띄는 부분이므로 내 채널을 효과적으로 알리려면 채널 아트를 잘 만드는 것이 중요하겠죠?

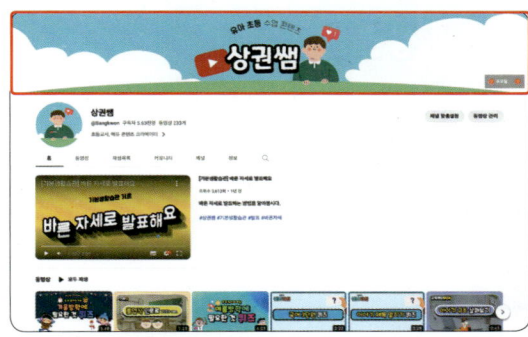 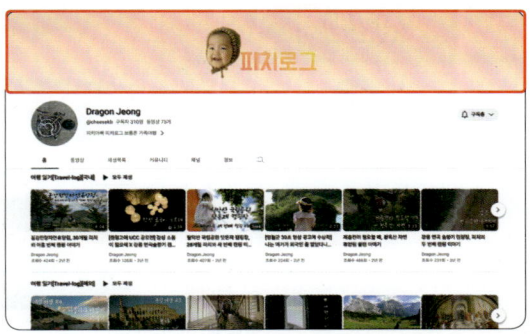

▲ 채널의 특징을 보여주는 채널 아트

'채널 아이콘'이란 채널의 이름과 함께 나타나는 이미지로 채널에 영상을 올리거나 영상에 댓글을 달 때 표시됩니다. 카카오톡의 프로필 사진과 같은 역할을 한다고 생각하면 됩니다. 내 채널에 직접 들어오지 않은 사람에게도 노출되므로 채널의 이미지를 잘 보여줄 수 있도록 만들어야 해요.

▲ 채널의 개성을 표현하는 채널 아이콘

이번 시간에는 채널 아트와 채널 아이콘을 직접 만들어 보겠습니다. 우선 각각의 이미지를 어떤 크기로 만들면 좋을지 알아볼까요?

채널 아트는 스마트폰, 컴퓨터, TV 등 **사용 기기에 따라 화면에 보이는 크기가 달라집니다.** 스마트폰 화면, 컴퓨터 화면, TV 화면으로 갈수록 더 많은 부분이 화면에 나타나요. 따라서 채널 아트를 만들 때 배경은 TV 화면을 기준으로 크게 만들고 채널의 이름, 로고 등 중요 정보는 스마트폰 화면에 보이는 부분 안에 전부 들어가도록 구성해야 해요. 반면 채널 아이콘은 스마트폰, 컴퓨터, TV 등 사용하는 기기에 상관없이 같은 크기로 보인답니다.

 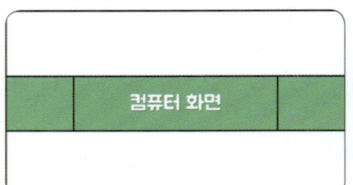 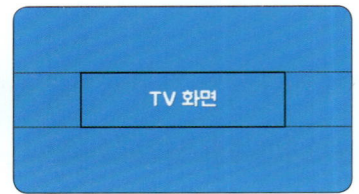

▲ 사용기기에 따라 다르게 보이는 채널 아트(색칠 부분)

 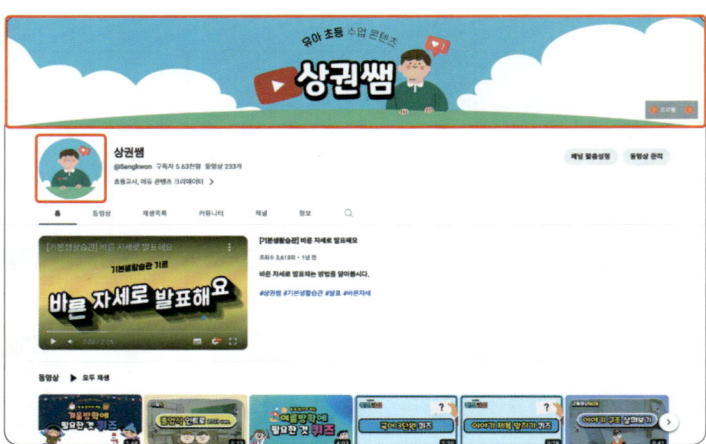

▲ 스마트폰 화면과 컴퓨터 화면에서 보이는 채널 아트, 채널 아이콘의 크기 비교

잠깐만요 | 채널 아트와 채널 아이콘의 정확한 크기를 알고 싶어요

유튜브에서 추천하는 채널 아트의 크기는 TV 화면을 기준으로 한 '2560×1440'입니다. 이것보다 더 크게 만들면 이미지가 잘릴 수 있으니 주의해야 해요. 컴퓨터 화면 기준으로는 '2560×423', 스마트폰 화면 기준으로는 '1546×423' 크기로 보인답니다.

스마트폰 화면에서 가장 작은 크기로 보이므로 이 부분에 중요한 내용이 전부 담기도록 만드는 것이 좋아요. 유튜브에서 추천하는 채널 아이콘의 크기는 '800×800'이며 정사각형이나 원형 이미지로 만드는 것을 추천합니다.

 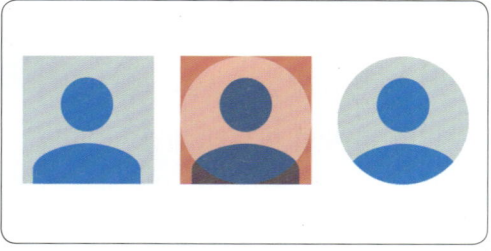

▲ 사용 기기별로 추천하는 채널 아트 크기 ▲ 화면에 표시되는 채널 아이콘의 영역

파워포인트로 채널 아트를 만들어요

01 홈페이지에서 다운로드한 부록에서 '채널 아트.ppt' 파일을 실행합니다. 1~3번 슬라이드에서는 각 기기에서 보이는 채널 아트의 크기를 확인할 수 있어요. 4번 슬라이드는 실제로 만들어 본 채널 아트입니다.

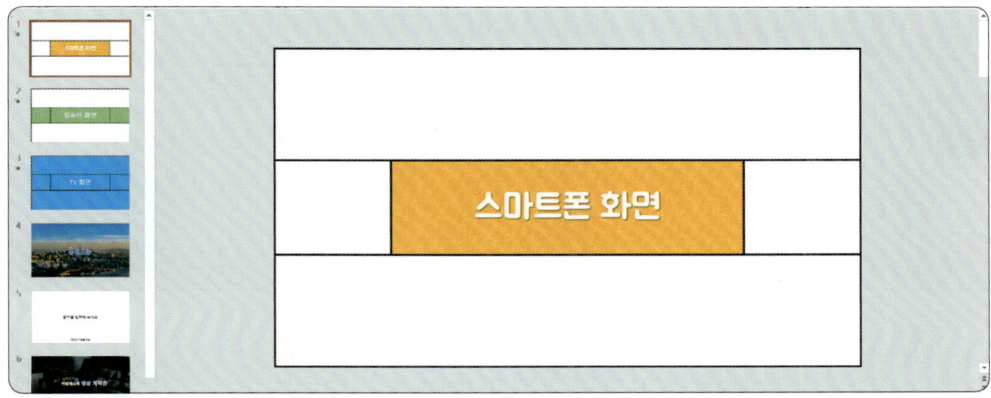

> **TipTalk** 채널 아트를 만들기 위해서 '포토샵' 같은 전문가용 그래픽 프로그램을 사용할 수도 있지만, 우리는 좀 더 쉽게 접근할 수 있는 '파워포인트'를 이용할 거예요. 파워포인트는 발표 자료를 만들 때 사용하는 프로그램이지만 몇 가지 기능을 이용하면 얼마든지 멋진 이미지를 완성할 수도 있답니다.

02 채널 아트를 만들면서 크기를 확인할 수 있도록 안내선 기능을 켜 볼게요. 5번 슬라이드를 선택하고 [보기] 탭의 '안내선'에 체크하면 크기를 확인할 수 있는 점선이 나타납니다. 안내선 기능이 켜지면 밑에 '안내선 기능을 켜요' 라는 글은 삭제해 주세요.

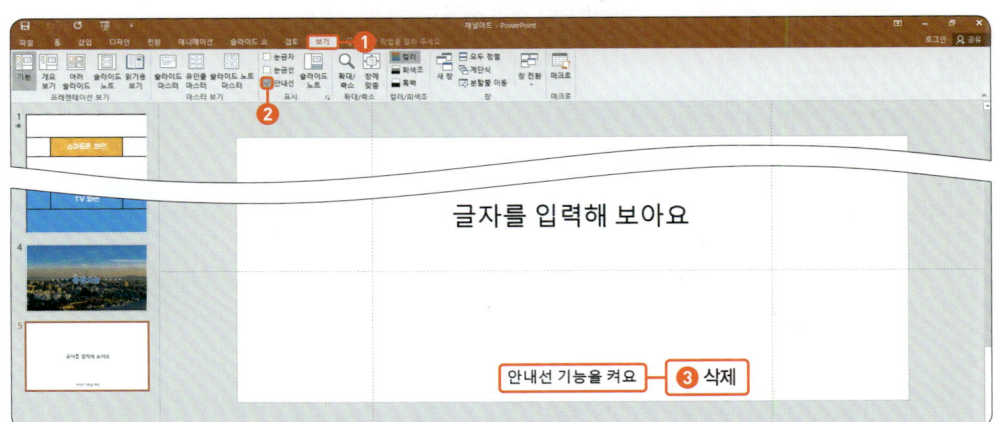

03 '글자를 입력해 보아요' 텍스트 상자를 클릭하면 글자를 새로 입력할 수 있어요. 내 채널의 이름을 써 볼까요?

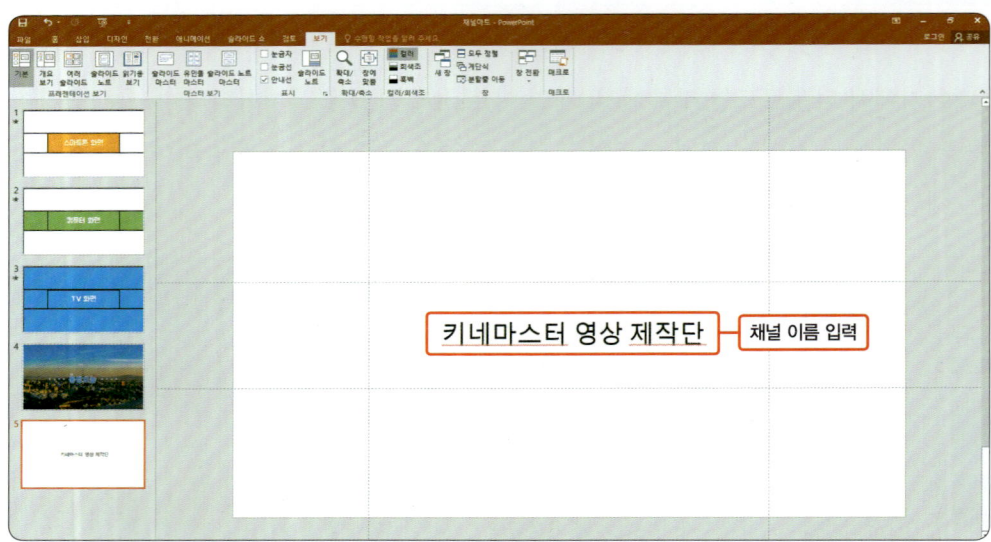

04 채널의 이름이 잘 보이도록 글꼴과 크기를 바꿔 볼게요. 글자를 마우스로 드래그해 블록을 지정하고 [홈] 탭의 [글꼴] 그룹에서 원하는 글꼴과 크기를 설정해 주세요.

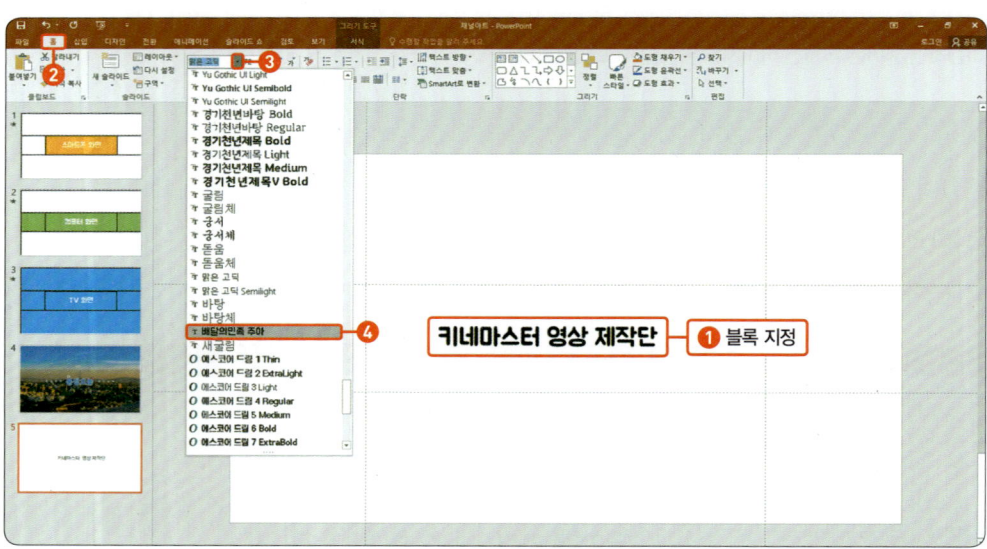

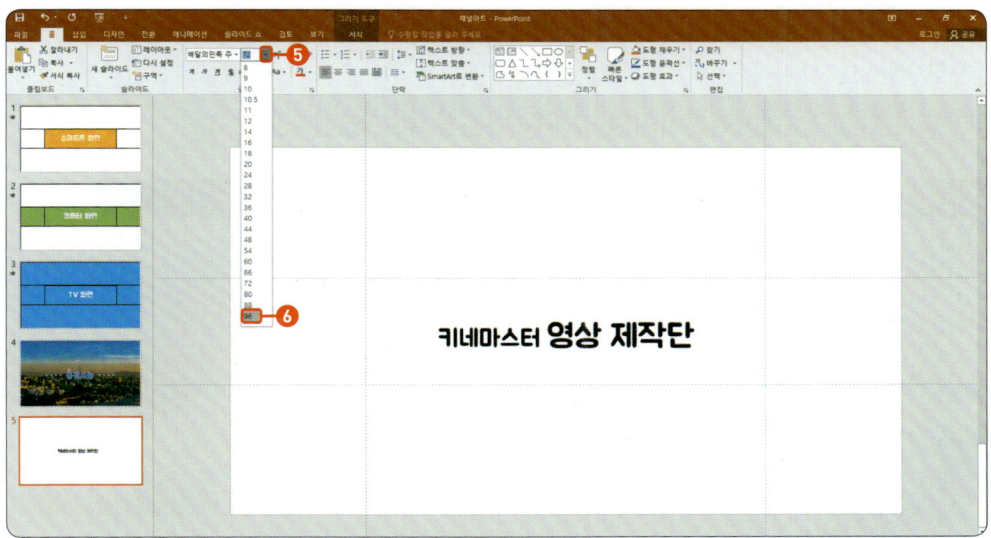

> **TipTalk** 글꼴은 저작권을 침해하지 않는 무료 글꼴을 사용해야 합니다. '눈누(https://noonnu.cc/)' 사이트에서 저작권을 침해하지 않는 무료 글꼴을 다운로드할 수 있습니다. 글씨의 크기는 스마트폰이 보이는 부분의 안내선을 벗어나지 않는 크기로 조절해야 해요.

05 채널의 제목이 더 잘 보이도록 글씨 색깔을 바꿔 볼게요. 글씨를 마우스로 드래그하고 [홈] 탭의 [글꼴] 그룹에서 [색]을 클릭해 원하는 색으로 바꿔 보세요.

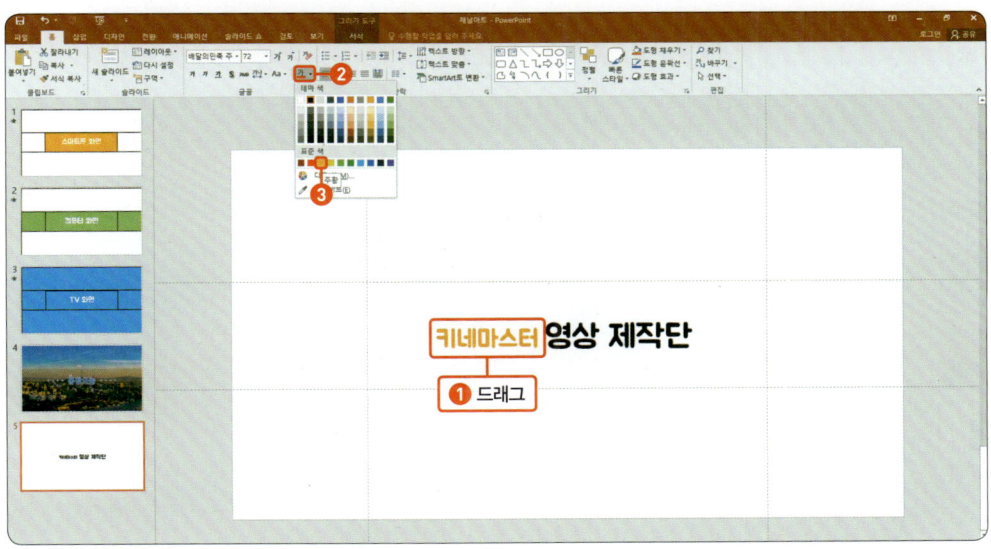

06 채널에 대한 간단한 설명을 추가해도 좋아요. [삽입] 탭의 [텍스트] 그룹에서 [텍스트 상자] - [가로 텍스트 상자]를 클릭하세요. 설명을 추가한 후 글꼴과 글씨 크기도 바꿔 보세요. 텍스트 상자 위 화살표를 회전시키면 글씨를 기울일 수도 있어요.

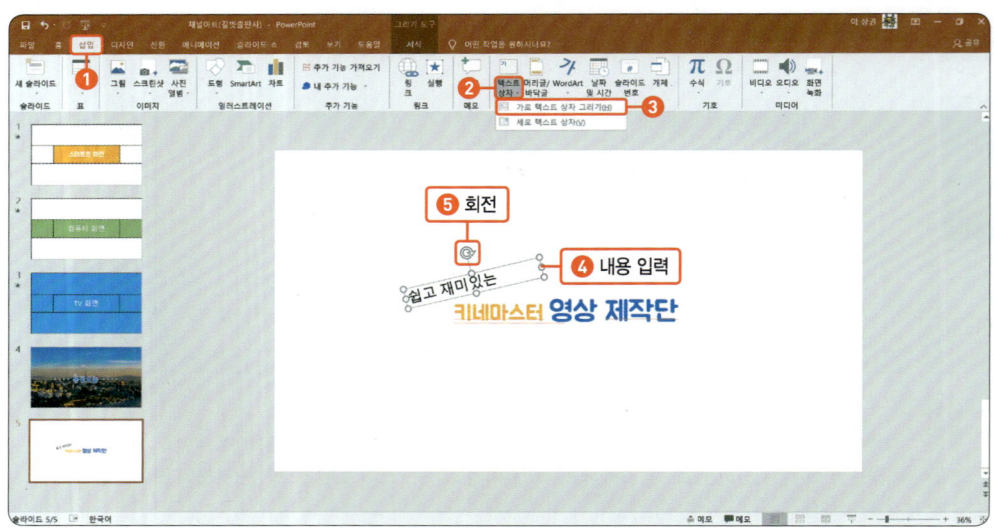

07 미리 준비해 둔 그림을 배경으로 넣어 볼게요. 파워포인트로 돌아와 [삽입] 탭의 [이미지] 그룹에서 [그림] - [이 디바이스에서 삽입]을 클릭해 사진을 불러오세요.

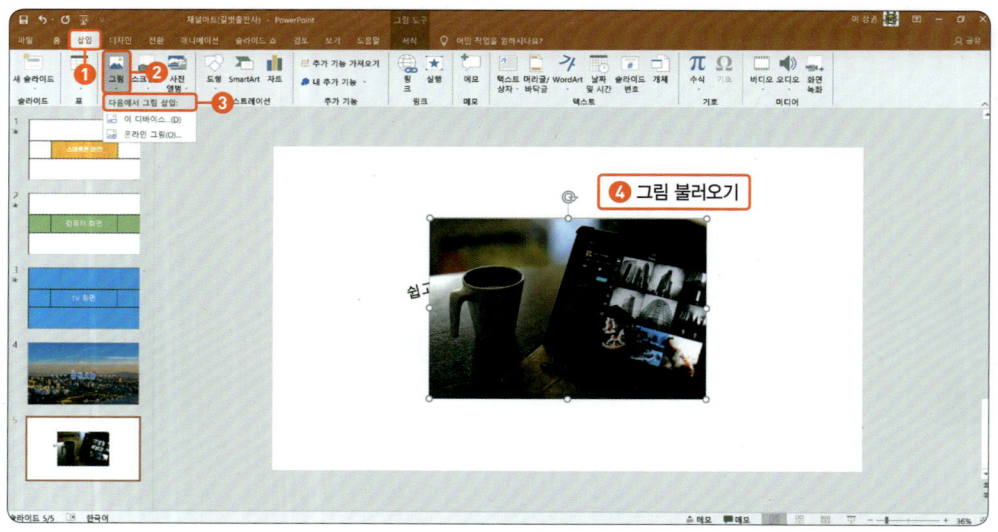

> **TipTalk** 채널 아트의 배경이 되는 사진을 인터넷에서 다운로드합니다. 35쪽을 참고해 저작권을 침해하지 않는 이미지를 찾아보세요.

08 이런! 사진이 글씨를 가리고 있어요. 사진을 마우스 오른쪽 버튼으로 클릭하고 [맨 뒤로 보내기] - [맨 뒤로 보내기]를 누르면 사진이 글씨 뒤로 이동합니다.

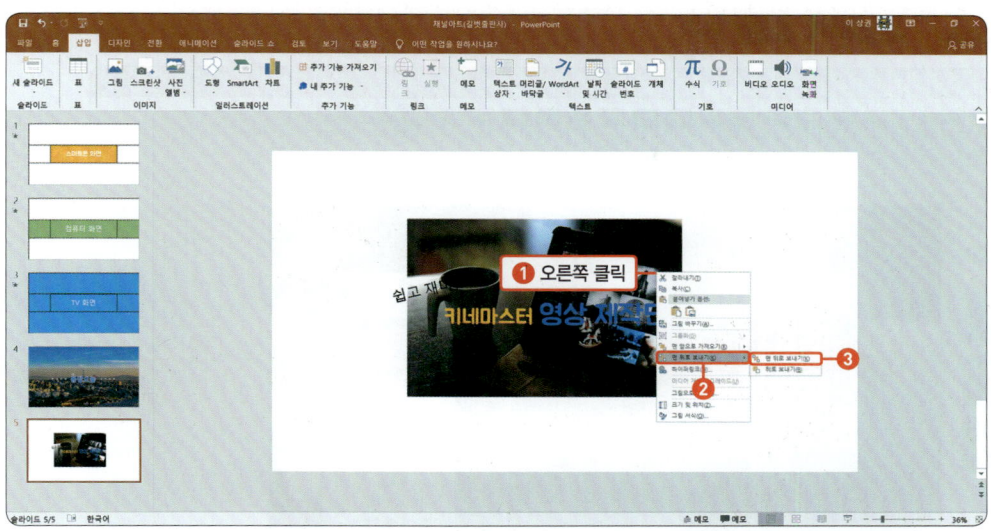

09 사진을 선택하고 모서리를 마우스로 드래그해 화면에 꽉 차도록 만들어요.

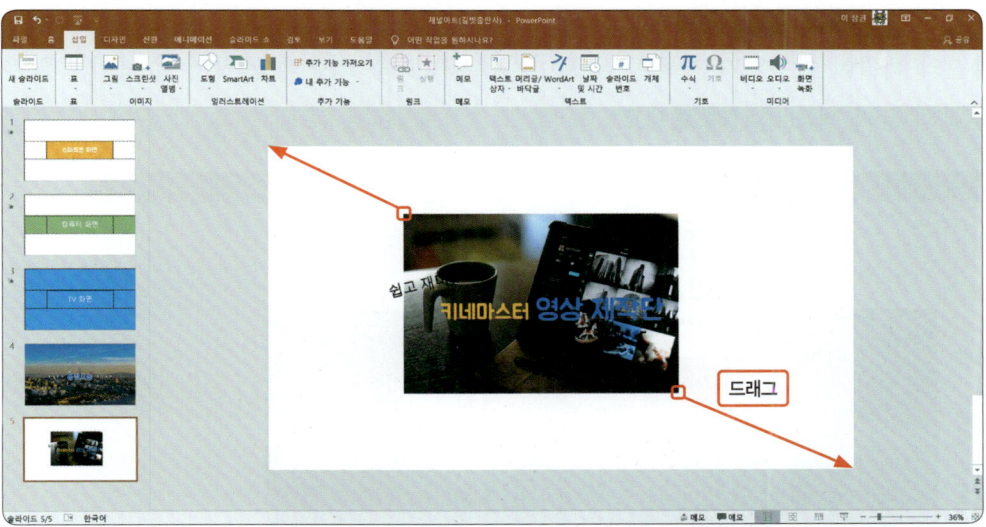

10 사진이 어두워서 글씨가 잘 안보이네요. 사진을 마우스 오른쪽 버튼으로 클릭하고 [그림 서식]을 클릭하세요. 오른쪽에 '그림 서식' 창이 등장하면 '그림 보정' 메뉴에서 사진의 '밝기'를 어둡게 조절해 보세요.

11 사진의 색깔이 어두워져 제목이 잘 보이지만 이번에는 검은색 글씨가 잘 보이지 않네요. 그 부분의 글씨 색을 변경해 보세요!

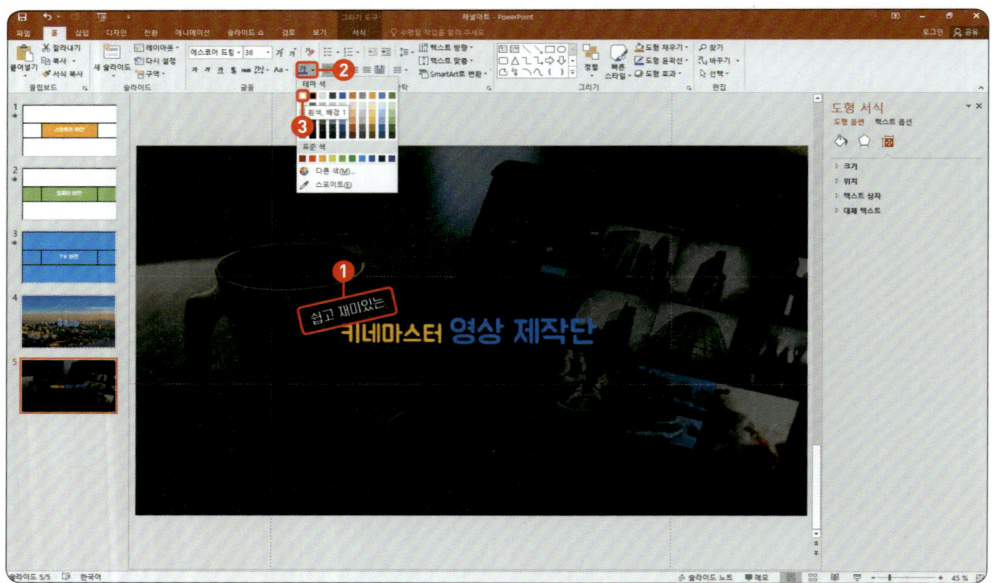

12 제목을 더 잘 보이게 하고 싶다면 글씨를 드래그해 블록으로 지정하고 [서식] 탭에서 [텍스트 윤곽선]을 클릭하세요. 배경이 어두우니 윤곽선의 색깔을 흰색으로 지정해 볼게요. 윤곽선의 두께를 두껍게 하면 제목이 더 또렷해 보여요.

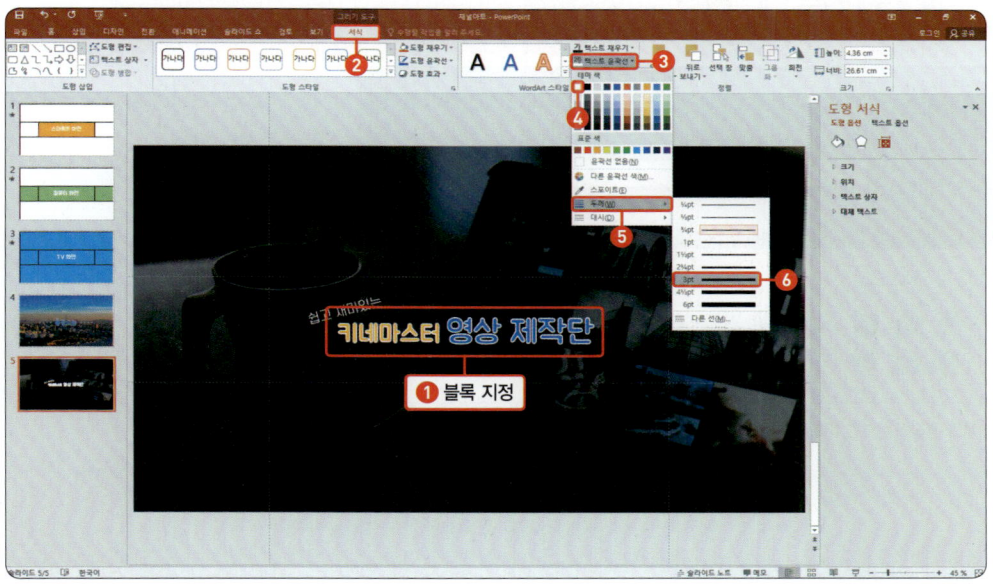

13 채널과 관련 있는 그림을 넣으면 더 좋겠죠? [삽입] 탭의 [이미지] 그룹에서 [그림]을 클릭해 원하는 그림을 불러오고 적당한 크기로 조절하세요.

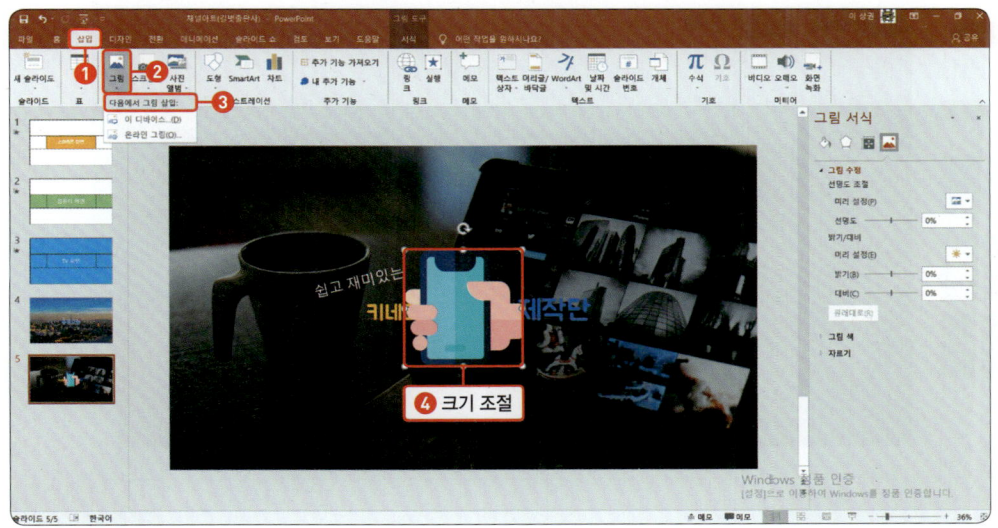

> **잠깐만요** '플래티콘' 사이트에서 원하는 아이콘을 다운로드해요
>
> '플래티콘(flaticon.com)' 사이트에서는 다양한 아이콘과 이미지를 저작권 걱정 없이 다운로드할 수 있습니다. 검색창에 원하는 이미지를 입력해 보세요! 외국에서 운영하는 사이트이므로 영어로 검색해야 합니다. 이미지를 찾았다면 [Free download]를 클릭해 무료로 다운로드할 수 있답니다. 왕관 모양이 표시된 그림은 유료로 가입해야 다운로드할 수 있으므로 주의하세요!
>
>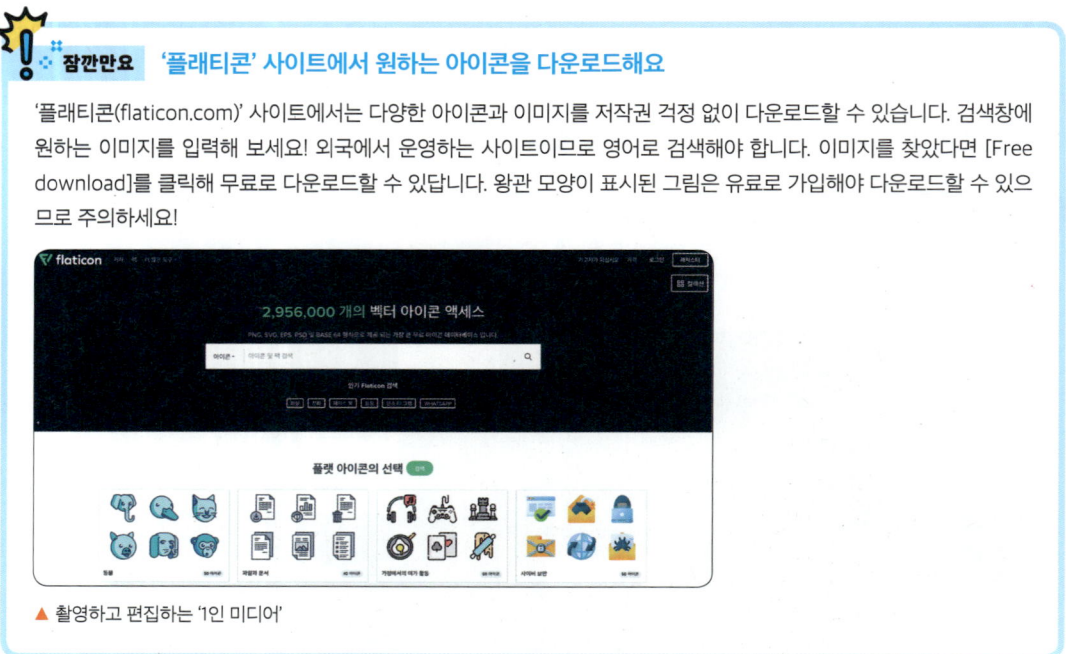
>
> ▲ 촬영하고 편집하는 '1인 미디어'

14 그림이 제목을 가리고 있어요. 그림을 마우스 오른쪽으로 클릭하고 [맨 뒤로 보내기] - [뒤로 보내기]를 클릭해 글씨 뒤로 보내 주세요.

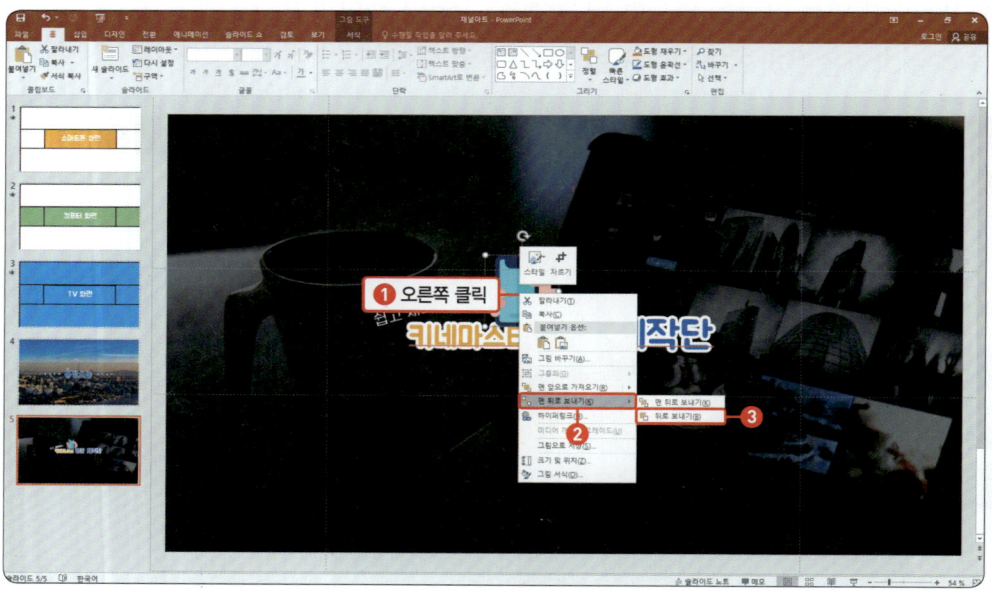

15 완성된 채널 아트를 그림으로 저장합니다. [파일]을 클릭한 후 왼쪽의 [내보내기]를 클릭하세요. 대화상자가 나타나면 '파일 이름'을 입력하고 '파일 형식'을 'PNG'로 바꾼 후 [저장]을 클릭하세요.

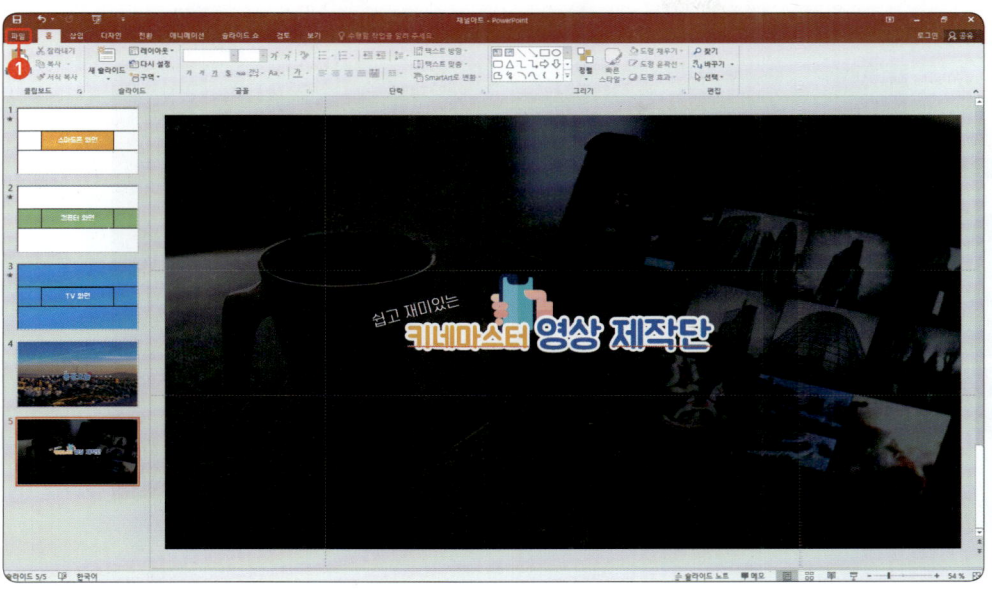

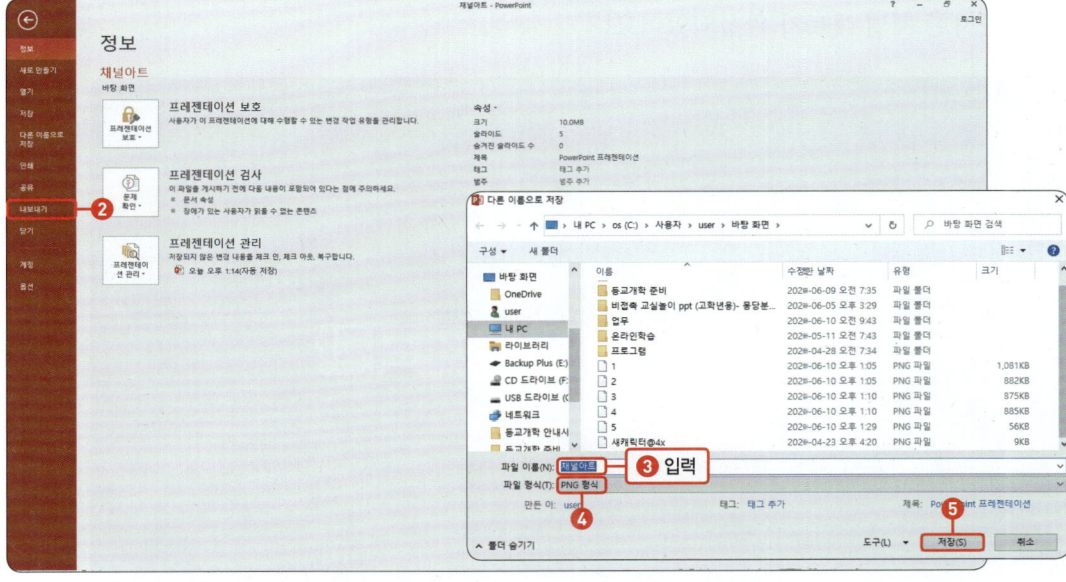

TipTalk PDF는 문서파일, MP4와 Mov는 영상파일, PNG와 JPEG는 그림 파일의 형식이에요.

16 '내보낼 슬라이드를 선택하세요.' 라는 대화 상자가 나타나면 [현재 슬라이드만]을 선택하세요.

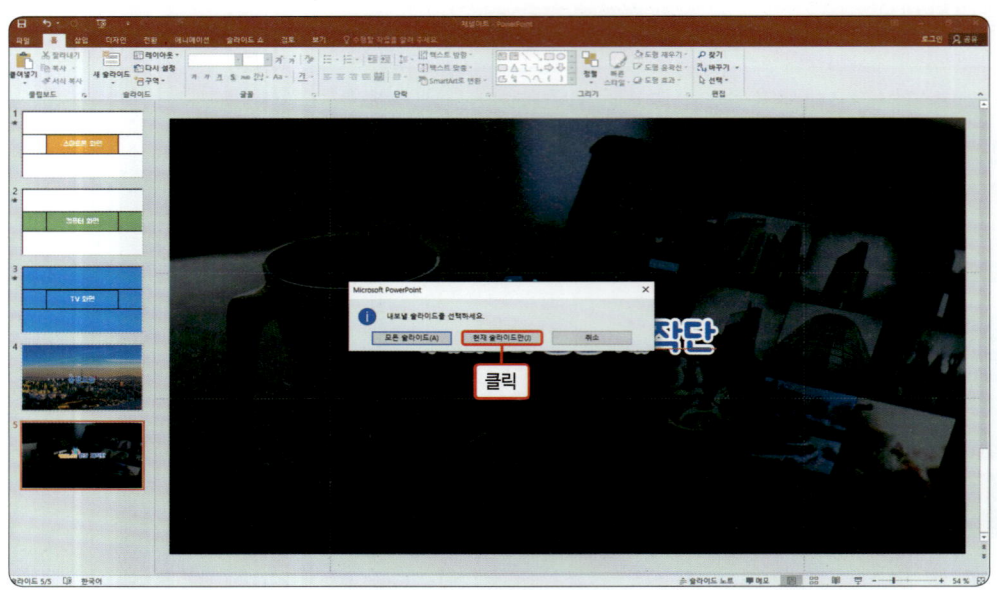

17 근사한 채널 아트가 완성되었어요!

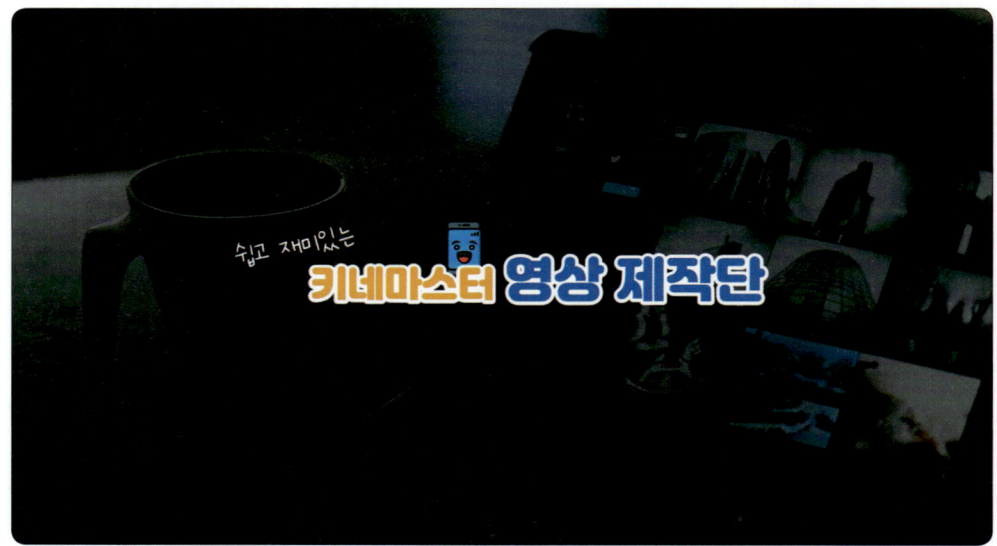

02 미리캔버스로 채널아트를 만들어요

01 '미리캔버스'를 활용하여 채널아트를 만들어 봅시다. 웹 브라우저를 실행하고 포털사이트 검색창에 '미리캔버스'를 검색합니다. '디자인 플랫폼 미리캔버스' 사이트를 클릭해요.

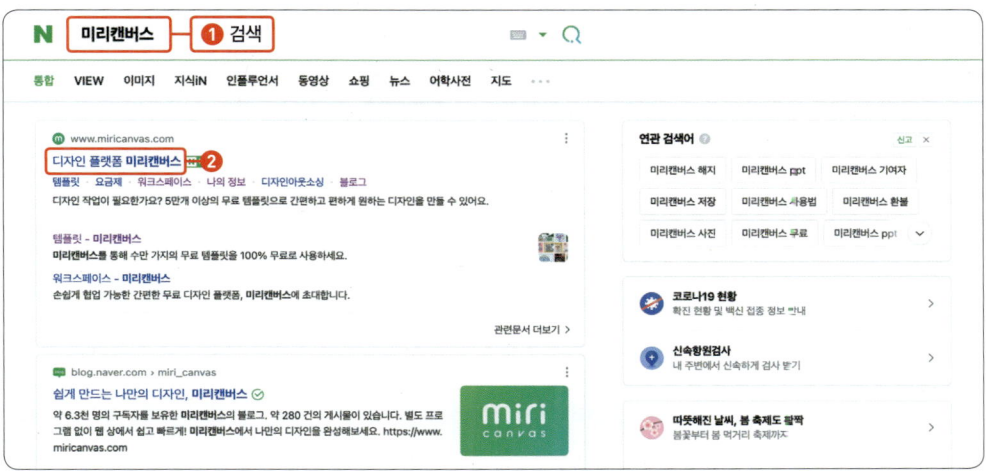

02 미리캔버스 홈페이지가 나타나면 오른쪽 위의 [5초 회원가입]을 클릭해요. 그럼 회원가입을 할 수 있는 창이 열리는데 원하는 방식을 선택해 회원가입을 해요. 아직 이메일이 없다면 부모님의 도움을 받아 가입해요.

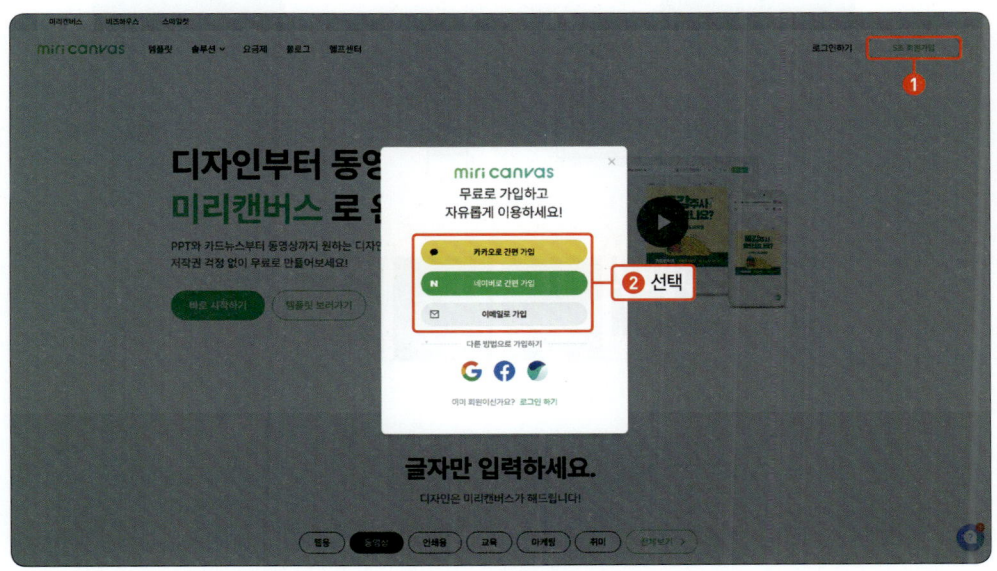

03 가입 후 로그인을 하면 다음과 같은 메인 화면이 나와요.

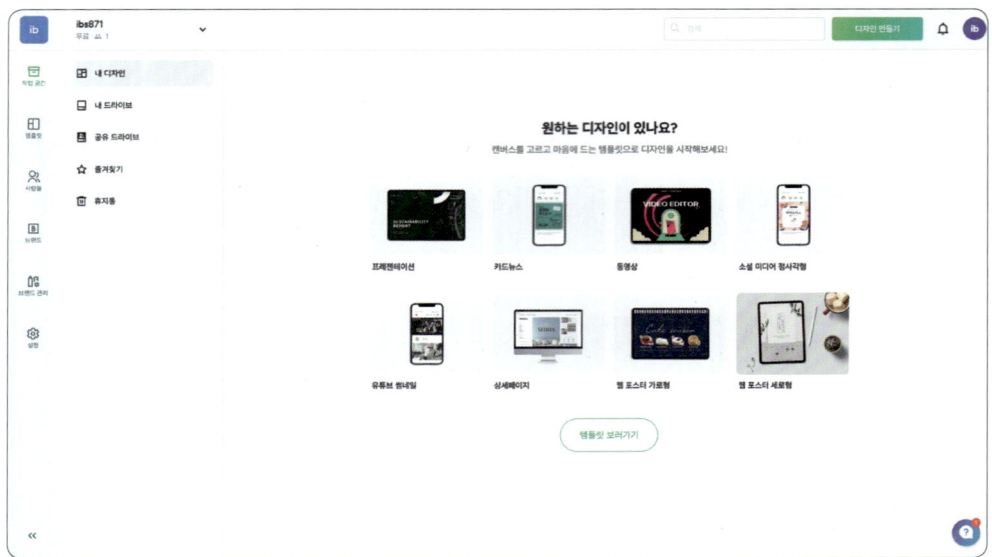

04 채널 아트를 만들기 위해 왼쪽 메뉴바에서 템플릿을 선택한 후, 검색 창에 '채널 아트'라고 검색해 보세요.

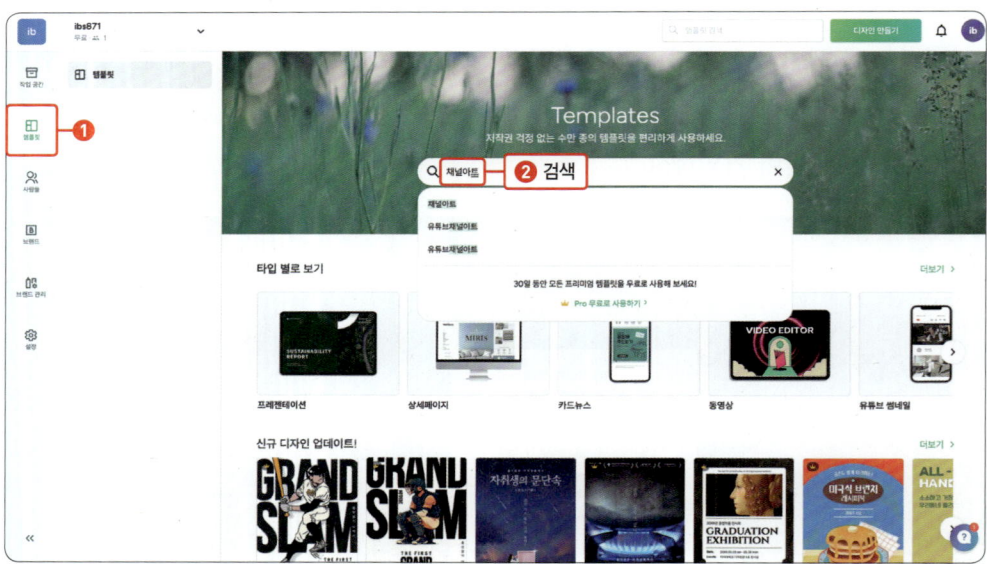

05 검색 결과 중 원하는 디자인을 선택하고 [이 템플릿 사용하기]를 클릭해요.

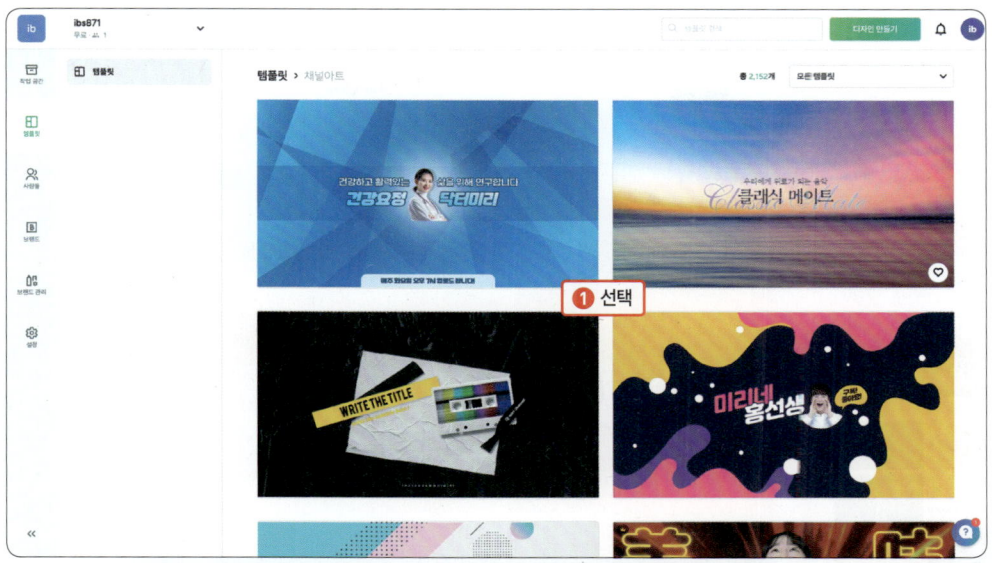

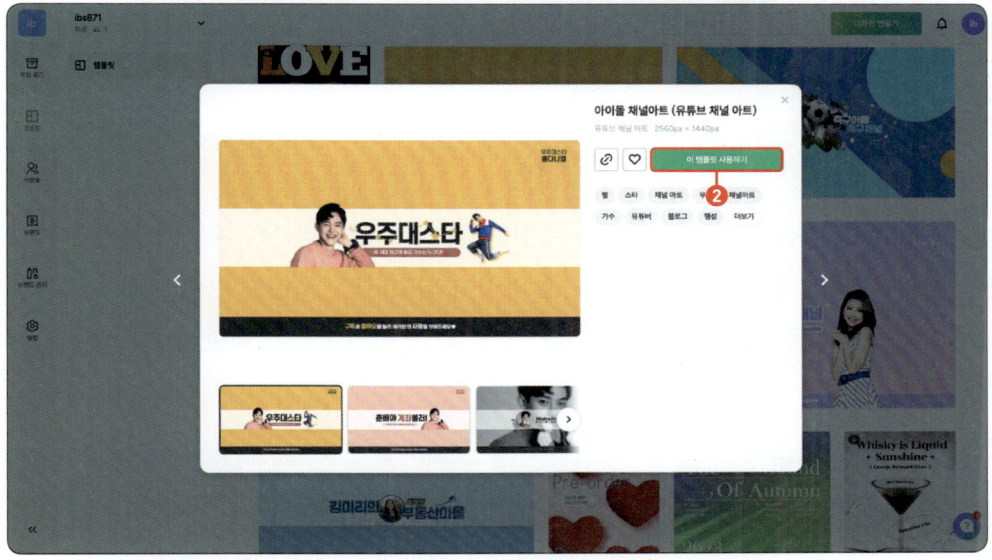

06 새로운 탭에 채널 아트를 편집할 수 있는 상세 페이지가 나타납니다. 템플릿에는 텍스트, 그림, 배경 등이 모두 포함되어 있어요. 그리고 모든 요소를 사용자가 원하는 대로 수정하거나 삭제할 수 있습니다. 채널 아트의 이름을 바꾸기 위해 텍스트를 편집하는 방법부터 알아볼까요?

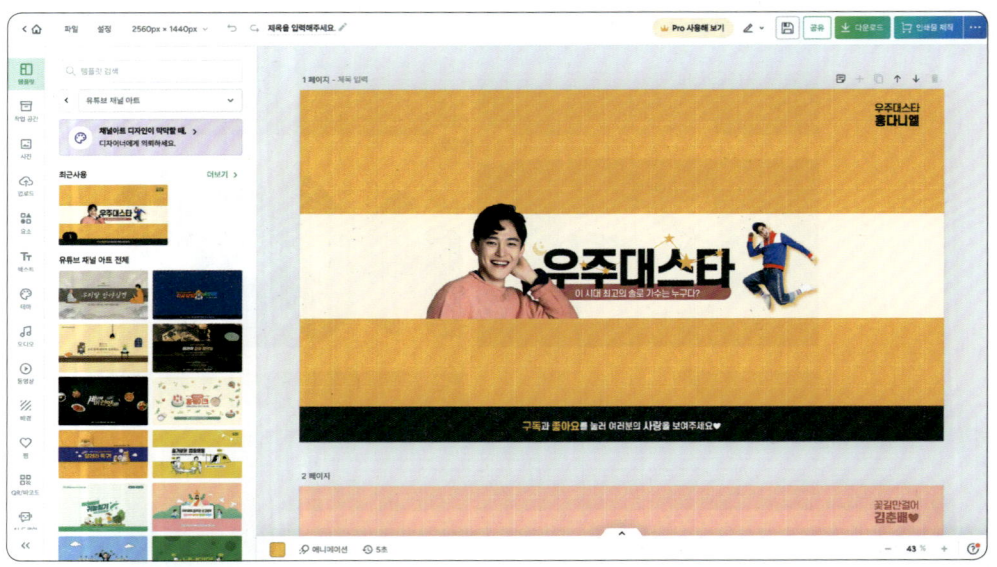

07 제목 텍스트를 더블 클릭하여 내용을 수정할 수 있어요. 여러분의 채널에 알맞은 이름으로 바꿔 봅시다. 이때 텍스트가 자동으로 줄 바꿈이 되었다면, 오른쪽 흰색 막대를 오른쪽으로 드래그하면 텍스트가 1줄로 정렬됩니다. 필요 없는 이미지를 선택한 후 Delete 를 눌러 지워요.

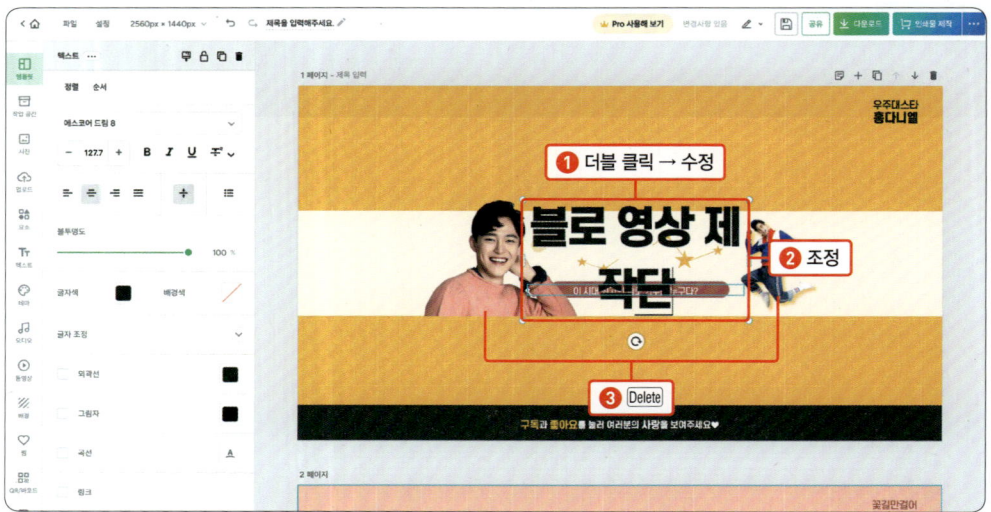

08 텍스트 드래그해 위치를 옮기고, 나머지 글자도 동일한 방법으로 수정해 볼까요?

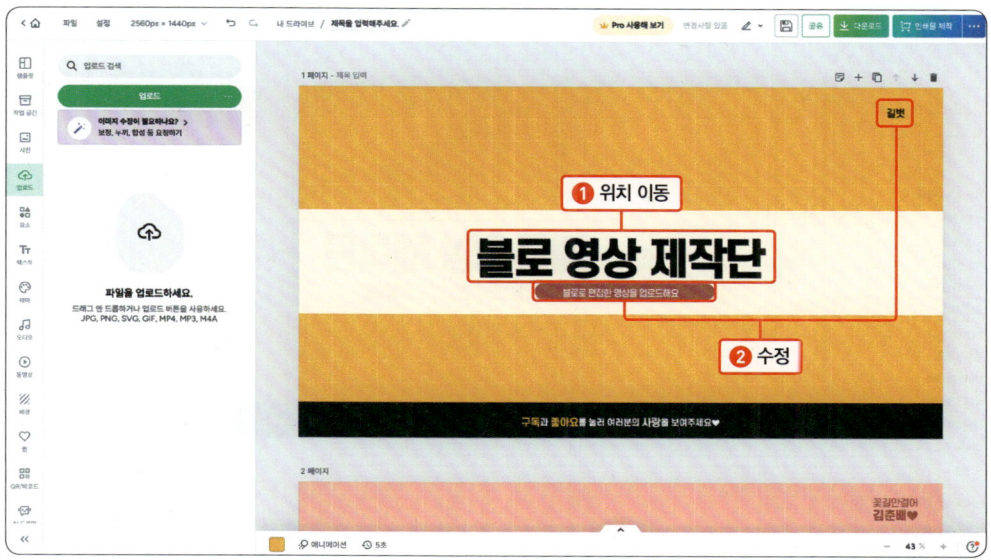

09 텍스트의 글꼴, 색상 등을 변경해 보겠습니다. 텍스트를 클릭하면 왼쪽에 텍스트 편집 창이 활성화됩니다. 글꼴, 크기, 불투명도, 색상 등을 설정해 텍스트를 꾸밀 수 있어요.

10 텍스트를 선택한 후 왼쪽에 있는 글꼴 메뉴를 클릭해 원하는 글꼴로 바꿔 보세요.

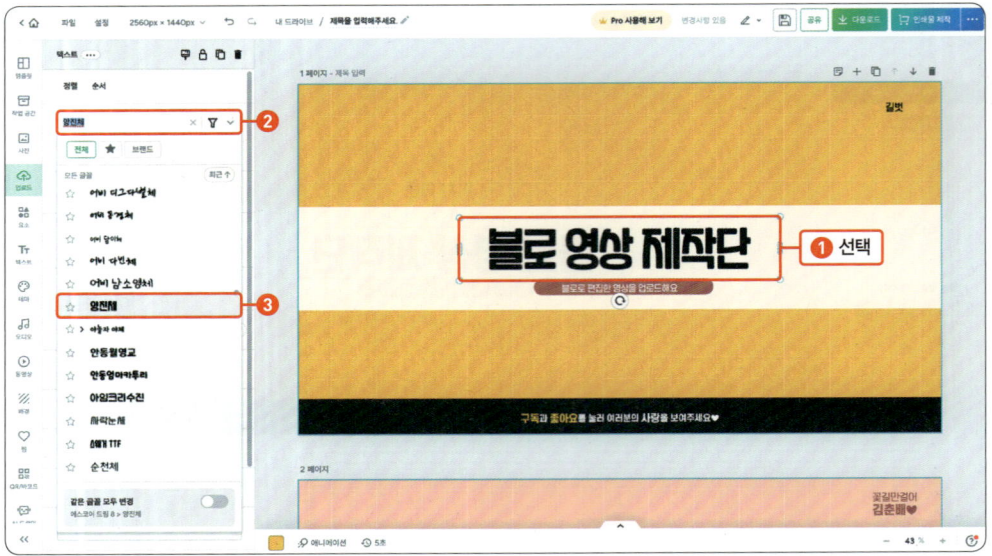

11 텍스트를 드래그하여 바꾸고 싶은 텍스트만 선택하고 왼쪽 [글자색] 메뉴의 오른쪽의 색상 칸을 클릭하여 색상을 바꿔 보세요.

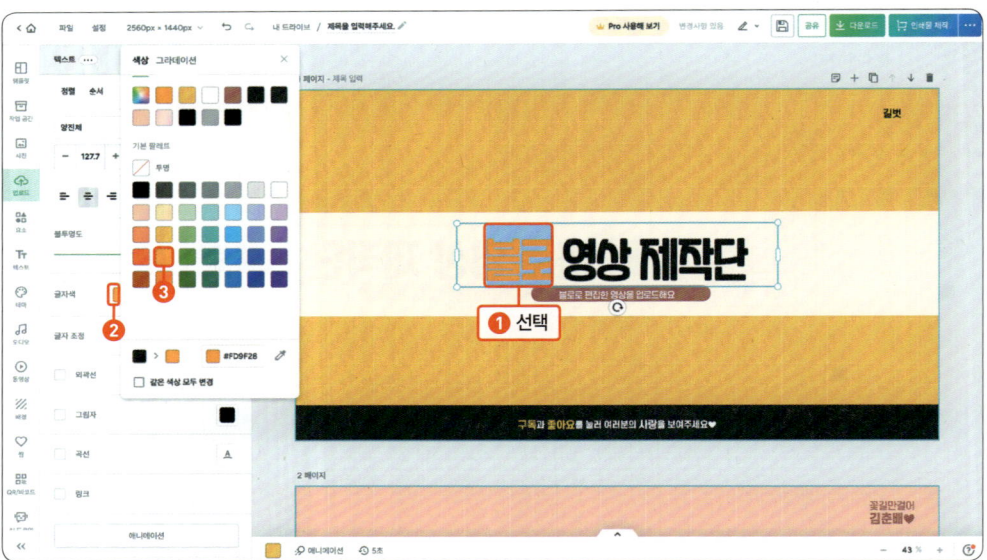

12 텍스트를 선택하고 [외곽선]에 체크한 후 텍스트의 외곽선 색상과 두께도 변경할 수 있어요.

13 채널아트에 어울리는 일러스트를 넣어 봅시다. 왼쪽 메뉴에서 [요소]를 선택한 후 검색창에 원하는 일러스트를 검색해요. 검색 결과 중에서 원하는 일러스트를 선택하면 작업 화면에 나타납니다.

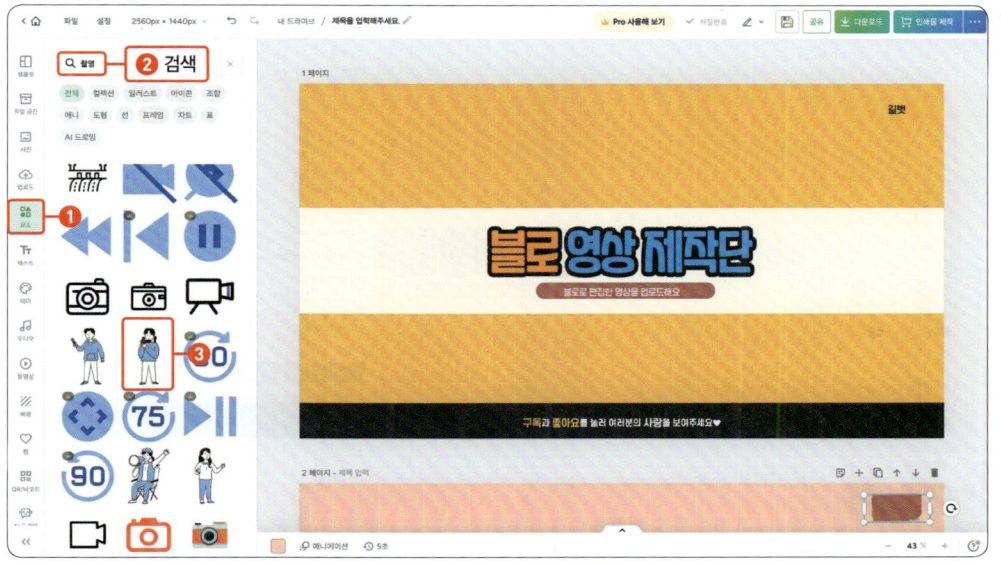

14 일러스트를 선택하면 테두리가 나타나요. 그 테두리 위의 점을 드래그하면 크기를 조절할 수 있습니다. 또, 일러스트를 선택해 드래그하면 위치를 옮길 수 있어요.

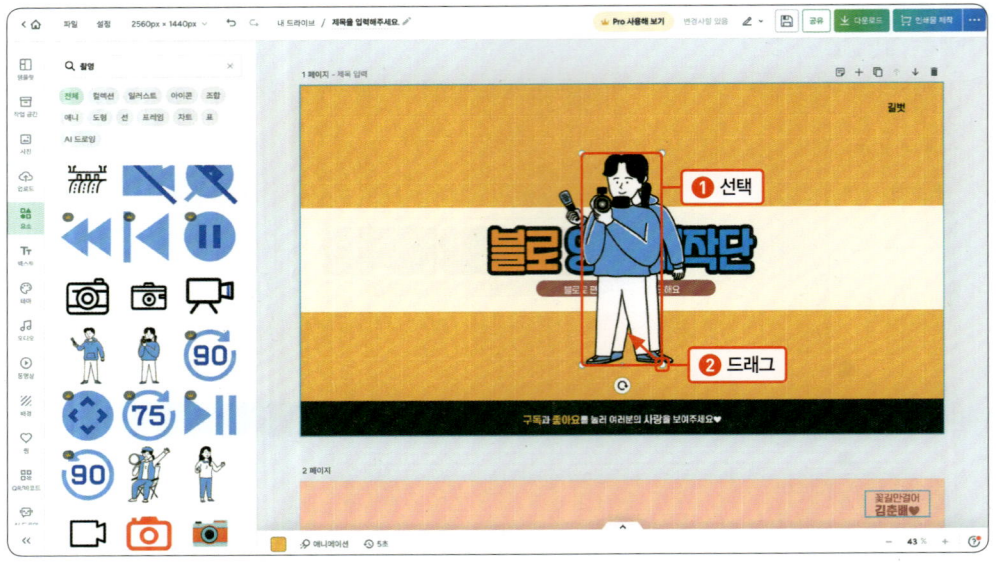

15 작업한 채널아트를 그림 파일로 저장해 볼까요? 오른쪽 위의 [다운로드]를 클릭한 후 [웹용]의 [PNG]를 선택하고, '페이지 선택' 아래의 문구를 클릭해 다운로드할 페이지를 정해요. 그리고 [빠른 다운로드]를 클릭하면 채널아트를 그림 파일로 저장할 수 있어요.

TipTalk 다운로드한 파일은 '문서'의 '다운로드' 폴더에서 확인할 수 있어요.

03 채널 아트를 등록해요

01 채널 아트를 완성했다면 내 채널을 예쁘게 꾸며 볼까요? 유튜브에 접속해 [내 계정] - [내 채널]을 클릭해요.

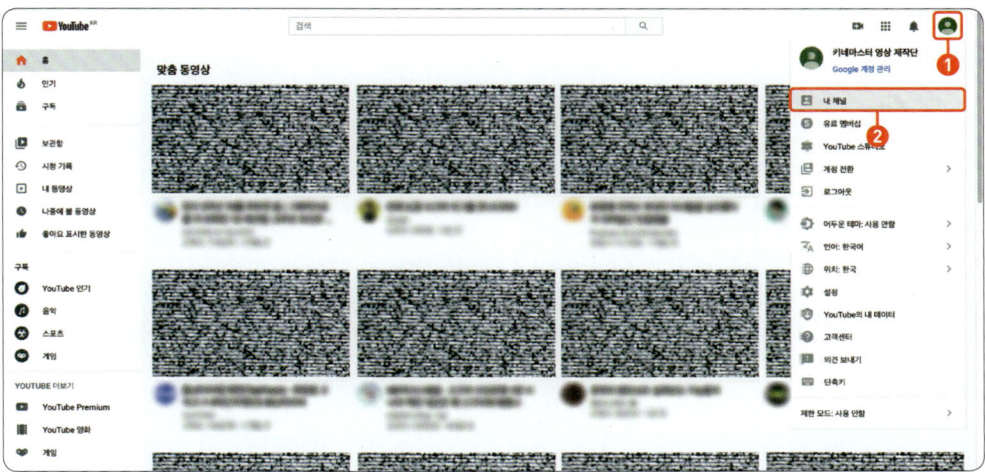

02 채널 관리 페이지에서 [채널 맞춤설정]을 클릭하세요.

03 채널 아트 추가]를 클릭하세요.

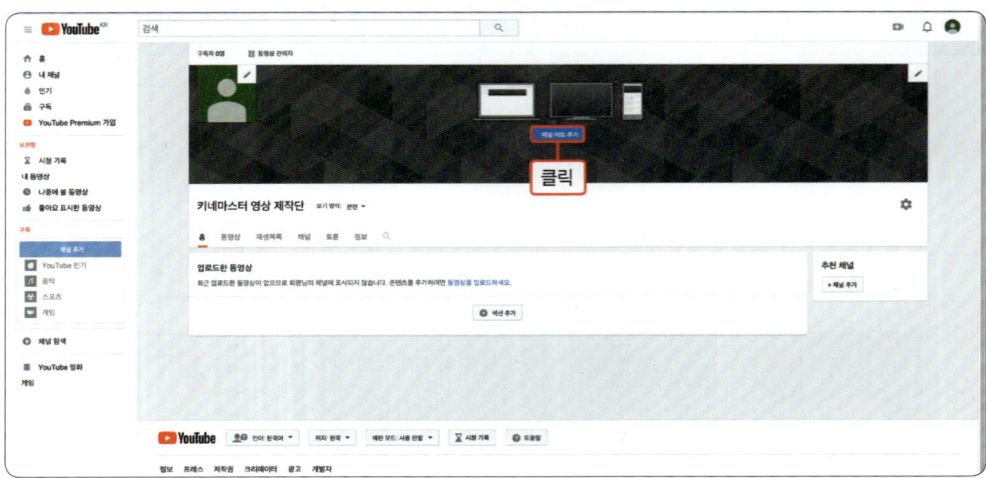

04 '채널 아트' 창이 나타나면 [컴퓨터에서 사진 선택]을 클릭해 미리 만들어 둔 채널 아트 이미지를 선택해요.

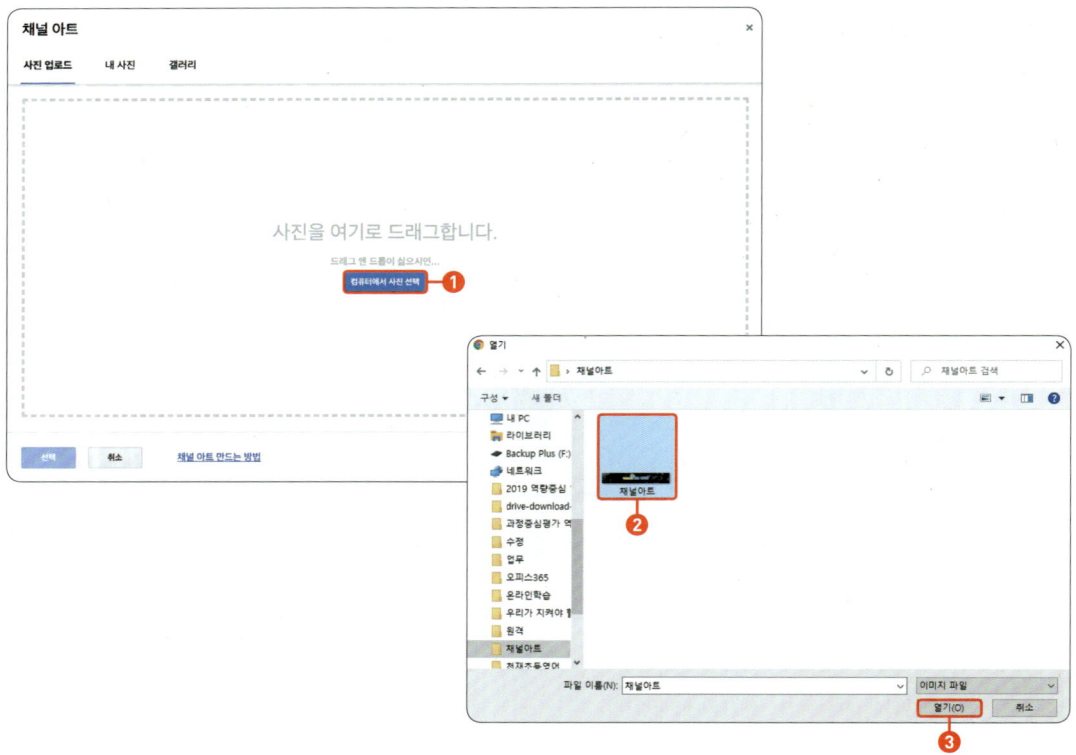

05 이미지 업로드가 완료되면 각각의 기기에서 채널 아트가 어떻게 나타나는지 미리 확인할 수 있어요. 고치고 싶은 부분이 있다면 이미지를 수정한 후 다시 업로드하세요. 수정할 부분이 없다면 [선택]을 클릭하세요.

06 내 채널에 적용된 채널 아트를 확인할 수 있어요.

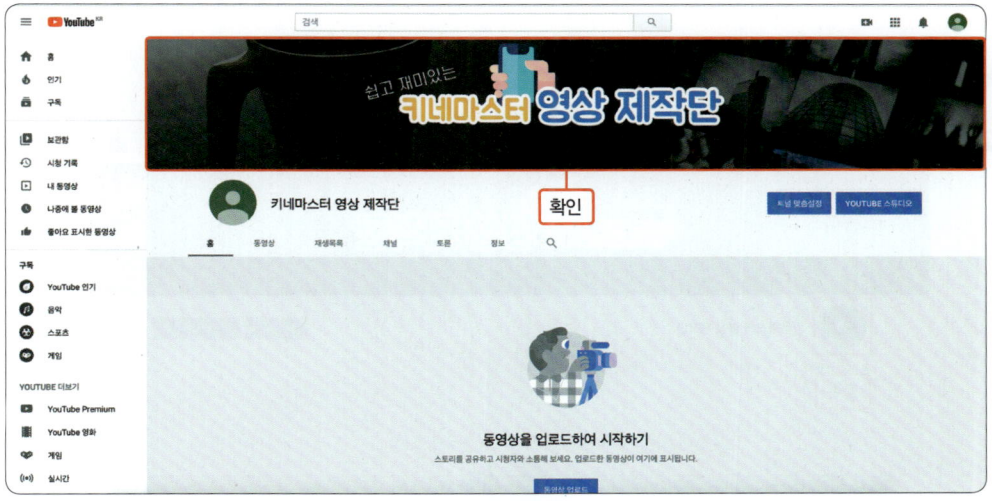

04 채널 아이콘을 등록해요

01 이번엔 채널 아이콘을 등록해 볼까요? 유튜브 메인 화면 오른쪽 위의 [내 계정] - [내 채널]을 클릭해요.

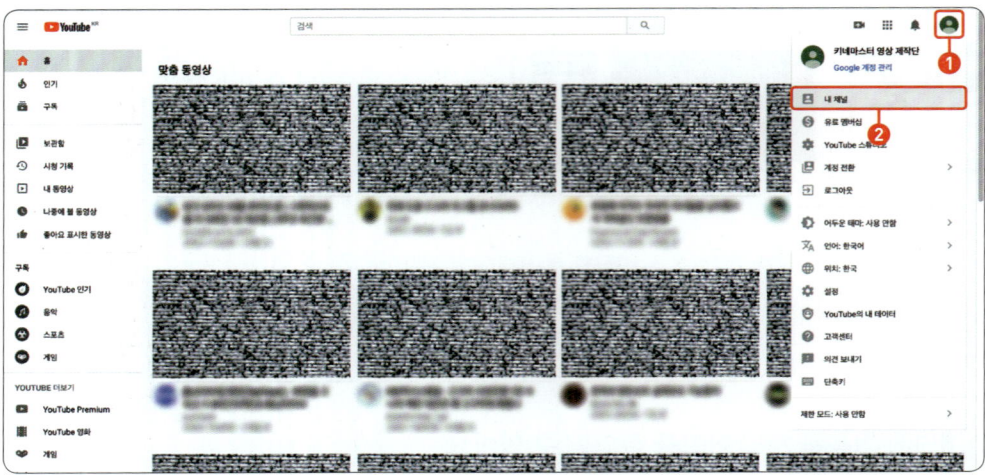

02 채널 이름 옆의 사람 모양 그림을 클릭해요.

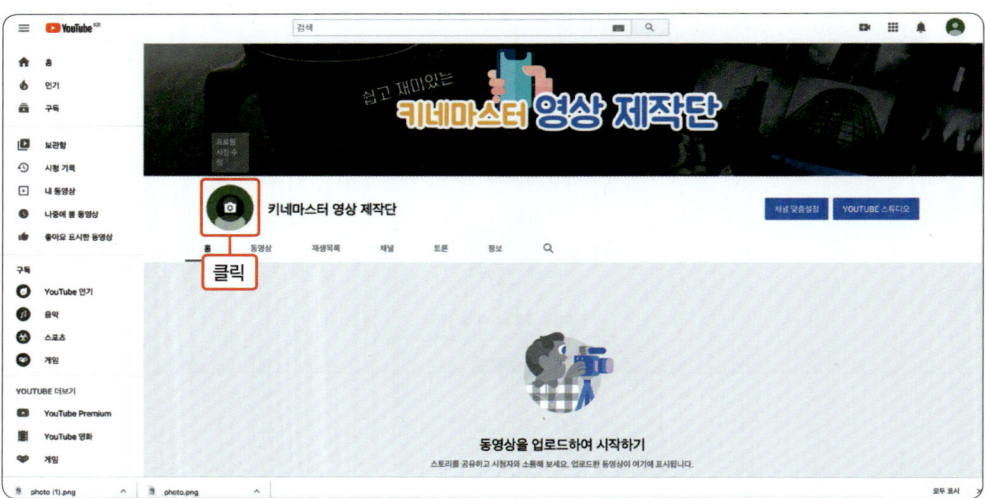

03 '프로필 사진 선택' 창이 나타나면 [컴퓨터에서 사진 선택]을 클릭합니다. 대화상자에서 채널 아이콘으로 등록할 이미지를 선택하고 [열기]를 클릭하세요.

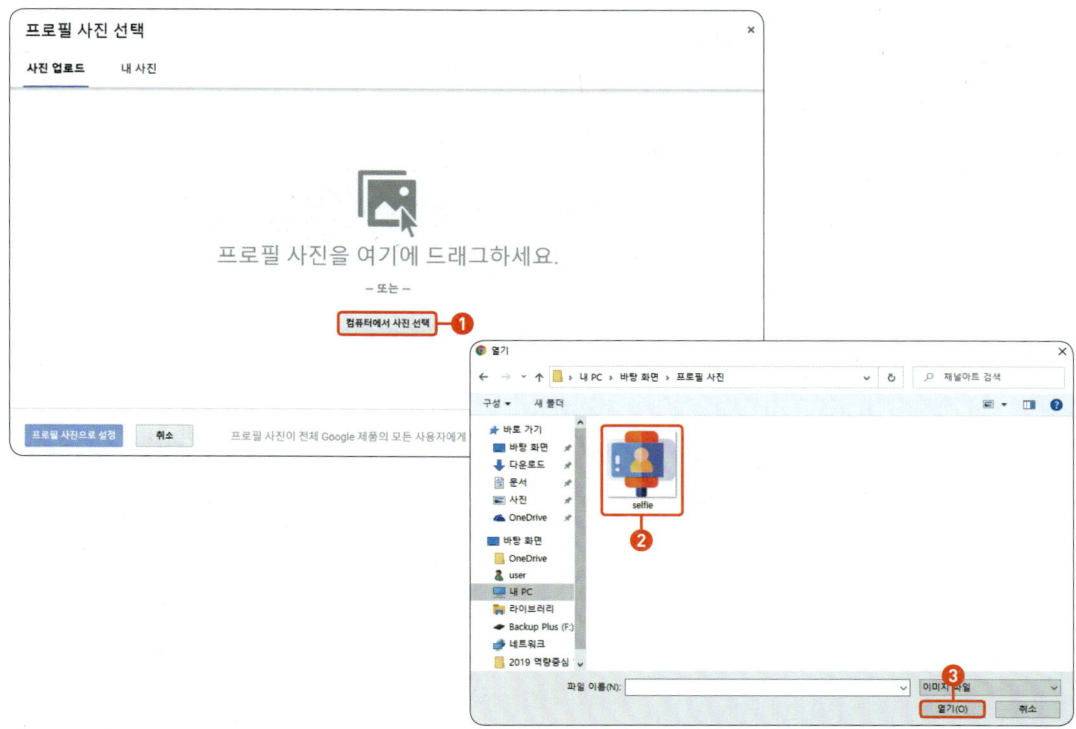

04 '프로필 사진 선택' 창이 나타나면 [컴퓨터에서 사진 선택]을 클릭합니다. 대화상자에서 채널 아이콘으로 등록할 이미지를 선택하고 [열기]를 클릭하세요.

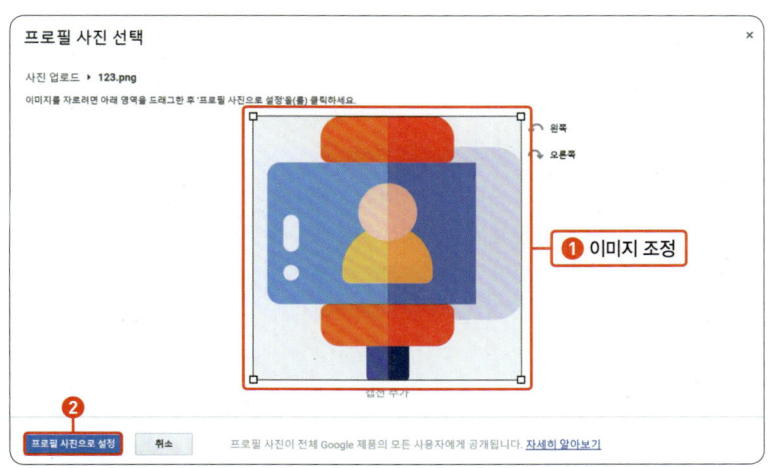

내가 만든 영상을 업로드해요

채널에 영상을 올렸는데 뭔가 어색해 보여.

어, 그러게? 유튜버들이 업로드한 영상을 보면 영상을 클릭하기 전에 제목이 보이던데!

그건 바로 '섬네일(Thumbnail)'이라고 하는 거예요. 영상의 제목과 내용을 한눈에 알아볼 수 있도록 작은 화면으로 만든 이미지랍니다.

섬네일이 있으면 영상에 어떤 내용이 담겨 있는지 미리 보여 줄 수 있겠어요.

맞아요. 사람들이 내 영상을 누르고 싶게끔 만들면 좋겠죠?

마치 광고 사진 같네요! 사람들이 내 영상에 좀 더 관심을 가지게 할 수 있으니까요.

이제는 영상 전문가가 다 되었군요! 이번 시간에는 영상의 주제를 잘 보여줄 수 있는 섬네일을 만들어 봅시다.

채널에 영상을 업로드하는 마지막 단계네요. 두근두근!

지금까지 잘 따라와줘서 너무 고마워요. 마지막까지 잘 익혀서 멋진 크리에이터가 되어 봅시다!

영상의 첫인상을 결정하는 섬네일

'섬네일(Thumbnail)'이란 엄지손가락을 뜻하는 영어 단어 '썸(Thumb)'과 손톱을 의미하는 영어 단어 '손톱(nail)'의 합성어로, 영상이나 홈페이지를 미리 살펴볼 수 있도록 작게 줄인 사진을 말해요. 사진을 엄지손가락만큼 작게 줄였다는 뜻이겠죠?

영상을 업로드할 때 섬네일이 필요한 이유는 무엇일까요? 섬네일은 영상의 광고 사진과 같아요. 광고 사진은 사람들이 상품에 관심을 갖게 하는 역할을 합니다. 섬네일도 마찬가지예요. 사람들은 유튜브를 둘러보다가 영상의 섬네일을 보고 영상을 클릭합니다. 따라서 사람들의 흥미를 끌기 위해서는 적절한 섬네일이 필요해요. 영상의 주제와 내용이 사진 한 장에 드러나도록 담는 것이 중요합니다.

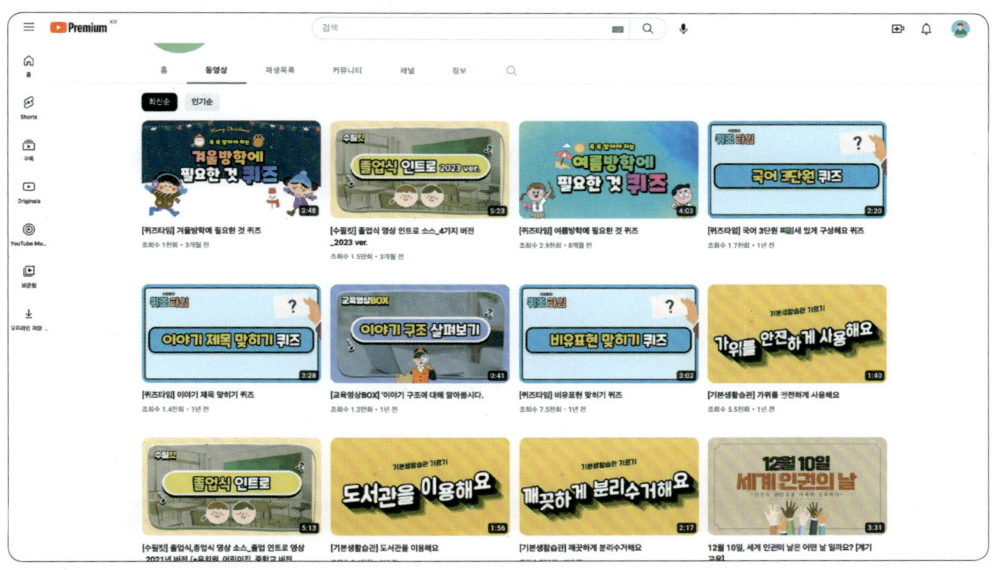

▲ 영상의 특징을 보여 주는 섬네일

섬네일을 만들기 전, 알맞은 이미지 크기를 알아봅시다. 채널 아트와 달리 섬네일은 모든 기기에서 같은 크기로 보인답니다. 추천하는 섬네일 이미지의 크기는 '1280×720'입니다. 이미지 크기가 커지면 용량이 늘어나서 섬네일이 업로드 되지 않을 수도 있으니 주의하세요. 또한 'jpg', 'gif', 'png'와 같은 이미지 파일 형식으로 업로드해야 합니다.

눈에 띄는 섬네일을 만들어요

01 홈페이지에서 다운로드한 '부록' 폴더에서 '섬네일.pptx' 파일을 실행하세요.

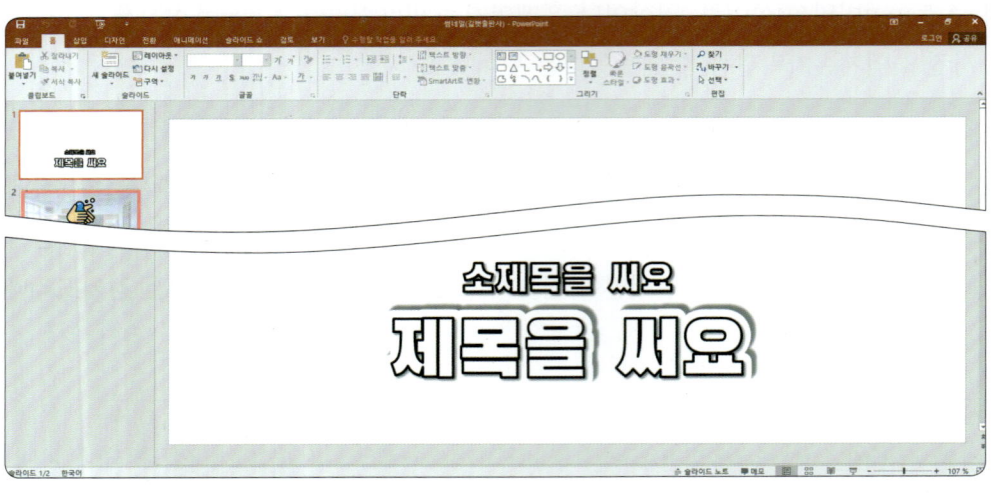

TipTalk '섬네일.pptx'에 사용한 '검은 고딕' 폰트는 네이버 등 포털 사이트에서 무료로 다운로드할 수 있어요.

02 '제목을 써요' 부분에 영상의 제목을 입력하세요. 제목 아래에 내용과 맞지 않는 회색 글씨가 보이죠? 그림자 효과를 주기 위해 만들어 둔 배경 글씨랍니다. 그 글씨를 선택해 제목을 한 번 더 입력하세요. 앞의 글씨 때문에 글이 잘 안 써진다면 제목을 잠깐 다른 위치로 옮긴 후 입력하세요.

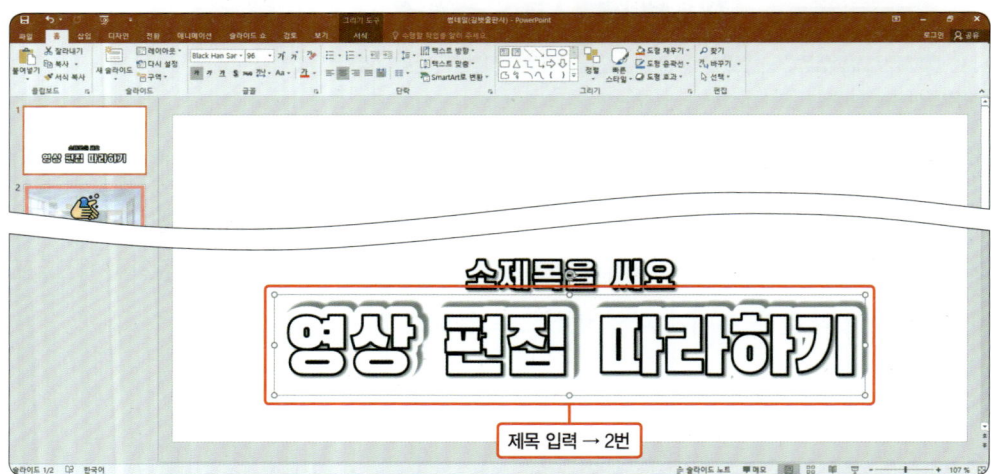

03 '소제목을 써요'를 클릭해 영상을 보충 설명할 수 있는 말을 입력합니다. '초등학생도 아~ 주 쉽게 따라하는'이라고 입력해 영상의 내용을 더 자세히 설명했어요.

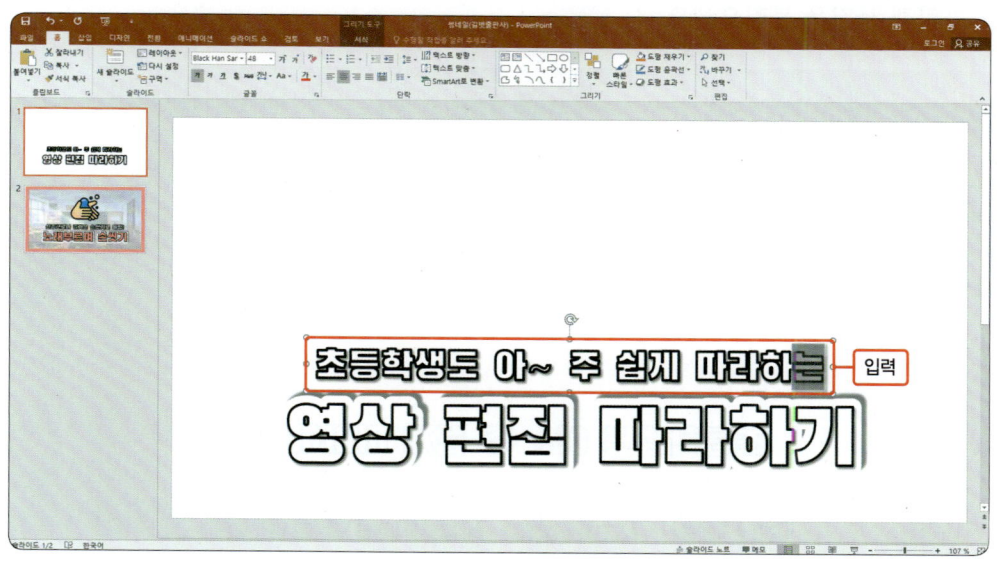

TipTalk # 사람들은 섬네일의 글을 보고 시청할 영상을 선택하는 경우가 많으므로 관심을 끌 수 있는 제목과 설명을 입력하는 것이 좋아요. 하지만 지나치게 자극적인 언어를 사용해서는 안 되겠죠?

04 글씨 색깔을 바꿔 볼게요. '통일성'을 위해 사용할 색깔을 하나로 정해 주세요. 영상과 관련된 색깔이나 내가 좋아하는 색깔로 결정하면 되겠죠? 마우스로 글씨를 드래그하고 [홈] 탭의 [글꼴] 그룹에서 [글꼴 색] 을 클릭해 원하는 색깔을 선택하세요.

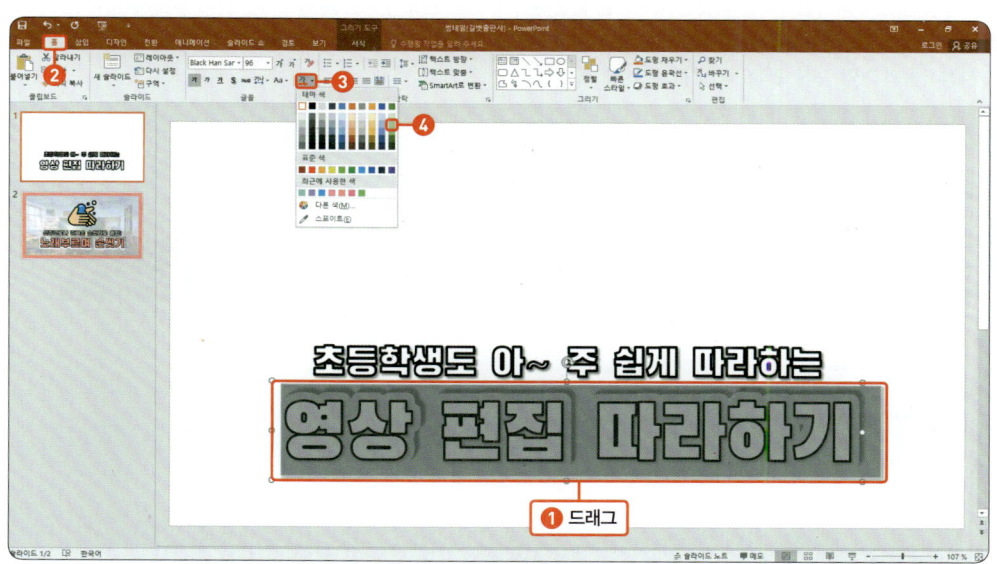

05 섬네일 이미지에 배경 사진을 넣어 볼게요. 40쪽에서 배운 방법으로 다운로드한 사진을 사용하거나 영상의 일부분을 캡처해서 사용하면 됩니다. [삽입] 탭의 [이미지] 그룹에서 [그림]을 클릭해 사진을 불러오세요.

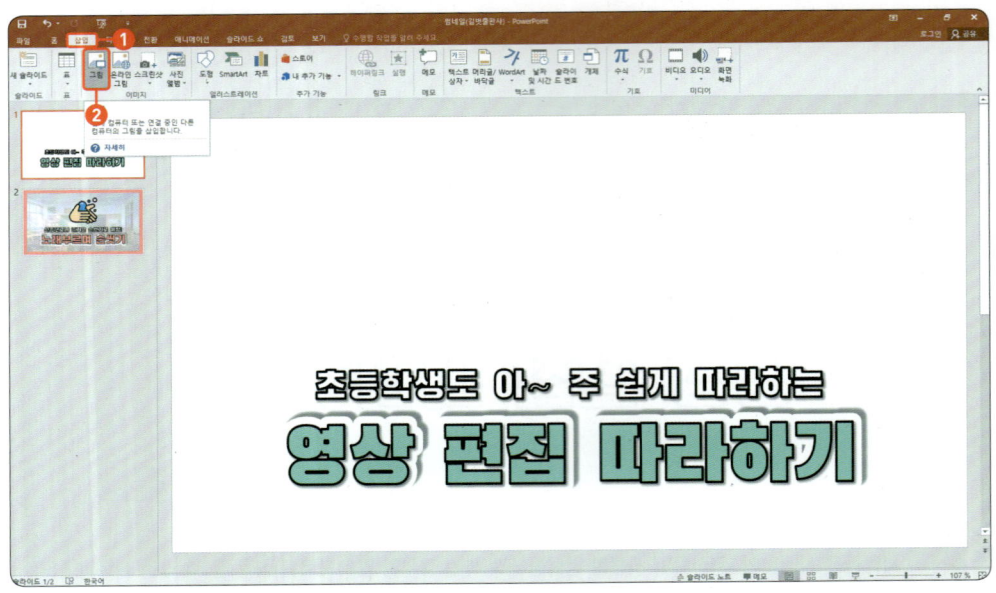

잠깐만요 섬네일을 만들 때 통일성이 중요한 이유는 무엇인가요?

'통일성'을 갖추었다는 것은 모든 요소가 하나의 특징을 가지고 조화를 이루고 있다는 의미입니다. 한 채널, 특히 같은 재생 목록 안에서는 섬네일이 통일성을 갖추는 것이 중요합니다. 섬네일만 보고도 어떤 채널의 영상이라는 것을 한 번에 떠올릴 수 있기 때문입니다.

섬네일을 통일성 있게 디자인하려면 비슷한 이미지를 활용하거나, 같은 폰트나 색상을 이용하는 것이 좋습니다. 내 채널의 특성을 살려 섬네일을 조화롭게 디자인해 보세요! 섬네일만 보고도 여러분의 채널이라는 것을 알 수 있습니다. 내 채널을 시청자들의 기억 속에 오래오래 남길 수도 있고요.

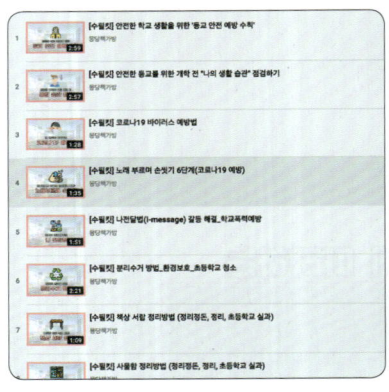

▲ 통일성 있는 섬네일 디자인

06 사진이 글씨를 가렸죠? 사진을 글씨의 뒤로 옮기기 위해 사진을 마우스 오른쪽 버튼으로 클릭하고 [맨 뒤로 보내기] - [맨 뒤로 보내기]를 클릭하세요.

07 사진을 선택하고 배경에 꽉 차도록 모서리를 마우스로 드래그하세요.

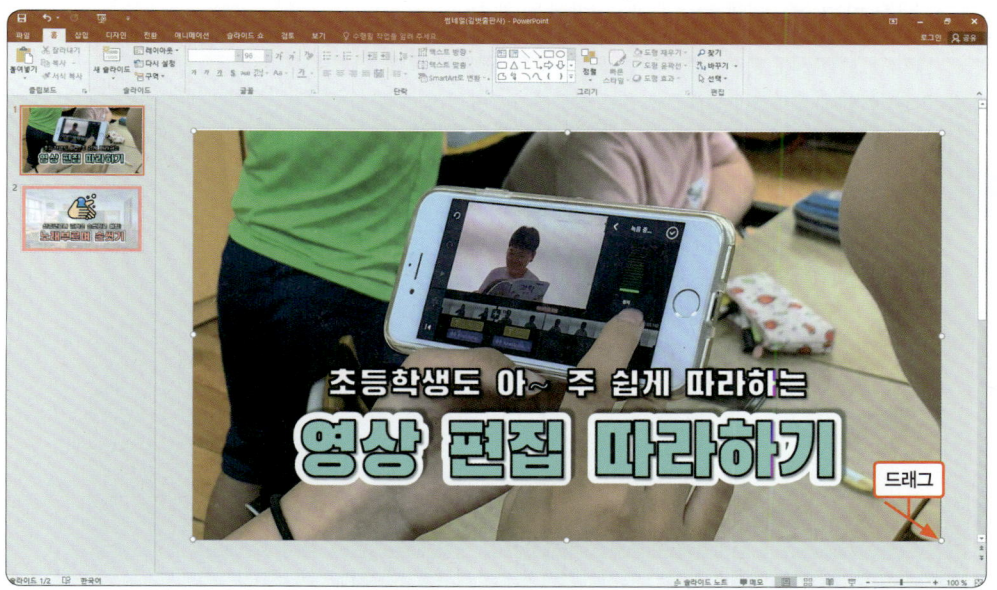

08 사진의 밝기가 밝아서 글씨가 잘 안보이네요. 사진을 마우스 오른쪽 버튼으로 클릭해 [그림 서식]을 선택하세요. 오른쪽 '그림 서식' 메뉴에서 사진의 '밝기'와 '선명도'를 낮추면 글씨가 더 잘보인답니다.

09 테두리를 만들어 볼게요. [삽입] 탭의 [일러스트레이션] 그룹에서 [도형]을 클릭해 [직사각형]을 선택합니다. 화면에 꽉 차게 드래그하세요.

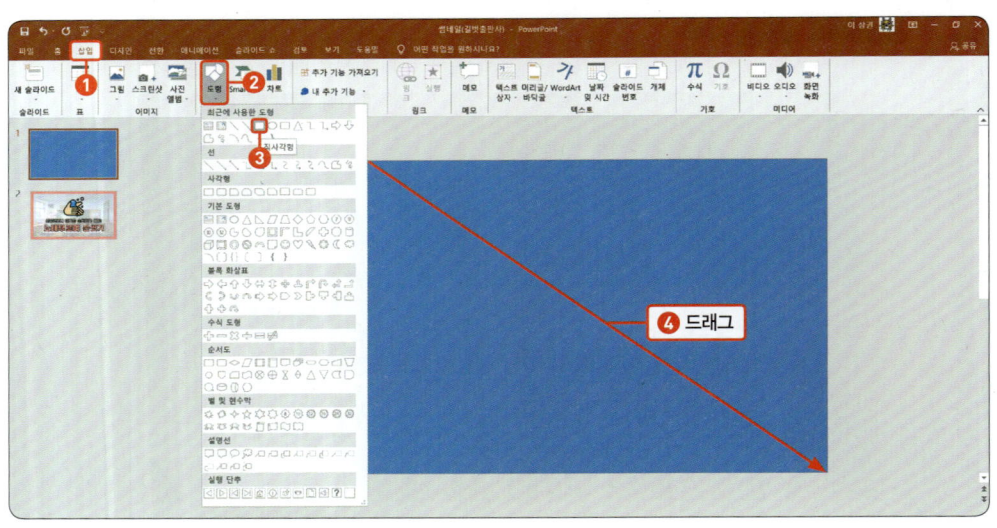

TipTalk 섬네일에 테두리를 추가하면 안정감을 높일 수 있어요.

10 삽입한 사각형의 색을 없애고 윤곽선을 설정하면 테두리 모양이 만들어집니다. 사각형을 선택하고 [도형 채우기] - [채우기 없음]을 클릭하세요.

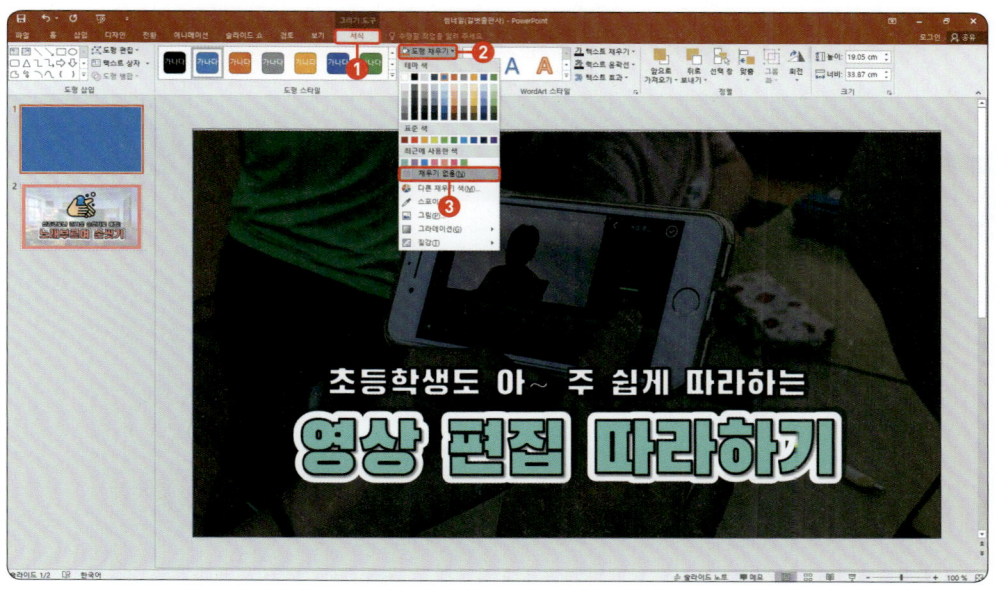

11 [서식] 탭의 [도형 스타일] 그룹에서 [도형 윤곽선]을 클릭해 윤곽선을 만들어 봅시다. 원하는 색을 지정한 후, 테두리를 두껍게 만들기 위해 [두께] - [다른 선]을 클릭해요. '도형 서식' 창이 나타나면 '너비'를 '20pt'로 조절합니다.

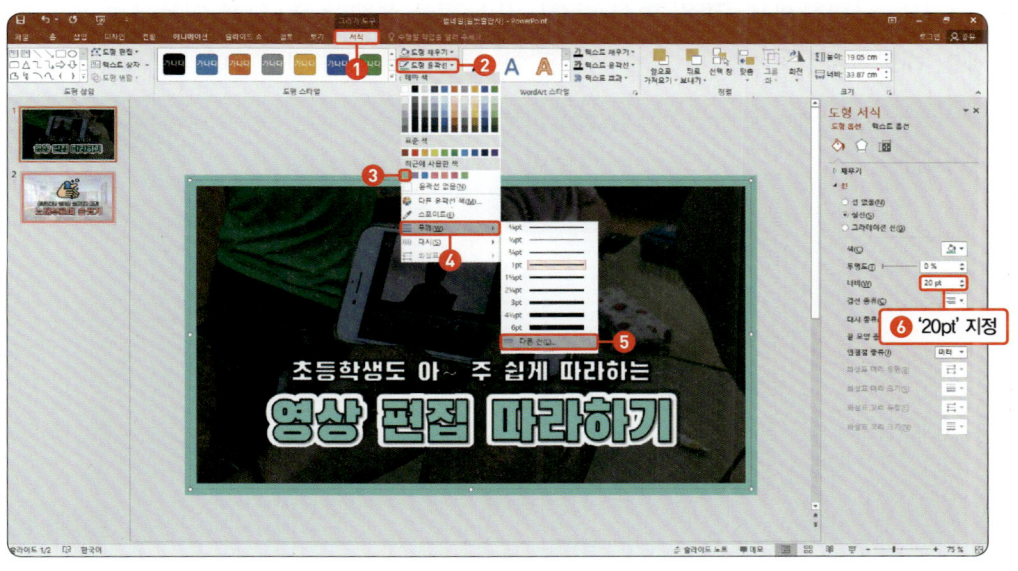

TipTalk 윤곽선을 제목과 같은 색깔로 정하면 통일감이 느껴져요.

12 섬네일에 포인트를 주기 위해 작은 그림을 넣을 거예요. [삽입] 탭의 [이미지] 그룹에서 [그림]을 클릭해 원하는 그림을 불러오고 적당한 곳에 배치하세요.

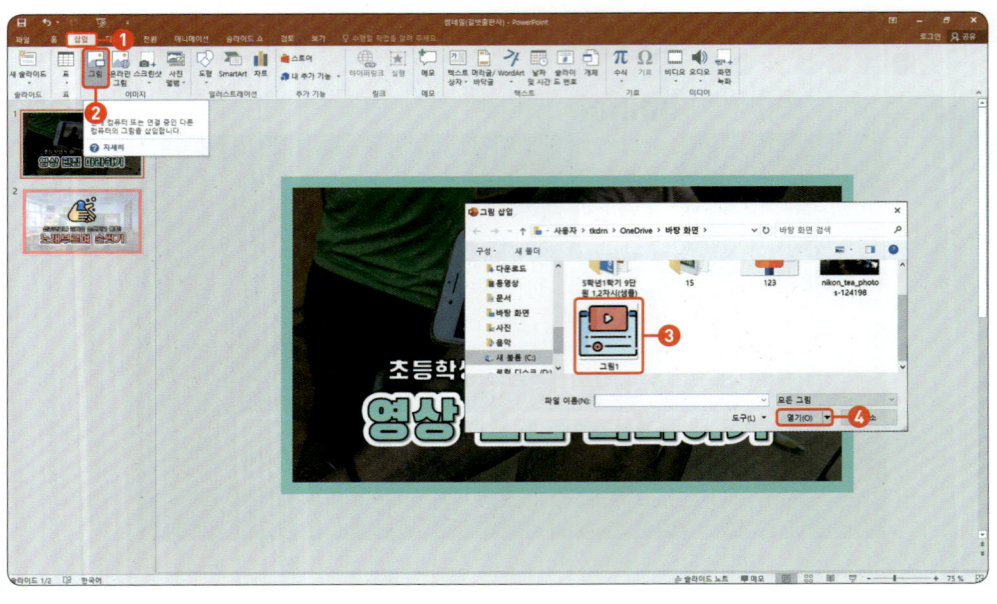

TipTalk '플래티콘(flaticon.com)' 사이트에서 무료 이미지를 다운로드해 보세요.

13 완성된 섬네일을 그림으로 저장해 봅시다. [파일]을 클릭해 화면이 바뀌면 왼쪽 메뉴에서 [내보내기]를 클릭하세요. [파일 형식 변경] - [PNG]을 선택한 후 [다른 이름으로 저장]을 클릭하세요. 대화상자가 나타나면 파일 이름을 입력하고 [저장]을 클릭합니다.

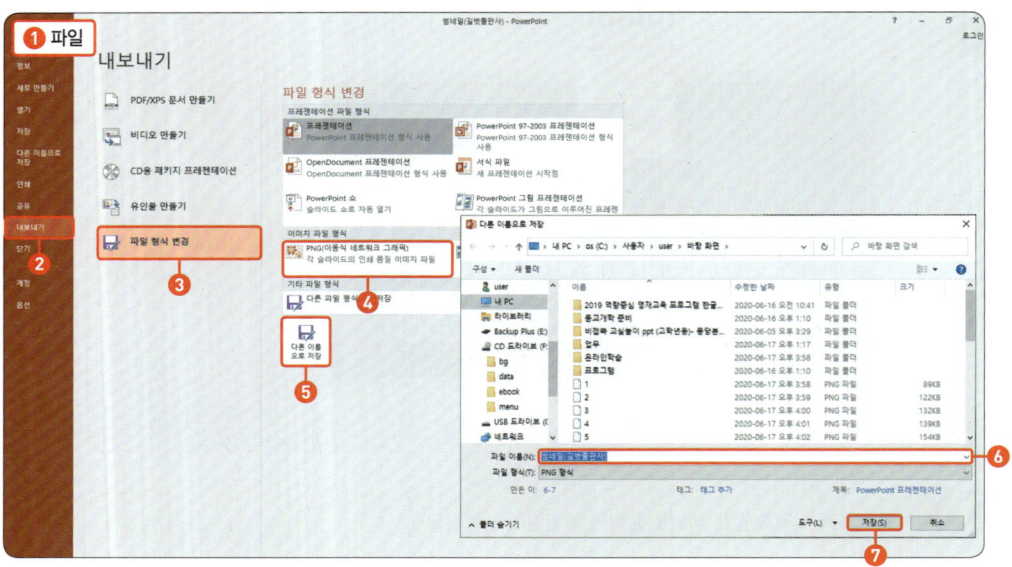

미리캔버스로 섬네일을 만들어요

01 '미리캔버스'를 활용하여 섬네일을 만들어 봅시다. '미리캔버스' 사이트에 접속한 후 오른쪽 위 [로그인하기]를 클릭하고 자신이 회원가입했던 방식으로 로그인합니다.

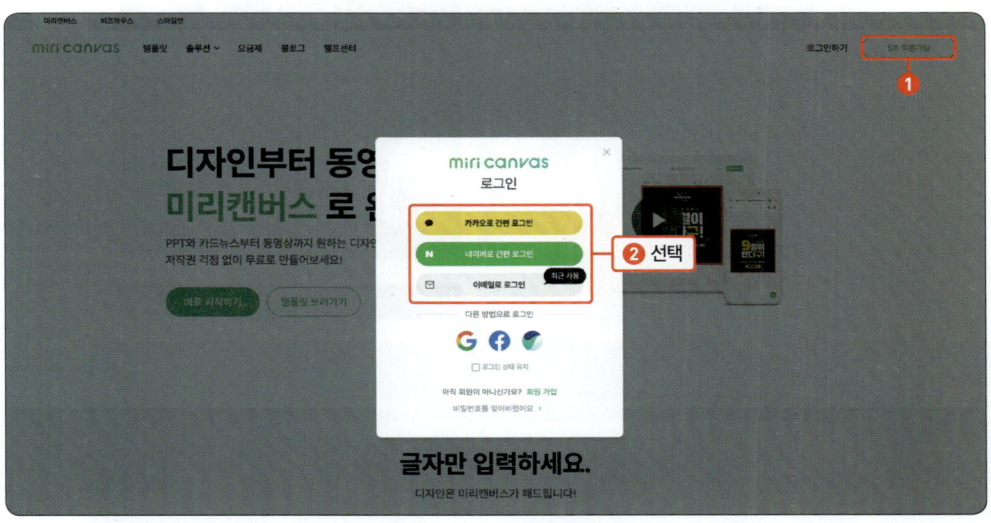

TipTalk 포털 사이트에서 '미리캔버스'를 검색해 접속하면 되겠죠?

02 왼쪽 메뉴에서 [템플릿]을 선택한 후, 검색창에 '섬네일'이라고 검색하세요.

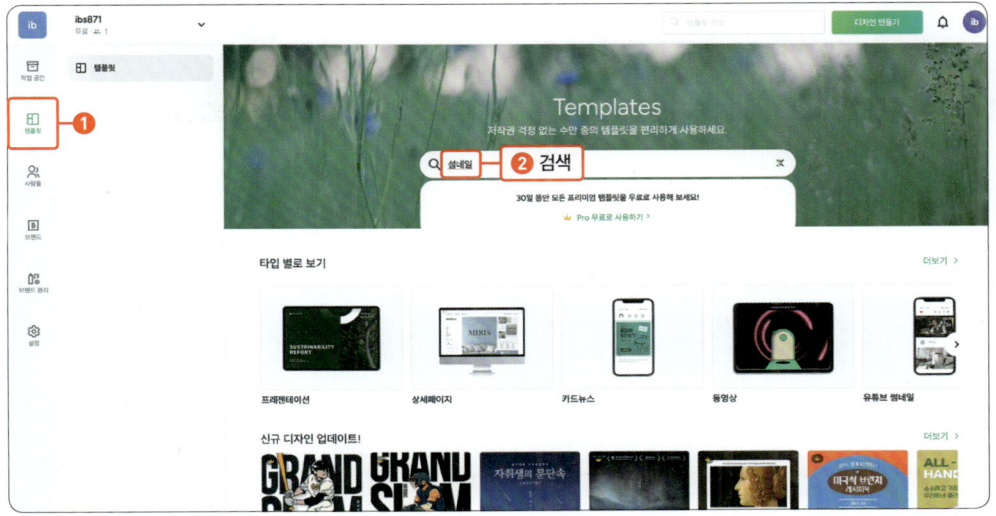

03 원하는 디자인을 클릭한 후 새창에서 [이 템플릿 사용하기]를 눌러요.

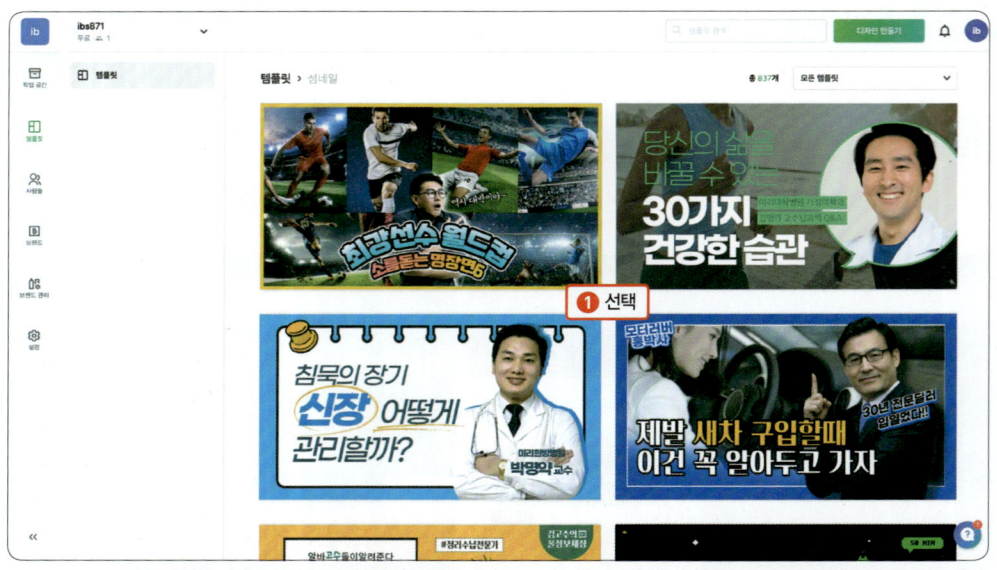

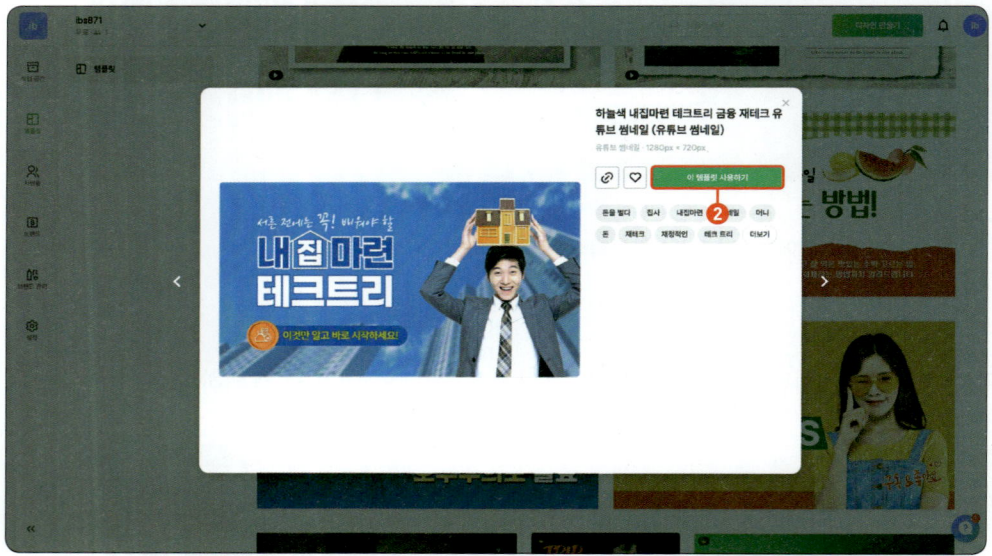

04 새로운 탭에 섬네일을 편집할 수 있는 작업 화면이 나타납니다. 먼저 텍스트를 편집해 봅시다. 텍스트를 더블 클릭한 후 내용을 수정해요. 그런 다음 텍스트를 선택해 마우스로 위치를 옮기고, 필요 없는 이미지를 선택하고 Delete 를 눌러 지워요.

05 텍스트를 선택하면 왼쪽 메뉴에 글꼴, 크기, 불투명도, 색상 등을 설정할 수 있는 창이 나타납니다. 원하는 대로 텍스트를 꾸며 보세요.

06 썸네일에 어울리는 일러스트를 넣어 봅시다. 왼쪽 메뉴에서 [요소]를 클릭한 후 검색창에 원하는 일러스트를 검색해요. 원하는 일러스트를 선택하고 크기를 조절하거나 위치도 옮겨 봅시다.

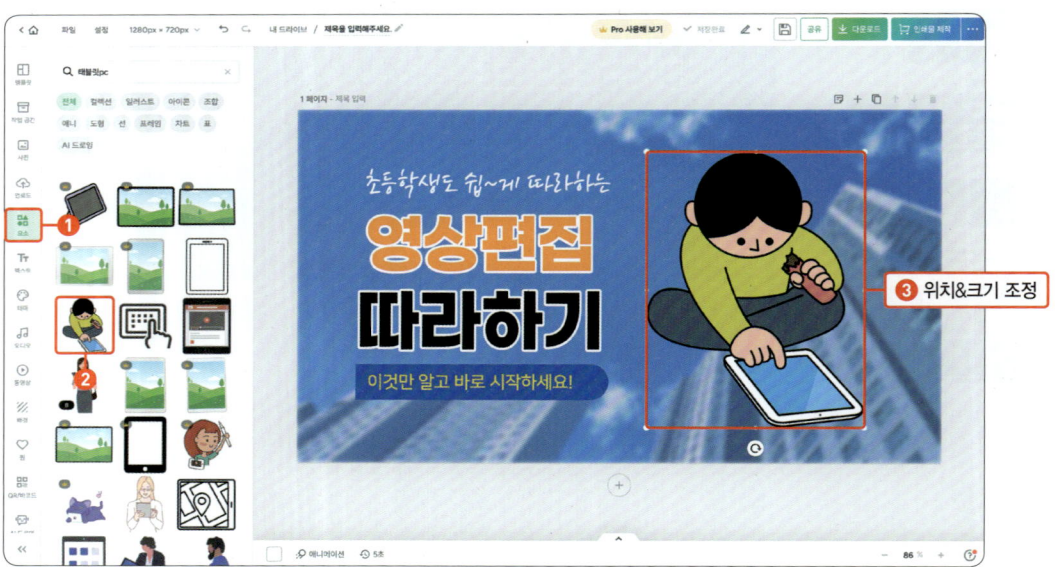

07 섬네일의 배경을 어울리게 바꿔 볼까요? 왼쪽 메뉴에서 [사진]을 클릭한 후 검색창에 원하는 사진을 검색해요. 원하는 사진을 선택하면 작업 화면에 나타납니다.

08 적용된 사진을 선택한 후 테두리의 점을 마우스 왼쪽 버튼으로 누르고 드래그하여 화면을 가득 채우도록 크기를 조절해요.

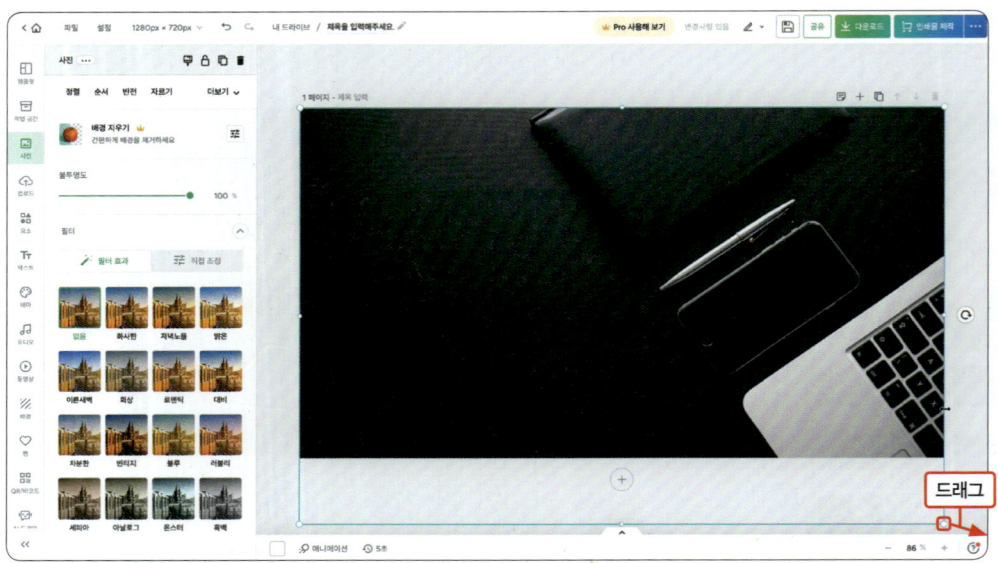

09 사진을 마우스 오른쪽 버튼으로 클릭해 [맨 뒤로 보내기]를 선택해요.

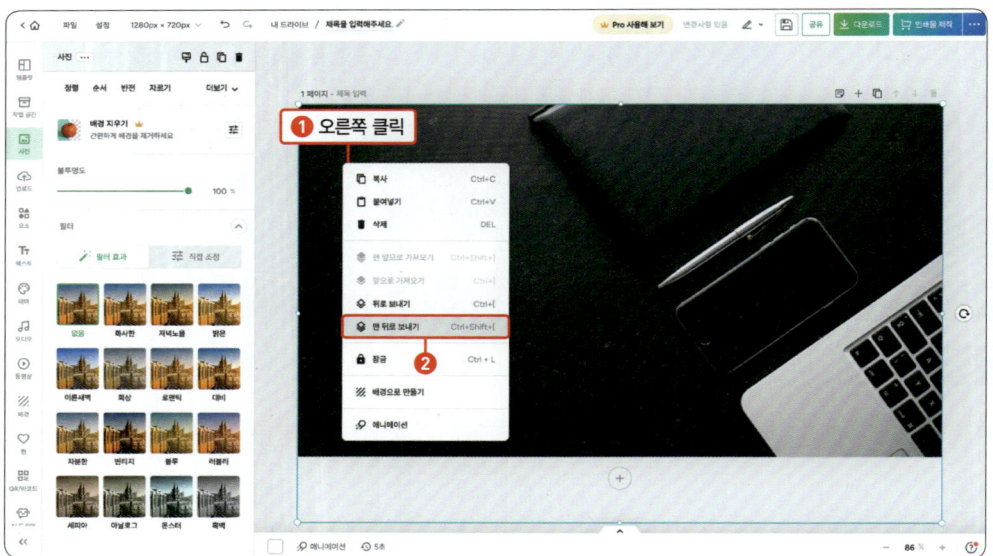

10 마지막으로 섬네일에 테두리를 넣어 볼까요? 왼쪽 메뉴에서 [요소]를 클릭하고 [도형] 카테고리를 선택하세요. 아래의 '기본 도형 테두리'에서 [직사각형]을 클릭해요.

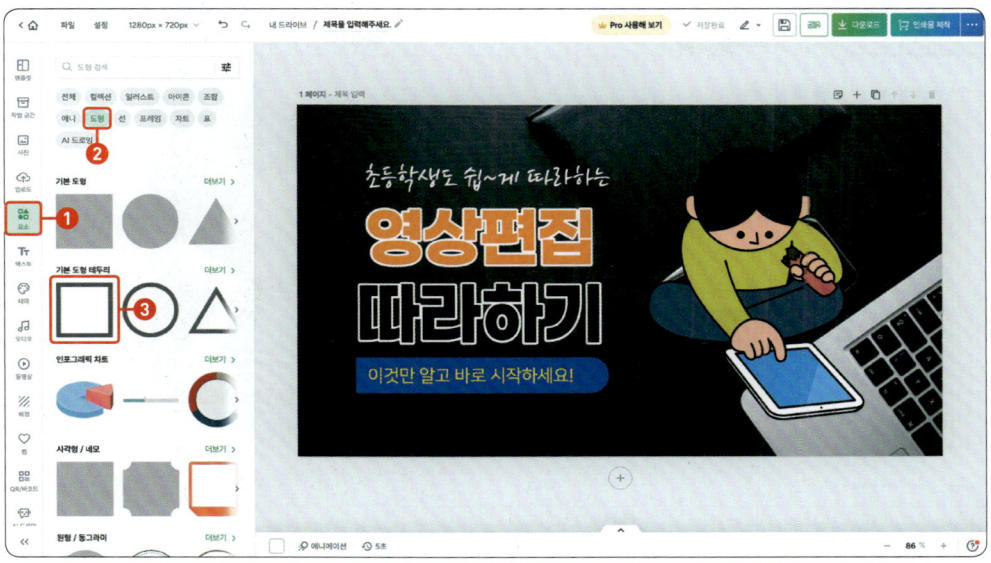

11 적용된 직사각형 테두리의 점을 드래그하여 화면을 꽉 채우도록 크기를 조절해요.

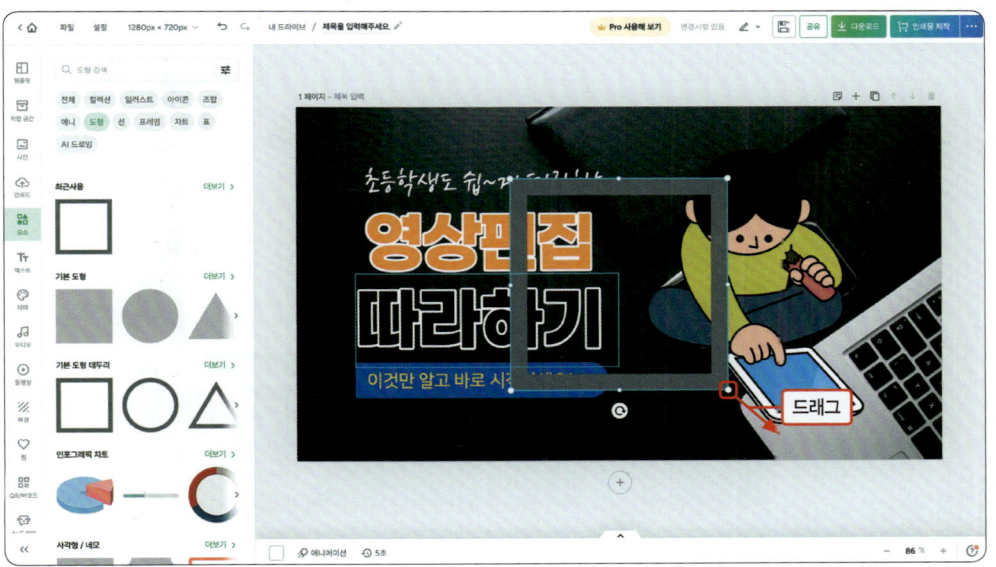

12 왼쪽 메뉴에서 테두리의 색깔이나 두께 등을 알맞게 조절해요.

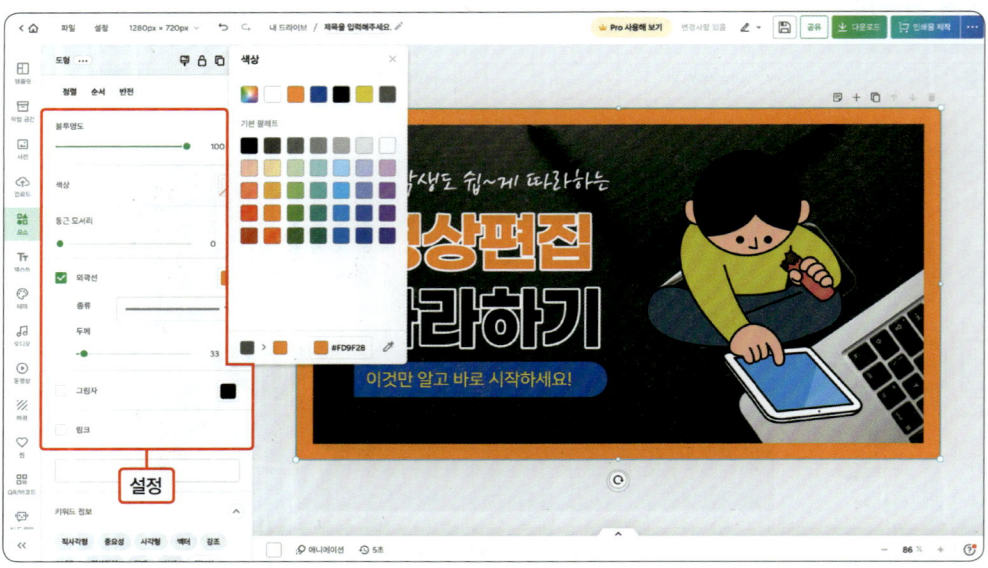

13 작업한 섬네일을 그림 파일로 저장해 볼까요? 작업 화면 오른쪽 위 [다운로드]를 클릭해요. [웹용]의 [PNG]를 선택하고, [페이지 선택]을 클릭해 다운로드할 페이지를 정해요. 그리고 [빠른 다운로드]를 클릭하면 섬네일 파일이 저장됩니다.

무작정 따라하기 03 내 채널에 영상을 업로드해요

01 열심히 만든 나의 영상을 섬네일과 함께 업로드해 볼까요? 먼저 유튜브 메인 화면에 접속해 오른쪽 위 [만들기] ▣ - [동영상 업로드]를 클릭합니다.

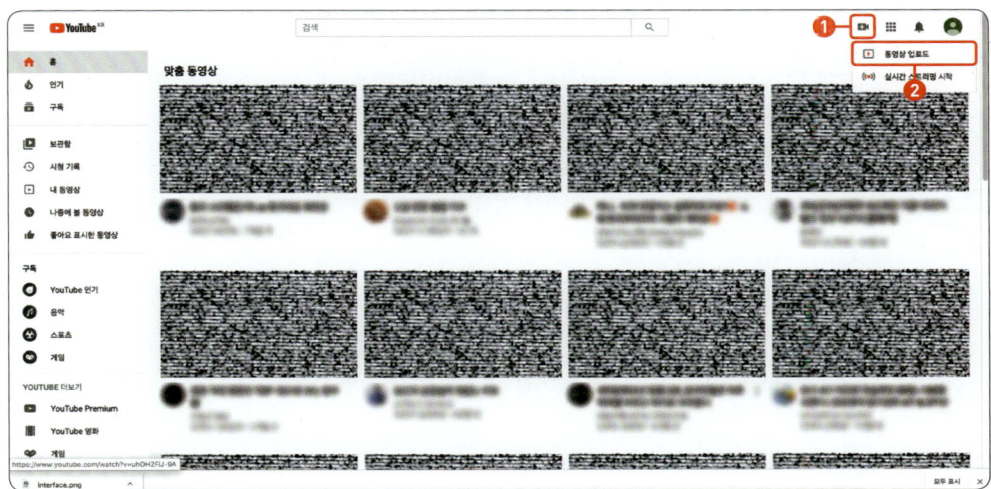

02 '동영상 업로드' 창이 나타나면 [파일 선택]을 클릭하세요. 대화상자가 나타나면 업로드하려는 영상을 선택하고 [열기]를 클릭합니다.

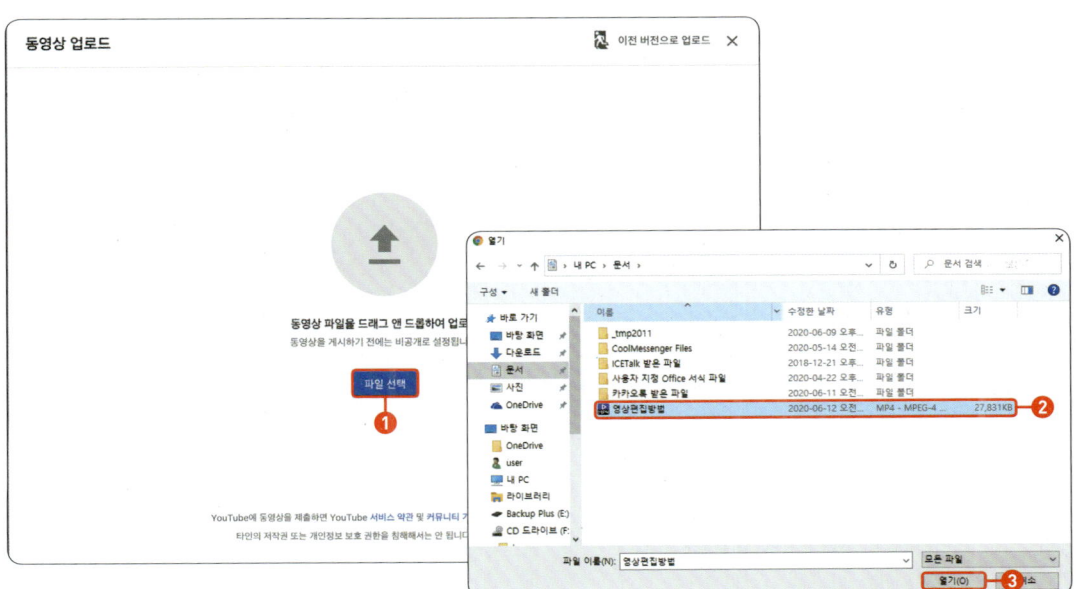

03 업로드가 시작되면 영상의 세부 정보를 입력하는 창이 나타납니다. '제목'에 영상 제목을 입력하세요. 사람들이 관심을 가질 만한 제목으로 정하는 게 좋겠죠?

04 '설명'에는 영상의 내용을 적어 봅시다. 영상을 만들 때 사용한 음악과 글꼴의 출처를 밝히거나, 영상의 특징을 설명하는 키워드를 '해시태그'로 입력하기도 해요.

잠깐만요 '해시태그'란 무엇인가요?

'해시태그'란 단어 앞에 '해시(#)' 기호를 입력해 게시물에 키워드를 등록하는 것을 의미합니다. 해당 키워드와 관련된 정보를 묶는 기능을 하며, 해시태그를 통해 다른 사람들이 내 영상을 쉽게 검색할 수 있어요. 예를 들어 '#영상제작'이라는 해시태그를 클릭하면 해당 해시태그로 등록된 다른 영상을 모아볼 수 있어요. '영상 제작'과 관련된 영상을 검색한 경우 더 많은 사람들에게 효과적으로 노출된다는 장점도 있습니다. 해시태그를 등록할 때는 '해시(#)' 기호 뒤에 키워드를 띄어쓰기 없이 입력해야 합니다.

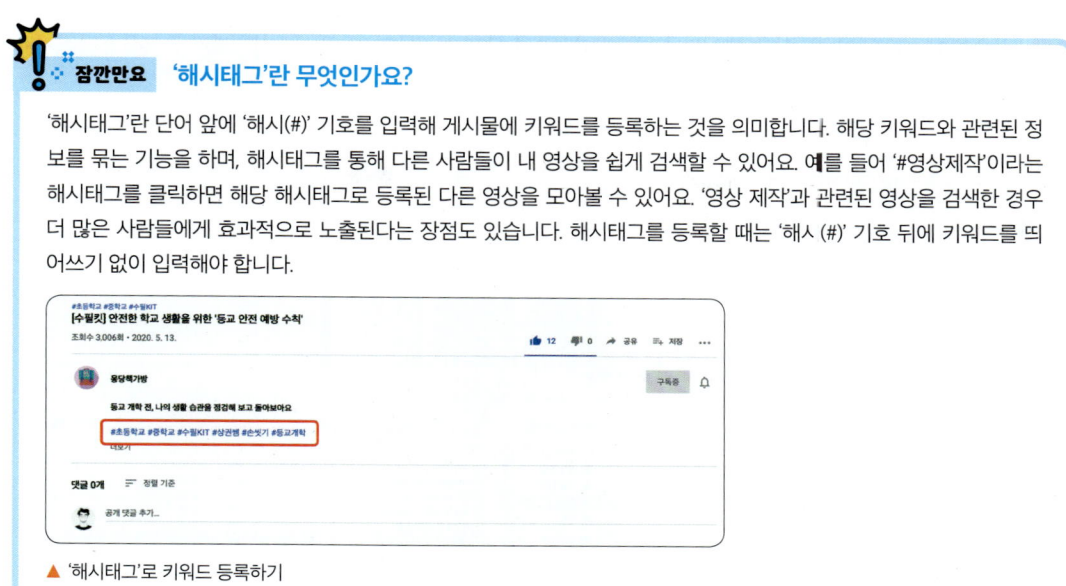

▲ '해시태그'로 키워드 등록하기

05 '미리보기 이미지'란 영상의 섬네일을 의미해요. 그런데 섬네일을 처음 올릴 때는 계정을 승인받아야 합니다. 자극적인 섬네일을 업로드하는 것을 방지하기 위한 목적이에요. 미리보기 이미지 업로드]의 ②를 클릭해 [확인]을 클릭하면 내 스마트폰으로 인증 코드를 받을 수 있어요. 원하는 방식으로 인증을 진행하세요.

06 [미리보기 이미지 업로드]를 클릭하면 대화상자가 나타납니다. 저장해 둔 섬네일을 선택하고 [열기]를 클릭하세요.

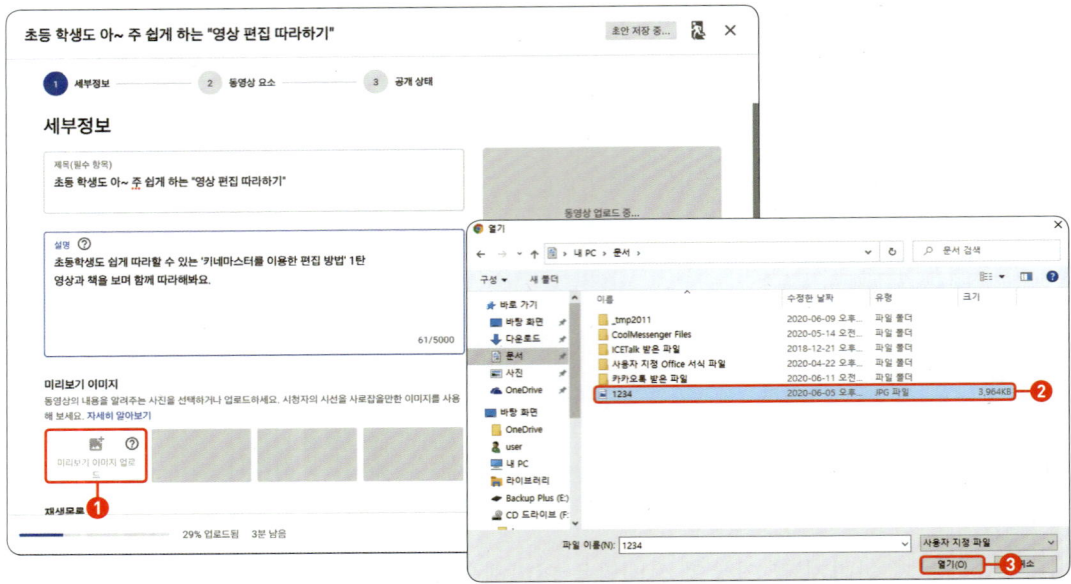

07 이 영상을 추가하고 싶은 '재생목록'이 있다면 선택하세요. 없다면 선택하지 않아도 됩니다. '시청자층'에서는 이 영상이 아동을 위한 영상인지 아닌지 설정해야 해요.

TipTalk 유튜브는 전 세계의 아동들을 보호하기 위해 '아동용 동영상'을 따로 구분해 두었어요. '아동용 동영상'의 경우 댓글, 알림 등 일부 기능이 중지됩니다.

08 영상이 전부 업로드되면 왼쪽 아래에 '처리 완료됨'이라는 문구가 나타납니다. [다음]을 눌러 영상의 업로드를 마무리해요.

09 '동영상 요소' 단계에서는 따로 추가해야 할 내용이 없으므로 [다음]을 클릭해 동영상 업로드를 마무리하세요. 첫 번째 영상을 업로드한 것을 축하합니다!

초등학생을 위한 길벗 IT 무작정 따라하기 시리즈

> 코딩 공부의 힘 <
코딩, 어렵지 않아요. 혼자 할 수 있어요!

에이럭스 미래교육연구소, 곽혜미 지음
280쪽 | 18,000원

전현희, 주희정, 최민희 지음
328쪽 | 19,000원

강희숙, 전현희, 주희정, 최민희 지음
320쪽 | 18,000원

> 수행 대비 + 재미 보장 <
초등학교 선생님과 함께 배워요!

이상권, 권동균 지음
208쪽 | 18,000원

이상권, 권동균 지음
240쪽 | 20,000원

이상권, 정일용 지음
236쪽 | 18,000원

영상 촬영+편집
무작정 따라하기
완독 인증서

_____ 초등학교 ____반 ____번

이름 _____

위 학생은 <초등학생을 위한 영상 촬영+편집

무작정 따라하기>를 성실하게 이수하였기에

이 인증서를 수여합니다.

년   월   일

(주)도서출판 길벗